ÊTRE

INDICATIF

Présent
je suis
tu es
elle est
nous sommes
vous êtes
ils sont

Imparfait
j'étais
tu étais
elle était
nous étions
vous étiez
ils étaient

Passé composé
j'ai été
tu as été
elle a été
nous avons été
vous avez été
ils ont été

Futur simple
je serai
tu seras
elle sera
nous serons
vous serez
ils seront

Passé simple
je fus
tu fus
elle fut
nous fûmes
vous fûtes
ils furent

Plus-que-parfait
j'avais été
tu avais été
elle avait été
nous avions été
vous aviez été
ils avaient été

SUBJONCTIF

Présent
que je sois
que tu sois
qu'elle soit
que nous soyons
que vous soyez
qu'ils soient

CONDITIONNEL

Présent
je serais
tu serais
elle serait
nous serions
vous seriez
ils seraient

IMPÉRATIF

Présent
sois
soyons
soyez

PARTICIPE

Présent
étant

Passé
été

Ortho Collège 6e

Daniel BERLION
Inspecteur d'Académie

HACHETTE
Éducation

Som

Orthographe grammaticale

Conjuguer...

Les temps simples de l'indicatif

Les temps composés de l'indicatif

Les autres modes

Accorder...

Le groupe nominal

Le verbe

Ne pas confondre...

Les terminaisons des verbes

Les verbes et autres mots homophones

Maquette de la couverture et de l'intérieur : Laurent CARRÉ - Mise en page : Stéphanie BENOIT

ISBN : 978-2-01-125383-5 - © HACHETTE LIVRE, 2005 - 43, quai de Grenelle, 75905 PARIS Cedex 15 - www.hachette-education.com

maire

Orthographe lexicale

Écouter pour bien écrire

La phrase et les sons

Des lettres

Des mots à connaître

Noms terminés par…

Des mots difficiles

Ne pas confondre...

Des mots homophones

1 Le présent de l'indicatif : être-avoir verbes du 1er groupe

Pour débuter

***Les verbes en bleu** sont conjugués au présent de l'indicatif. Trouvez le pronom personnel qui convient pour compléter.*

1. ... oublies souvent tes rendez-vous.

   a) Nous
   b) Ils
   c) Tu

2. ... déjeunons de bonne heure.

   a) Je
   b) Nous
   c) Vous

3. ... réalisent leur rêve de voyage.

   a) Tu
   b) Elles
   c) Vous

4. ... parlez bien trop fort.

   a) Vous
   b) On
   c) Ils

5. ... téléphone à mon amie Claire.

   a) Nous
   b) Je
   c) Vous

À retenir

Le présent de l'indicatif sert principalement à indiquer ce qui se passe au moment où l'on parle, où l'on écrit.

	verbe **être**	verbe **avoir**	verbes du 1er groupe terminaison -er à l'infinitif
1re personne du singulier	*je suis*	*j'ai*	*je marche → e*
2e personne du singulier	*tu es*	*tu as*	*tu marches → es*
3e personne du singulier	*elle est*	*il a*	*on marche → e*
1re personne du pluriel	*nous sommes*	*nous avons*	*nous marchons → ons*
2e personne du pluriel	*vous êtes*	*vous avez*	*vous marchez → ez*
3e personne du pluriel	*elles sont*	*ils ont*	*ils marchent → ent*

• Pour les **3es personnes** - singulier et pluriel -, le sujet peut être **un nom** ou **un autre pronom** qu'un pronom personnel.

On marche sur le trottoir. *Les piétons marchent sur le trottoir.*
Quelqu'un marche sur le trottoir. *Tous marchent sur le trottoir.*

• Pour les **verbes pronominaux**, ne pas oublier le **pronom personnel réfléchi** qui s'intercale entre le sujet et le verbe.

Je me couche. *Tu te couches.* *Il se couche.*
Nous nous couchons. *Vous vous couchez.* *Elles se couchent.*

Astuce

Certaines formes sont homophones ; il faut rechercher précisément le verbe et la personne à laquelle il est conjugué avant d'écrire.

Tu es chanceux.	*verbe être*	2e personne du singulier	→ *es*
Elle est chanceuse.	*verbe être*	3e personne du singulier	→ *est*
J'ai de la chance.	*verbe avoir*	1re personne du singulier	→ *ai*
Tu as de la chance.	*verbe avoir*	2e personne du singulier	→ *as*
Elle a de la chance.	*verbe avoir*	3e personne du singulier	→ *a*

Attention

Le **pronom personnel** qui précède directement le verbe n'indique pas obligatoirement la personne ; ce peut être un pronom personnel complément.

Tu me demandes un renseignement. → *Tu demandes un renseignement.*
Elle regarde les informations. → *Elle les regarde.*

Exercices

1 ***Conjuguez les verbes en bleu de ces expressions au présent de l'indicatif.*** *Difficulté* ■□□

1. avoir des remords 2. être en pleine forme 3. n'avoir rien à faire 4. ne pas être à l'abri 5. écouter un disque 6. souffler les bougies 7. ne pas ajouter de sucre 8. ne pas jouer du piano

2 ***Conjuguez les verbes pronominaux en bleu de ces expressions au présent de l'indicatif.*** *Difficulté* ■■□

1. se frotter les mains 2. s'installer dans un fauteuil 3. se laver les dents 4. s'attarder devant les vitrines 5. ne pas se trouver au premier rang 6. ne pas s'énerver pour un rien

3 ***Conjuguez les verbes en bleu de ces expressions au présent de l'indicatif. N'oubliez pas de modifier le déterminant possessif placé devant le nom.*** *Difficulté* ■■□

1. garer sa voiture 2. consulter sa messagerie 3. soigner sa coiffure 4. apprécier ses professeurs 5. ne pas tacher ses vêtements 6. ne pas retrouver son sac

4 ***Écrivez les verbes en bleu au présent de l'indicatif.*** *Difficulté* ■■□

1. Mes parents profiter de notre absence pour se reposer. 2. Un bon conducteur respecter les limitations de vitesse. 3. Nous refuser de dévaler cette piste noire bien trop dangereuse. 4. Avant l'examen, les candidats réviser une dernière fois leurs fiches. 5. Comme tu être en retard, tu écourter ta visite. 6. Pour effectuer ces opérations, vous utiliser une calculatrice. 7. Je se méfier des questions trop faciles. 8. Le secrétaire de mairie préparer la réunion du conseil municipal.

5 ***Écrivez les verbes en bleu au présent de l'indicatif.*** *Difficulté* ■■□

1. Jouer-vous souvent au loto ? 2. Pour préserver ta santé, tu ne jamais fumer. 3. On ne pas couper la parole de ses interlocuteurs. 4. Devant la difficulté, je ne pas se décourager facilement. 5. Les déchets chimiques polluer parfois les fleuves et les rivières. 6. Nous perfectionner notre accent anglais. 7. Comme tu avoir de la mémoire, tu être capable de retenir les paroles de ces chansons. 8. Au marché, le chef cuisinier sélectionner soigneusement ses produits.

6 ***Complétez avec un verbe du 1er groupe de votre choix que vous écrirez au présent de l'indicatif.*** *Difficulté* ■■■

1. Je … mon émission préférée. 2. Tu … en voulant courir trop vite. 3. L'arbitre … le joueur coupable d'un acte d'anti-jeu. 4. Nous … toujours les rues en empruntant les passages protégés. 5. L'histoire est trop drôle ; vous … de rire. 6. Comme les piles sont usagées, tu les … . 7. Les moutons s'… rarement dans la montagne car le chien les … toujours.

Pour terminer

10 min

Copiez ces phrases en écrivant les verbes en bleu au présent de l'indicatif.

1. Sandra avoir une belle écriture.
2. Le funambule être en équilibre au-dessus du vide.
3. Vous chercher un numéro de téléphone.
4. Les secouristes parachuter du ravitaillement aux naufragés.
5. Je râper du gruyère sur mes pâtes.
6. Tu ne pas ressembler à ton frère.
7. On ne pas poster une lettre sans la timbrer.
8. Nous s'inscrire au tournoi de tennis.
9. Le château se situer au sommet de la colline.
10. Pourquoi avaler-vous ces bonbons sans les croquer ?

Expression écrite

Écrivez, en quelques lignes, les conseils que vous pourriez donner à un petit frère ou une petite sœur qui doit aller seul(e) à l'école.

Vous utiliserez le pronom « tu » et vous emploierez les verbes suivants : avancer - jouer - marcher - oublier - regarder - vérifier.

Vous pourrez utiliser ces verbes dans un ordre différent ou à la forme négative ; vous emploierez d'autres verbes, si nécessaire.

2 Le présent de l'indicatif : verbes des 2e et 3e groupes

Pour débuter

***Les verbes en bleu** sont conjugués au présent de l'indicatif. Trouvez le sujet qui convient pour compléter.*

1. ... réunis tous tes amis.

   a) Nous
   b) Le journaliste
   c) Tu

2. ... répondez au téléphone.

   a) Je
   b) Vous
   c) La standardiste

3. ... attendent l'autobus.

   a) Tu
   b) J'
   c) Les voyageurs

4. ... remplit les verres.

   a) Les serveurs
   b) Vous
   c) Magali

5. ... rougissons facilement.

   a) Nous
   b) Je
   c) On

À retenir

	verbes du 2e groupe	verbes du 3e groupe terminaisons -ir ou -re à l'infinitif		verbes du 3e groupe terminaison -dre à l'infinitif
	bondir	**courir**	**sourire**	**descendre**
1re personne du singulier	*je bondis* → *s*	*je cours* → *s*	*je souris* → *s*	*je descends* → *s*
2e personne du singulier	*tu bondis* → *s*	*tu cours* → *s*	*tu souris* → *s*	*tu descends* → *s*
3e personne du singulier	*elle bondit* → *t*	*elle court* → *t*	*elle sourit* → *t*	*elle descend* pas de terminaison
1re personne du pluriel	*nous bondissons* → *ssons*	*nous courons* → *ons*	*nous sourions* → *ons*	*nous descendons* → *ons*
2e personne du pluriel	*vous bondissez* → *ssez*	*vous courez* → *ez*	*vous souriez* → *ez*	*vous descendez* → *ez*
3e personne du pluriel	*ils bondissent* → *ssent*	*ils courent* → *ent*	*ils sourient* → *ent*	*ils descendent* → *ent*

Certains verbes du 3e groupe perdent la dernière lettre de leur radical pour les personnes du singulier.

viv-re	→	*je vis*	*tu vis*	*on vit*
mett-re	→	*je mets*	*tu mets*	*il met*
batt-re	→	*je bats*	*tu bats*	*elle bat*
dorm-ir	→	*je dors*	*tu dors*	*il dort*
part-ir	→	*je pars*	*tu pars*	*elle part*
sort-ir	→	*je sors*	*tu sors*	*il sort*

Astuce

Au présent de l'indicatif, pour distinguer les verbes du 2e groupe terminés par **-ir** à l'infinitif de ceux du 3e groupe terminés eux aussi par **-ir** à l'infinitif, il faut les conjuguer à la 1re personne du pluriel. On entend alors la différence.

finir	*nous finissons*	→	2e groupe
courir	*nous courons*	→	3e groupe

Attention

Quelques verbes du 3e groupe prennent, aux trois personnes du singulier, les terminaisons des verbes du 1er groupe.

souffrir	→	*je souffre*	*tu souffres*	*elle souffre*
ouvrir	→	*j'ouvre*	*tu ouvres*	*il ouvre*
cueillir	→	*je cueille*	*tu cueilles*	*elle cueille*
offrir	→	*j'offre*	*tu offres*	*on offre*

Exercices

1 ***Conjuguez les verbes en bleu de ces expressions au présent de l'indicatif.*** *Difficulté* ■□□

1. réfléchir longuement 2. maigrir à vue d'œil 3. aboutir rapidement à un résultat 4. accomplir un exploit 5. ne pas réagir face à la provocation 6. ne pas amortir sa chute

2 ***Conjuguez les verbes pronominaux en bleu de ces expressions au présent de l'indicatif.*** *Difficulté* ■■□

1. se blottir sous la couette 2. s'attendrir sur un chien blessé 3. se saisir d'une scie électrique 4. se mettre sur les rangs 5. ne pas se rompre le cou 6. ne pas se vêtir assez chaudement

3 ***Écrivez les verbes en bleu au présent de l'indicatif.*** *Difficulté* ■■□

1. Tu ne jamais sortir de chez toi sans fermer le verrou à double tour. 2. L'agent immobilier conclure la vente de cet appartement. 3. Je taper mon code, mais j'omettre d'appuyer sur la touche Validation. 4. Nous conserver nos projets et nous exclure d'en changer. 5. Les icebergs fondre à l'approche des courants chauds. 6. Tu offrir un flacon de parfum à ta mère. 7. Vous ne pas admettre qu'on puisse avoir une opinion différente de la vôtre. 8. À cent mètres de l'arrivée, le coureur de tête ressentir une violente douleur. 9. Sur les chantiers, les conducteurs d'engins abattre un travail colossal. 10. Damien est blessé à la jambe, mais il ne pas souffrir. 11. Les prospecteurs parcourir la région à la recherche de gisements. 12. Vous ne pas trahir les confidences de votre ami ; vous rester muets.

4 ***Écrivez les verbes en bleu au présent de l'indicatif en utilisant chaque fois les sujets proposés.*** *Difficulté* ■■□

attendre la sonnerie et sortir calmement

1. Les élèves …
2. On …
3. Tu …
4. J'…
5. Nous …
6. Vous …

5 ***Transformez les phrases selon le modèle ; les verbes seront conjugués au présent de l'indicatif.*** *Difficulté* ■■□

Ex : Les plats sont servis par un maître d'hôtel.
➔ Un maître d'hôtel sert les plats.

1. De fausses nouvelles sont répandues par un journaliste peu scrupuleux. 2. Les vergers de la vallée de la Durance sont recouverts par de légères toiles en plastique. 3. Ce nouveau modèle de lecteur DVD est vendu par des boutiques spécialisées. 4. La cage des joueurs lyonnais est défendue par un gardien de but de classe internationale.

Pour terminer

10 min

Copiez ces phrases en écrivant les verbes en bleu au présent de l'indicatif.

1. Tu saisir ton manteau pour sortir.
2. Vous ne se nourrir que de légumes et de fruits frais.
3. Les avions atterrir malgré l'épais brouillard.
4. J'apprendre le portugais avec mes cousins de Lisbonne.
5. On ne pas comprendre un mot de ce long discours.
6. Les policiers démentir l'arrestation du meurtrier.
7. Marion tondre la pelouse de ses parents.
8. Nous se rendre au collège à pied.
9. Tu boire un grand verre de jus d'orange.
10. Je ne pas interrompre ma lecture.

Dictée préparée

Un fantôme tente en vain de terroriser une famille.

Le fantôme entend la famille qui va se coucher. Puis tout devient silencieux. Il bondit sur ses pieds et se met en route tandis que la chouette bat des ailes contre les vitres. Il sort du mur et descend l'escalier en hurlant. Il croit entendre un enfant qui pleure. Il tend l'oreille : tout le monde dort.

D'après Oscar Wilde, *Le Fantôme de Canterville*, 1887.

Relevez les verbes au présent de l'indicatif ; donnez leur infinitif et leur groupe.

3 Le présent de l'indicatif : verbes irréguliers

Pour débuter

***Les verbes en bleu** sont conjugués au présent de l'indicatif ; trouvez leur infinitif.*

1 Tu vas à la piscine.

a) valoir
b) aller
c) venir

2 Vous ne dites pas un seul mot.

a) dire
b) dicter
c) distraire

3 Les singes font des grimaces.

a) fondre
b) falloir
c) faire

4 Je ne peux pas vaincre ma peur.

a) pondre
b) perdre
c) pouvoir

5 Nous ne craignons pas le froid.

a) craquer
b) craindre
c) créer

À retenir

Certains verbes du 3e groupe, souvent employés, ont des formes très particulières au présent de l'indicatif.

	aller	faire	venir	pouvoir	connaître
1re personne du singulier	*je vais*	*je fais*	*je viens*	*je peux*	*je connais*
2e personne du singulier	*tu vas*	*tu fais*	*tu viens*	*tu peux*	*tu connais*
3e personne du singulier	*elle va*	*elle fait*	*il vient*	*elle peut*	*elle connaît*
1re personne du pluriel	*nous allons*	*nous faisons*	*nous venons*	*nous pouvons*	*nous connaissons*
2e personne du pluriel	*vous allez*	*vous faites*	*vous venez*	*vous pouvez*	*vous connaissez*
3e personne du pluriel	*ils vont*	*elles font*	*ils viennent*	*ils peuvent*	*ils connaissent*

	conduire	dire	voir	s'asseoir*	s'asseoir*
1re personne du singulier	*je conduis*	*je dis*	*je vois*	*je m'assois*	*je m'assieds*
2e personne du singulier	*tu conduis*	*tu dis*	*tu vois*	*tu t'assois*	*tu t'assieds*
3e personne du singulier	*elle conduit*	*on dit*	*elle voit*	*elle s'assoit*	*elle s'assied*
1re personne du pluriel	*nous conduisons*	*nous disons*	*nous voyons*	*nous nous assoyons*	*nous nous asseyons*
2e personne du pluriel	*vous conduisez*	*vous dites*	*vous voyez*	*vous vous assoyez*	*vous vous asseyez*
3e personne du pluriel	*ils conduisent*	*ils disent*	*elles voient*	*ils s'assoient*	*ils s'asseyent*

*Les deux formes de conjugaison sont acceptées.

valoir → *il vaut ; ils valent*
croire → *nous croyons ; ils croient*
savoir → *je sais ; vous savez*
falloir → *il faut* (ne s'utilise qu'à la 3e personne du singulier)
lire → *elle lit ; vous lisez*
mourir → *il meurt ; nous mourons*
plaire → *tu plais ; il plaît ; ils plaisent*

Attention

Les verbes en **-indre** et en **-soudre** perdent le « **d** » à toutes les personnes.

peindre → *je peins* *nous peignons*
il peint *ils peignent*

résoudre → *je résous* *nous résolvons*
il résout *elles résolvent*

Mais les verbes en **-oudre** conservent le « **d** ».

coudre → *je couds* *moudre* → *tu mouds* *découdre* → *elle découd*

Exercices

1 ***Conjuguez les verbes en bleu de ces expressions au présent de l'indicatif.*** *Difficulté* ■□□

1. aller aux renseignements 2. entrevoir une solution 3. ne pas savoir la réponse 4. vouloir se connecter à Internet 5. en venir aux faits 6. dire toujours la vérité

2 ***Conjuguez les verbes pronominaux en bleu de ces expressions au présent de l'indicatif.*** *Difficulté* ■■□

1. se satisfaire de peu 2. se tenir droit 3. s'enduire de crème solaire 4. se plaindre du bruit 5. s'asseoir un petit moment 6. s'inscrire à un concours

3 ***Écrivez les verbes en bleu au présent de l'indicatif.*** *Difficulté* ■■□

1. Arthur ne pas pouvoir terminer un repas sans un morceau de fromage. 2. Deux gousses de vanille suffire pour donner du goût à cette crème. 3. Tu traduire ta déception par un profond soupir. 4. Vous ne pas paraître satisfaits de votre travail. 5. En mélangeant ces deux couleurs, tu obtenir une belle teinte bleutée. 6. Je revenir sur mes pas à la recherche de mes clés. 7. Ces randonneurs voir leur provision de vivres diminuer. 8. Écrire-vous avec un stylo à bille ou avec un crayon ? 9. Faute d'arrosage, cet arbre mourir lentement. 10. L'hippopotame se plaire dans la mare nauséabonde.

4 ***Écrivez les verbes en bleu au présent de l'indicatif.*** *Difficulté* ■■■

1. Je dissoudre ces morceaux de sucre dans un bol de lait. 2. Avant de prononcer le mariage, le maire ceindre son écharpe tricolore. 3. La visite de ce château valoir bien un détour. 4. Je se résoudre à demander de l'aide ; l'exercice être trop compliqué. 5. Les pompiers intervenir dès qu'un départ de feu est signalé. 6. En renonçant à lire ce livre, vous ne pas savoir ce que vous perdre. 7. Vouloir-tu jouer au Scrabble avec moi ? 8. Les dessins animés plaire aux jeunes enfants. 9. Nous relire attentivement le texte que nous venir de rédiger. 10. Mes petits frères croire encore au Père Noël.

5 ***Copiez ce texte en écrivant les verbes en bleu au présent de l'indicatif ; puis vous le copierez à nouveau en remplaçant « le conducteur » par « tu » ; puis par « nous » ; puis par « les automobilistes » ; puis par « vous ».*** *Difficulté* ■■■

Lorsque le conducteur apercevoir le panneau indiquant l'entrée de l'agglomération, il savoir qu'il devoir ralentir. Il ne pas méconnaître les dangers d'une vitesse excessive. Il faire très attention aux piétons et il pouvoir freiner à tout instant. Il conduire prudemment et s'interdire tout coup de volant brutal.

Pour terminer

Copiez ces phrases en écrivant les verbes en bleu au présent de l'indicatif.

1. Les chercheurs croire avoir découvert un nouveau médicament.

2. Vous dire que vous aller nous rencontrer dans la soirée.

3. La montgolfière apparaître parmi les nuages.

4. Nous ne pas faire de manière et nous s'asseoir par terre.

5. Tu introduire un DVD dans le lecteur de ton ordinateur.

6. Les services de la météo prévoir le passage d'une dépression.

7. Je devoir me rendre chez le médecin.

8. Il falloir changer cette ampoule.

9. Vous souscrire une assurance contre le vol.

10. Tu coudre un écusson sur ton maillot.

Expression écrite

6 ***Composez un paragraphe de six lignes racontant, à la 3e personne du singulier, une scène qui se déroule dans un manoir hanté.***

Vous emploierez, au présent de l'indicatif, les verbes suivants : aller - craindre - faire - rejoindre et vouloir.

7 ***En un paragraphe de six lignes, décrivez une expérience de chimie. Le récit sera au présent de l'indicatif et à la 1re personne du singulier.***

Vous utiliserez notamment les verbes : cuire - dissoudre - éteindre - mettre et pouvoir.

4 Le futur simple de l'indicatif

Pour débuter

***Les verbes en bleu** sont conjugués au futur simple de l'indicatif. Trouvez le pronom personnel qui convient pour compléter.*

1 … garderai ma petite sœur.

a) Elle
b) Vous
c) Je

2 … avertiras tes professeurs.

a) Tu
b) Nous
c) Ils

3 … rirez aux larmes.

a) Je
b) On
c) Vous

4 … feront une tarte.

a) Tu
b) Elle
c) Ils

5 … répondra à son ami.

a) Je
b) Il
c) Nous

À retenir

Au futur simple de l'indicatif, tous les verbes prennent les mêmes terminaisons.

	verbes du 1er groupe	verbes du 2e groupe	verbes du 3e groupe
1re personne du singulier	*je parlerai*	*je finirai*	*je conduirai*
2e personne du singulier	*tu parleras*	*tu finiras*	*tu conduiras*
3e personne du singulier	*elle parlera*	*elle finira*	*elle conduira*
1re personne du pluriel	*nous parlerons*	*nous finirons*	*nous conduirons*
2e personne du pluriel	*vous parlerez*	*vous finirez*	*vous conduirez*
3e personne du pluriel	*ils parleront*	*ils finiront*	*ils conduiront*

Pour certains verbes, la forme du radical est modifiée.

avoir → *j'aurai, tu auras, il aura, nous aurons, vous aurez, elles auront*

être → *je serai, tu seras, il sera, nous serons, vous serez, elles seront*

aller → *j'irai, tu iras, elle ira, nous irons, vous irez, ils iront*

faire → *je ferai, tu feras, elle fera, nous ferons, vous ferez, ils feront*

venir → *je viendrai, tu viendras, elle viendra, nous viendrons, vous viendrez, ils viendront*

savoir → *je saurai, tu sauras, il saura, nous saurons, vous saurez, elles sauront*

Astuce

Quand on écrit un verbe du 1er groupe au futur simple de l'indicatif, il faut penser à l'infinitif pour éviter d'oublier le « **e** » muet.

jouer → *je jouerai* *éternuer* → *tu éternueras* *se méfier* → *il se méfiera*
mais
rendre → *il rendra* *boire* → *vous boirez* *rire* → *nous rirons*

Attention

Quelques verbes doublent le « **r** » de la fin de leur radical.

courir → *je courrai, elle courra, vous courrez, elles courront*
mourir → *je mourrai, tu mourras, vous mourrez, ils mourront*
voir → *tu verras, il verra, nous verrons, vous verrez*
pouvoir → *je pourrai, elle pourra, nous pourrons, ils pourront*

Exercices

1 Conjuguez les verbes en bleu de ces expressions au futur simple de l'indicatif. *Difficulté* ■□□

1. profiter des beaux jours 2. ne pas faiblir en fin de parcours 3. emporter des bagages 4. remplir la baignoire 5. ne pas se décourager 6. agir pour des causes humanitaires

2 Les verbes en bleu sont conjugués au présent de l'indicatif. Copiez les phrases en écrivant les verbes au futur simple de l'indicatif. *Difficulté* ■□□

1. Tu grattes le ticket et tu gagnes un lot de consolation. 2. Le collège a des crédits pour du matériel informatique. 3. Les joueurs obéissent aux directives de leur entraîneur. 4. Vous assouplissez vos muscles endoloris. 5. Nous prenons des cours de judo. 6. Je découvre la nouvelle décoration de ta chambre. 7. Tu laisses ta place à une personne handicapée. 8. Ces ouvriers bénéficient d'une retraite bien méritée.

3 Écrivez les verbes en bleu au futur simple de l'indicatif. *Difficulté* ■■□

1. La fée apparaître et transformer la citrouille en carrosse. 2. Plus tard, tu piloter peut-être une voiture de course. 3. Les photographes voir le cyclone emporter des toits. 4. Pour abattre ce chêne, le bûcheron empoigner une énorme tronçonneuse. 5. L'an prochain, vous aller vivre à Strasbourg. 6. Je se souvenir de mon premier bain de mer. 7. Nous parcourir les bois à la recherche de brins de muguet. 8. Les spectateurs s'asseoir dès que l'orchestre entamer le début de la symphonie.

4 Écrivez les verbes en bleu au futur simple de l'indicatif, en utilisant à chaque fois les sujets proposés. *Difficulté* ■■□

se réfugier sous l'auvent et attendre la fin de l'averse

1. Les campeurs …
2. Je …
3. Vous …
4. Le pêcheur …
5. Tu …
6. Nous …

5 Écrivez les verbes en bleu au futur simple de l'indicatif. *Difficulté* ■■■

Lorsque tu aller à la clinique pour ton opération, je venir te voir tous les jours. Auparavant, avec maman, nous choisir des fleurs dans le jardin et nous te les apporter. Quand l'infirmière te refaire ton pansement, nous se tenir dans le couloir. Je pense que tes amis t'adresser des messages d'encouragements et que tu savoir être patiente. Dans deux mois, tu être rétablie et tu courir comme un lapin ; avec Malika, vous pouvoir rechausser vos rollers !

Pour terminer (10 min)

Copiez ces phrases en écrivant les verbes en bleu au futur simple de l'indicatif.

1. Le cirque aller de ville en ville.
2. J'avoir besoin d'une équerre.
3. Le train est en panne, nous partir avec trois heures de retard.
4. Tu ne pas en croire tes yeux.
5. Il falloir changer la roue car le pneu est dégonflé.
6. Vous effectuer plusieurs tours de circuit.
7. Nous déjouer tous les pièges du problème.
8. Louise faire une marche arrière pour se garer.
9. Pouvoir-tu payer avec ta carte bancaire ?
10. Je joindre l'utile à l'agréable en me rendant à Annecy.

Dictée préparée

Dans le monde des morts, Ulysse rencontre l'esprit du devin Tirésias.

Tirésias s'approcha et me dit : « Tu désires un doux retour, illustre Ulysse, mais un dieu te le rendra difficile. Il ne te pardonnera pas d'avoir aveuglé son fils, le Cyclope. Toi et tes compagnons, vous vous perdrez sur la vaste mer et quand votre navire abordera l'île du Trident, vous y verrez paître les troupeaux du Soleil. Si tes compagnons y touchent, ils mourront ; si tu les laisses sains et saufs, tu pourras rentrer à Ithaque. »

D'après Homère, l'*Odyssée*, Chant XI.

A Repérez les verbes, indiquez leur temps et leur sujet.

B Justifiez le *-s* final des mots suivants : désires - compagnons - laisses - sains - saufs.

Bilan n°1

1. Le présent de l'indicatif : être-avoir, verbes du 1er groupe
2. Le présent de l'indicatif : verbes des 2e et 3e groupes
3. Le présent de l'indicatif : verbes irréguliers
4. Le futur simple de l'indicatif

Exercices

1 *Complétez les phrases suivantes en mettant les verbes en bleu au présent de l'indicatif.*

1. Dans les légendes, le héros devoir montrer ses qualités. 2. Ulysse, Hercule et les héros des contes être des personnages exceptionnels qui pouvoir surmonter des épreuves. 3. Souvent le héros se faire passer pour un être ordinaire et un personnage parvenir tout de même à le reconnaître : Ulysse avoir une cicatrice au pied, Cendrillon chausser la pantoufle qui lui aller, Arthur prendre l'épée Excalibur.

2 *Écrivez le texte suivant en mettant les verbes en bleu au présent de l'indicatif.*

Cendrillon a perdu sa pantoufle de vair en quittant précipitamment le bal ; le Prince part à sa recherche…

Le Prince fit essayer la pantoufle à toutes les dames de la cour. Ce fut inutile ; la pantoufle n'allait à aucune d'entre elles. Il décida de rendre visite à toutes les jeunes filles de la ville. Lorsque ses gardes et lui entrèrent chez Cendrillon, les deux sœurs se précipitèrent sur la pantoufle. Elles ne purent l'enfiler et se mirent à pleurer. Cendrillon reconnut la pantoufle et s'écria qu'elle voulait l'essayer aussi. Le Prince la lui tendit et quand il vit qu'elle allait à la jeune fille, il conduisit cette dernière au palais de son père.

D'après Charles Perrault, « Cendrillon »,
Contes de ma mère l'Oye.

3 *Écrivez le texte suivant en mettant les verbes en bleu au présent, puis au futur simple de l'indicatif.*

Ulysse, revenu à Ithaque, dissimule son identité. Sa nourrice, Euryclée, lui lave les pieds…

Euryclée commença à laver les pieds d'Ulysse ; elle sentit la cicatrice laissée autrefois par la défense d'un sanglier. Elle palpa la blessure et la reconnut. Elle lâcha aussitôt la jambe qui retomba dans le chaudron. Le bronze retentit, le chaudron bascula et l'eau se répandit sur le sol. Les yeux de la nourrice se remplirent de larmes car elle était émue d'avoir retrouvé Ulysse.

D'après Homère, l'*Odyssée*, Chant XIX.

Dictée préparée

Peau d'Âne, la princesse obligée de devenir servante, prépare un gâteau. Elle mélange la farine, le beurre, les œufs et le sucre. Elle fait de son mieux, mais oublie sa bague qui glisse dans la pâte. Elle sort un moule du placard et met le gâteau à cuire. Au dîner, le prince reconnaît la bague de la belle princesse et décide de partir à sa recherche. Toutes les demoiselles du royaume doivent essayer la bague.

D'après Charles Perrault, « Peau d'Âne »,
Contes de ma mère l'Oye.

A *Relevez les verbes au présent de l'indicatif ; précisez leur infinitif et leur groupe.*

B *Relevez les mots au pluriel.*

Expression écrite

4 *Décrivez, au présent de l'indicatif, un chat (ou un tigre) qui guette sa proie.*

Vous emploierez notamment les verbes suivants : attendre - craindre - entendre - faire - vouloir.
Vous pourrez, si vous le souhaitez, utiliser les expressions suivantes : il tend l'oreille - il se tient tapi dans l'ombre - il retient sa respiration - il feint le sommeil - il est aux aguets - ses paupières sont mi-closes.

5 *Écrivez un paragraphe de huit lignes faisant, comme un journaliste sportif, le compte rendu d'un match et l'éloge d'un joueur exceptionnel.*

Vous utiliserez, au présent de l'indicatif, les verbes : bondir - courir - interrompre - prendre - saisir - sortir.
Ces verbes seront au singulier (un joueur, l'arbitre) ou au pluriel (les joueurs) ; vous pourrez employer d'autres verbes.

6 *Vous retrouvez un(e) ami(e) que vous n'avez pas vu(e) depuis l'école maternelle. Comment le (la) reconnaissez-vous ?*

Vous écrirez, au présent de l'indicatif, un paragraphe de huit lignes dans lequel vous emploierez quatre des verbes suivants : s'approcher - comprendre - craindre - dire - demander - rejoindre - remarquer - répondre - se retourner - vérifier.

7 *Choisissez un événement d'actualité et présentez-le, au présent de l'indicatif, en un paragraphe d'une dizaine de lignes. Puis vous imaginerez, au futur simple, ce qui va se passer ensuite.*

Exploitation du test →

Repérez les numéros des questions sur lesquelles vous avez fait des fautes.

Révisez les leçons correspondantes et assurez-vous que vous avez bien compris en refaisant les exercices de ces leçons :

questions 1, 2, 9, 11, 12, 15, 16
→ leçon 1 → Le présent de l'indicatif : être-avoir, verbes du 1er groupe

questions 3, 5, 6, 7, 14
→ leçon 2 → Le présent de l'indicatif : verbes des 2e et 3e groupes

questions 4, 8, 10, 13
→ leçon 3 → Le présent de l'indicatif : verbes irréguliers

questions 17, 18, 19, 20
→ leçon 4 → Le futur simple de l'indicatif

10 min

Test

Difficulté ■□□

1. *François ... les spaghettis.*
 a. aime b. aimes c. aiment

2. *« C'est lui ! » ... le détective.*
 a. s'écrie b. s'écris c. s'écrit

3. *Nicolas ... toujours le bus de 16 h 30.*
 a. prend b. prends c. prent

4. *Je ... qu'il ne vienne pas.*
 a. crains b. craind c. crainds

5. *Le joueur ... sa raquette avec détermination.*
 a. saisie b. saisis c. saisit

6. *Ma plante grasse ... de plusieurs centimètres par semaine.*
 a. grandi b. grandis c. grandit

7. *Il ... d'être bien couvert.*
 a. suffi b. suffit c. suffis

8. *Je ... que vous appreniez cette définition pour lundi.*
 a. veus b. veux c. veut

9. *Il ... un livre sur le cyclisme.*
 a. publie b. publis c. publit

10. *Quand ...-vous le ménage ?*
 a. faites b. fesez c. faitez

11. *...-tu prêt à partir ?*
 a. Es b. Est c. Ai

12. *Que ...-tu de sa façon de jouer ?*
 a. pense b. pensent c. penses

13. *Elle ... souvent de sa cheville.*
 a. se plaint b. se plains c. se plaind

14. *Tu ... toujours tes gants !*
 a. perd b. perds c. perts

15. *Je ... après le goûter.*
 a. travail b. travaille c. travailles

16. *Ma sœur ... samedi prochain.*
 a. se mari b. se marit c. se marie

17. *...-vous au cinéma avec nous ?*
 a. Irez b. Irai c. Iraient

18. *Vous ... bien un gâteau ?*
 a. prendrai b. prendrais c. prendrez

19. *Je te ... ton livre ce soir.*
 a. rapporterai b. rapporterais c. rapporterez

20. *Vanessa ... mieux après son opération du genou.*
 a. coura b. courra c. courira

Pour aller plus loin

Difficulté ■■■

1. *Marie ... à sa cousine chaque mois.*
 a. écris b. écrit c. écrie

2. *Tu ... juste quand tu ... .*
 a. chante/veut b. chantes/veux c. chantent/vœux

3. *Si tu ... à sept heures, tu arriveras à temps.*
 a. parts b. pares c. pars

4. *Nelly ... tous les problèmes de mathématiques.*
 a. résoud b. résous c. résout

5. *J'en ... qu'il ne viendra plus maintenant.*
 a. conclus b. conclut c. conclue

6. *Est-ce que tu ... à cette drôle d'histoire ?*
 a. croie b. croix c. crois

7. *J'... la lumière à 21 h 30.*
 a. éteinds b. éteins c. éteind

8. *L'arbitre ... le mauvais joueur.*
 a. exclut b. exclue c. exclus

9. *Que ... la météo pour demain ?*
 a. prévoie b. prévois c. prévoit

10. *Il ... que nous avons triché !*
 a. insinus b. insinue c. insinut

11. *Au volley, je ne ... pas grand-chose.*
 a. vaus b. vaut c. vaux

12. *Je n'... pas de solution pour l'instant.*
 a. entrevoie b. entrevois c. entrevoies

13. *Le sucre se ... dans le chocolat chaud.*
 a. dissout b. dissoud c. dissouds

14. *Le chat ... de dormir.*
 a. feind b. feinds c. feint

15. *Le lion ... son territoire.*
 a. parcoure b. parcours c. parcourt

16. *L'eau ... à cent degrés.*
 a. bout b. boue c. boud

17. *Je ... un bouton sur mon gilet.*
 a. coud b. couds c. cous

18. *...-tu mes réponses ?*
 a. Vérifira b. Vérifiera c. Vérifieras

19. *...-t-il finir son devoir à temps ?*
 a. Pourra b. Poura c. Pourrat

20. *Vous nous ... la confirmation de votre réservation par courrier.*
 a. envoierez b. envoirez c. enverrez

5

L'imparfait de l'indicatif

Pour débuter

***Les verbes en bleu** sont conjugués à l'imparfait de l'indicatif. Trouvez le sujet qui convient pour compléter.*

1 … assistions à un match de football.

a) Tu
b) Nous
c) Le public

2 … disposais ta serviette de bain sur le sable.

a) Les baigneurs
b) Vous
c) Tu

3 … retenais mon rire à grand-peine.

a) On
b) Je
c) Elles

4 … avertissaient les automobilistes.

a) Vous
b) Les gendarmes
c) Il

5 … rétrécissait au lavage.

a) Le linge
b) Je
c) Nous

À retenir

À l'imparfait de l'indicatif, tous les verbes prennent les **mêmes terminaisons**.

	verbes du 1er groupe	verbes du 2e groupe	verbes du 3e groupe
1re personne du singulier	*je parlais*	*je finissais*	*je répondais*
2e personne du singulier	*tu parlais*	*tu finissais*	*tu répondais*
3e personne du singulier	*elle parlait*	*elle finissait*	*elle répondait*
1re personne du pluriel	*nous parlions*	*nous finissions*	*nous répondions*
2e personne du pluriel	*vous parliez*	*vous finissiez*	*vous répondiez*
3e personne du pluriel	*ils parlaient*	*ils finissaient*	*ils répondaient*

Pour les verbes du 2e groupe, on intercale l'élément « **ss** » entre le radical et la terminaison.
Quelques verbes modifient leur radical, mais la forme de ce radical à l'imparfait est la même pour toutes les personnes.

être → *j'étais* | *connaître* → *il connaissait* | *faire* → *tu faisais*
éteindre → *ils éteignaient* | *conduire* → *nous conduisions* | *lire* → *vous lisiez*
dire → *vous disiez* | *s'asseoir* → *ils s'asseyaient* | *fuir* → *elles fuyaient*

Astuce

Pour certains verbes, les 1res et 2es personnes du pluriel du présent et de l'imparfait de l'indicatif ont pratiquement la même prononciation. Il ne faut pas oublier d'ajouter le « **i** » à l'imparfait.

présent	**imparfait**	**présent**	**imparfait**
nous gagnons →	*nous gagnions*	*vous travaillez* →	*vous travailliez*
nous plions →	*nous pliions*	*vous payez* →	*vous payiez*
nous croyons →	*nous croyions*	*vous voyez* →	*vous voyiez*

Pour faire la distinction, on essaie de remplacer par une forme du singulier.
Aujourd'hui, nous skions. → *Aujourd'hui, elle skie.*
mais : *Hier, nous skiions.* → *Hier, elle skiait.*

Exercices

1 ***Classez en deux colonnes les verbes en bleu : ceux qui sont au présent de l'indicatif et ceux à l'imparfait de l'indicatif.*** Difficulté ■□□

1. Tu réalises enfin ton rêve. 2. L'ULM planait au-dessus de la vallée. 3. Je veillais à ne pas bouger. 4. Vous utilisiez une perceuse électrique. 5. Nous fermons les volets. 6. Le commissaire interroge les témoins. 7. Les chevaux rentrent à l'écurie. 8. J'évite de sortir tard le soir. 9. Tu lisais un roman de science-fiction. 10. Nous suivions les instructions du professeur. 11. Les Anciens respectaient la nature. 12. Vous inscrivez votre nom sur la copie.

2 ***Conjuguez les verbes en bleu de ces expressions à l'imparfait de l'indicatif. Pour les 3es personnes, vous emploierez des noms sujets.*** Difficulté ■□□

1. tester un nouveau logiciel 2. courir en tous sens 3. répondre à ses messages 4. s'orienter à l'aide des étoiles 5. s'amuser dans le square 6. s'assoupir après le film

3 ***Écrivez les verbes en bleu à l'imparfait de l'indicatif.*** Difficulté ■■□

1. Lorsque vous être interrogés, vous connaître parfaitement la leçon. 2. Attila, le chef des Huns, détruire tout sur son passage. 3. À cinq ans, je ne pas savoir encore lire. 4. Pourquoi noircir-tu la situation ? 5. Les députés du Tiers État se réunir dans la salle du Jeu de Paume. 6. Tous les soirs, nous surfer sur Internet.

4 ***Écrivez les verbes en bleu à l'imparfait de l'indicatif.*** Difficulté ■■■

1. Sous les applaudissements, vous sourire de bonheur. 2. Nous vaciller sous le poids des valises. 3. À la vue d'une araignée, vous crier très fort. 4. Devant les grimaces du clown, les enfants se tordre de rire. 5. Le veilleur de nuit éteindre toutes les lumières. 6. Nos grands-parents ne pas entreprendre de longs voyages. 7. Vous se confier volontiers à vos amis. 8. Nous craindre de soudaines chutes de neige.

5 ***Copiez ce texte en écrivant les verbes en bleu à l'imparfait de l'indicatif.*** Difficulté ■■■

L'influence d'Étienne s'élargir. Il révolutionner peu à peu le coron*. C'être une propagande sourde, d'autant plus sûre qu'il grandir dans l'estime de tous. La femme de Maheu le traiter en jeune homme qui la payer exactement, qui ne boire ni ne jouer, le nez toujours dans un livre. Elle lui faire chez les voisines une réputation de garçon instruit dont celles-ci abuser, en le priant d'écrire leurs lettres.

D'après Émile Zola, *Germinal*, 1885.

*coron : groupe d'habitations ouvrières en pays minier.

Pour terminer (10 min)

Copiez ces phrases en écrivant les verbes en bleu à l'imparfait de l'indicatif.

1. Chaque été, mes parents louer une maison en Vendée.
2. Nous allumer les bougies disposées sur la table.
3. Vous agir dans le plus grand secret.
4. J'être si content qu'un rien me divertir.
5. Tu souligner tous les passages importants.
6. Les cabines du téléphérique disparaître dans les nuages.
7. Nous prévoir une demi-heure d'attente chez le dentiste.
8. Vous s'asseoir sur un vieux canapé.
9. Ce numéro de téléphone ne me dire rien ; j'ignorer à qui il appartenir.
10. Les naufragés faire de grands gestes pour attirer l'attention.

Expression écrite

6 ***Composez quatre phrases en utilisant les mots suivants :***

Vous mettrez les verbes à l'imparfait de l'indicatif et vous pourrez ajouter les mots que vous jugerez nécessaires.

1. jouer - je - l'an dernier - billes - cour - camarades
2. oublier - nous - affaires de piscine - quand
3. croire - tu - naïf - histoires - extraordinaires
4. habiter - hommes - préhistoire

7 ***Écrivez un paragraphe de cinq lignes décrivant votre salle de classe de CM2. Vous mettrez les verbes à l'imparfait de l'indicatif.***

6

Le passé simple de l'indicatif : être-avoir verbes du 1er groupe

Pour débuter

Trouvez le verbe conjugué au passé simple de l'indicatif pour compléter chaque phrase.

1 Tu … du mal à terminer ce dessert.

a) as
b) étais
c) eus

2 Lancée avec précision, la boule … près du cochonnet.

a) roulait
b) roula
c) roulera

3 Je … très surpris par ta coiffure.

a) fus
b) serai
c) suis

4 Les passants … devant les vitrines.

a) s'attardèrent
b) s'attarderont
c) s'attardaient

5 Pour ne pas réveiller les voisins, nous … doucement la porte.

a) poussons
b) poussions
c) poussâmes

À retenir

	verbe **être**	verbe **avoir**	verbes du 1er groupe terminaison -er à l'infinitif
1re personne du singulier	*je fus*	*j'eus*	*je marchai*
2e personne du singulier	*tu fus*	*tu eus*	*tu marchas*
3e personne du singulier	*elle fut*	*il eut*	*on marcha*
1re personne du pluriel	*nous fûmes*	*nous eûmes*	*nous marchâmes*
2e personne du pluriel	*vous fûtes*	*vous eûtes*	*vous marchâtes*
3e personne du pluriel	*elles furent*	*elles eurent*	*ils marchèrent*

Aujourd'hui, le passé simple est surtout employé à la 3e personne du singulier et du pluriel. C'est un temps que l'on utilise à l'écrit.

Astuce

Pour les verbes du 1er groupe, la 1re personne du singulier du passé simple et celle de l'imparfait de l'indicatif ont pratiquement la même prononciation. Pour éviter les erreurs, on peut penser à la 3e personne du singulier ; on entend alors la différence.

Soudain, j'hésitai à parler. → *Soudain, il hésita à parler.* → passé simple
Souvent, j'hésitais à parler. → *Souvent, il hésitait à parler.* → imparfait

Attention

• Le **passé simple** exprime des **faits passés**, limités dans le temps, qui ont eu lieu à un moment précis. C'est surtout **le temps du récit**.
• L'**imparfait** marque une **action qui dure dans le passé** ou des faits habituels. C'est **le temps de la description** ou **du portrait**.

La pluie tombait depuis des heures lorsqu'un rayon de soleil troua les nuages.
imparfait action qui dure — **passé simple** action brève

Exercices

1 ***Placez un pronom personnel qui convient devant les verbes en bleu conjugués au passé simple de l'indicatif.*** *Difficulté ■□□*

1. … consultai une encyclopédie. 2. … étalas une couche de peinture. 3. … avouâmes notre ignorance. 4. … plantâtes votre tente sous les pins. 5. … disputèrent une partie sans fin. 6. … contesta le montant de sa facture.

2 ***Copiez ces phrases en écrivant les verbes en bleu au passé simple de l'indicatif.*** *Difficulté ■□□*

1. Les cigognes s'envoler dès les premiers froids venus. 2. Le guide modifier l'itinéraire au dernier moment. 3. Surpris par la lumière, tu détourner ton regard. 4. Un passant guider l'aveugle jusqu'au passage souterrain. 5. Pour ne pas faire de jaloux, je diviser la tarte en parts égales. 6. Les électriciens installer trois prises de terre au CDI. 7. Ce chien échapper à la vigilance de son maître. 8. Nous proposer une partie de Monopoly à nos amis. 9. Quand l'infirmière approcher sa seringue, tu pousser un cri.

3 ***Copiez ces phrases en les complétant par des verbes du 1er groupe de votre choix que vous écrirez au passé simple de l'indicatif.*** *Difficulté ■■■*

1. Tu surveillais la cuisson du rôti et tu le … avant qu'il ne soit brûlé. 2. Antoine … le chargement de la batterie de sa voiture. 3. Au dernier moment, les organisateurs … la représentation ; le public … bien déçu. 4. Avant de servir, je … une cuillère d'huile d'olive sur le taboulé. 5. Inquiétée par son médecin, Julie … bien vite sa consommation de cigarettes. 6. Au sommet du Tourmalet, tu … ta défaillance et tu … des forces dans la descente. 7. Les experts … longuement l'authenticité de ce tableau. 8. Pressé par le temps, je … un numéro de code erroné ; le distributeur … de fonctionner.

4 ***Écrivez les verbes en bleu au passé simple ou à l'imparfait de l'indicatif, selon le sens.*** *Difficulté ■■■*

1. Le skieur dévaler la pente lorsqu'il chuter lourdement sur le sol gelé. 2. Tu fouiller dans les malles du grenier et tu y trouver de vieux livres. 3. Le courant d'air être si violent que les portes claquer brusquement. 4. Les trappeurs marcher depuis des heures lorsqu'ils décider de faire une halte. 5. Je se promener tranquillement quand je heurter une souche. 6. Voyant que la séance s'achever, tu quitter ta place rapidement. 7. Alors que je terminer mon déjeuner, le téléphone sonner. 8. Comme Pierre utiliser une scie manuelle, son voisin lui conseiller de se moderniser.

Pour terminer

10 min

Copiez ces phrases en écrivant les verbes en bleu au passé simple de l'indicatif.

1. Les spectateurs en avoir pour leur argent ; le concert être de toute beauté.
2. J'avoir du mal à surmonter ma déception.
3. Tu être de retour avant la tombée de la nuit.
4. La barque sombrer en quelques minutes.
5. Les employés profiter d'une pause de quinze minutes.
6. Tu tâtonner un peu avant de trouver la bonne clé.
7. Avec son air câlin, ce chat apitoyer Jessy qui l'adopter aussitôt.
8. Je braver le froid et je se jeter à l'eau.
9. Les habitants, attristés, assister à la destruction de leurs tours.
10. Le verdict du procès tomber dans un silence glacé.

Expression écrite

5 ***Écrivez un paragraphe de huit lignes commençant par la phrase : « Le jeune garçon tourna lentement la poignée de la porte ».***

6 ***Réécrivez le paragraphe précédent en remplaçant « Le jeune garçon » par « Je ».***

Vous utiliserez, en les conjuguant au passé simple, les verbes suivants : approcher - avoir - être - regarder - retourner et soulever.
Vous pourrez ajouter d'autres verbes, si nécessaire.

7 Le passé simple de l'indicatif : verbes des 2e et 3e groupes

Pour débuter

***Les verbes en bleu** sont conjugués au passé simple de l'indicatif. Trouvez leur infinitif.*

1 Tu entendis un bruit étrange.

a) entourer
b) entamer
c) entendre

2 Elle courut vers le but.

a) couvrir
b) courir
c) courser

3 Les députés tinrent une séance exceptionnelle.

a) tenir
b) tinter
c) tirer

4 Je fis contre mauvaise fortune bon cœur.

a) filer
b) faire
c) finir

5 Nous ne réfléchîmes pas assez.

a) refléter
b) refouler
c) réfléchir

À retenir

	verbes du 2e groupe	verbes du 3e groupe	
	finir	dormir	courir
1re personne du singulier	*je finis*	*je dormis*	*je courus*
2e personne du singulier	*tu finis*	*tu dormis*	*tu courus*
3e personne du singulier	*elle finit*	*elle dormit*	*on courut*
1re personne du pluriel	*nous finîmes*	*nous dormîmes*	*nous courûmes*
2e personne du pluriel	*vous finîtes*	*vous dormîtes*	*vous courûtes*
3e personne du pluriel	*ils finirent*	*elles dormirent*	*ils coururent*

Pour quelques verbes, la forme du radical est modifiée.

faire → *je fis ; elle fit ; elles firent*
connaître → *il connut ; elles connurent*
mettre → *je mis ; elle mit ; ils mirent*
conduire → *tu conduisis ; il conduisit ; elles conduisirent*
craindre → *il craignit ; elles craignirent*
voir → *il vit ; elles virent*
savoir ; devoir ; pouvoir → *il sut ; elle dut ; ils purent*
venir ; tenir → *je vins ; il tint ; elles vinrent ; ils tinrent*

Astuce

Au passé simple, pour les personnes du singulier, les formes des verbes du 2e groupe sont les mêmes que celles du présent de l'indicatif.
Pour distinguer ces deux temps, il faut penser au sens de la phrase ou aux temps des autres verbes.

présent de l'indicatif *L'avion atterrit à l'instant et les passagers descendent.*

passé simple *L'avion atterrit en douceur et les passagers descendirent calmement.*

Attention

À la 3e personne du singulier, il n'y a jamais d'accent circonflexe sur la voyelle qui précède le « **t** ».

s'asseoir → *il s'assit* *écrire* → *elle écrivit* *prendre* → *on prit*
se plaire → *il se plut* *croire* → *elle nous crut* *naître* → *il naquit*

Exercices

1 ***Conjuguez les verbes en bleu de ces expressions au passé simple de l'indicatif. Pour les 3es personnes, vous choisirez des noms sujets.*** *Difficulté* ■□□

1. aboutir dans une impasse
2. amortir la balle
3. connaître une grande joie
4. faire la fête
5. mettre ses bottes
6. ne pas croire ces mensonges

2 ***Copiez ces phrases en écrivant les verbes en bleu au passé simple de l'indicatif.*** *Difficulté* ■■□

1. Tu mettre de la confiture sur ta tartine. 2. Tu savoir monter à cheval. 3. Après tous ces dégâts, Charles vouloir changer sa moquette. 4. À la première audition, cette chanson me plaire. 5. Mes cousins revenir d'Australie chargés de cadeaux. 6. Avec de la persévérance, je voir mes efforts récompensés.

3 ***Les verbes en bleu sont conjugués au présent de l'indicatif ; copiez les phrases en écrivant les verbes au passé simple de l'indicatif.*** *Difficulté* ■■□

1. Le ballon rebondit sur le cercle et pénètre dans le panier. 2. Après le tremblement de terre, les habitants vivent des moments difficiles. 3. Le plongeur retient sa respiration pendant plus de deux minutes. 4. Ce champion réduit son retard en quelques coups de pédale. 5. Tu saisis ta guitare et tu peux accompagner ton amie.

4 ***Répondez par une phrase complète à ce questionnaire. Vous conjuguerez les verbes au passé simple de l'indicatif. Vous pouvez consulter un livre d'histoire.*** *Difficulté* ■■■

1. Que firent les Romains devant Alésia ?
2. Que découvrit Champollion ?
3. Pourquoi les Égyptiens construisirent-ils les Pyramides ?
4. Qui parvint à battre Goliath ?
5. Comment les Grecs gagnèrent-ils la guerre de Troie ?
6. Quelles créatures monstrueuses Ulysse rencontra-t-il ?
7. À quelle époque vécut Périclès ?

5 ***Copiez ce texte en écrivant les verbes en bleu au passé simple de l'indicatif ou à l'imparfait de l'indicatif selon le sens.*** *Difficulté* ■■■

D'un coup d'ongle, elle détacher la petite enveloppe blanche qui accompagner le bouquet. Une carte de visite tomber sur ses genoux. Elle la prendre entre le pouce et l'index, l'approcher de ses yeux, la jeter sur la table de nuit, et un sourire mystérieux modifier son visage. Étienne sentir, avec une précision pénible, qu'un étranger venir d'entrer dans cette tête et que tout s'illuminer pour le recevoir.

D'après Henri Troyat, *La Tête sur les épaules*, Plon, 1951.

Pour terminer — 10 min

Copiez ces phrases en écrivant les verbes en bleu au passé simple de l'indicatif.

1. Tous les habitants fleurir leur balcon.
2. Tu noircir des pages avant d'écrire l'introduction.
3. Je se rafraîchir à la source.
4. Quand le changement survenir, il était déjà trop tard.
5. Léa attendre que la connexion s'établisse pour consulter sa messagerie.
6. Napoléon Bonaparte naître un an après l'achat de la Corse par la France.
7. Les automobilistes devoir faire un détour.
8. Je ne pouvais vous suivre, mais je tenir à vous souhaiter bon voyage.
9. La cordée atteindre le sommet au milieu de la matinée.
10. Mes voisins se plaire au bord de la mer.

Dictée préparée

Ulysse et ses compagnons sont sur l'île de la magicienne Circé.

Mes compagnons appelèrent Circé qui ouvrit les portes étincelantes et les invita. Tous la suivirent. Seul Euryloque resta car il se méfiait. Circé fit entrer mes compagnons. Elle leur servit du fromage, du miel et du vin mais aussi un breuvage pour leur faire oublier leur patrie. Elle leur tendit la coupe et ils burent. Ils devinrent tous des cochons et elle les conduisit dans la porcherie.

D'après Homère, l'*Odyssée*, Chant X.

A ***Relevez les verbes au passé simple ; donnez leur infinitif, leur groupe et trouvez leur sujet.***

B ***Relevez les mots qui désignent les compagnons d'Ulysse.***

8 Les temps simples de quelques verbes du 1er groupe

Pour débuter

Trouvez les verbes qui conviennent pour compléter ces phrases.

1. Tu te … du froid.
   a) protégais
   b) protégeions
   c) protégeais

2. Nous … les piles usagées.
   a) remplaçons
   b) remplacons
   c) remplaçent

3. Les timides se … dans un verre d'eau.
   a) noyent
   b) noye
   c) noient

4. Maria … une pizza.
   a) décongele
   b) décongèle
   c) décongèlle

5. L'eau … parmi les pieds de vigne.
   a) ruisselle
   b) ruissele
   c) ruisselons

À retenir

• Les verbes terminés par **-cer** à l'infinitif prennent **une cédille** sous le « **c** » devant les terminaisons débutant par « **o** » ou « **a** » pour conserver le son **[s]**.

lancer	➔	*nous lançons*	*avancer*	➔	*j'avançais*
s'exercer	➔	*ils s'exerçaient*	*foncer*	➔	*tu fonças*

• Les verbes terminés par **-ger** à l'infinitif prennent un « **e** » après le « **g** » devant les terminaisons débutant par « **o** » ou « **a** » pour conserver le son **(je)**.

manger	➔	*nous mangeons*	*nager*	➔	*tu nageais*
plonger	➔	*elle plongeait*	*juger*	➔	*il jugea*

• Pour les verbes terminés par **-oyer**, **-uyer** à l'infinitif, on transforme le « **y** » en « **i** » devant les terminaisons commençant par un « **e** » muet.

s'ennuyer	➔	*je m'ennuie*	*nettoyer*	➔	*elles nettoient*
aboyer	➔	*il aboiera*	*essuyer*	➔	*nous essuierons*

• Les verbes terminés par **-eler** et **-eter** à l'infinitif s'écrivent généralement avec « **ll** » ou « **tt** » devant un « **e** » muet.

épeler	➔	*tu épelles*	*jeter*	➔	*ils jettent*
appeler	➔	*elle appellera*	*feuilleter*	➔	*ils feuilletteront*

• Quelques verbes comme **geler**, **acheter**, **peler**, **modeler**, **marteler**, ne doublent pas le « **l** » ou le « **t** » devant un « **e** » muet, mais ils s'écrivent avec une consonne simple précédée d'un « **è** » avec un accent grave.

geler	➔	*il gèle*	*acheter*	➔	*ils achètent*
marteler	➔	*tu martèleras*	*peler*	➔	*vous pèlerez*

Astuce

Pour les verbes terminés par **-ayer** à l'infinitif, on tolère le maintien du « **y** » devant un « **e** » muet. Il est préférable d'appliquer la transformation du « **y** » en « **i** » pour tous les verbes terminés par **-yer**.

payer	➔	*il paie*	*balayer*	➔	*elle balaie*
bégayer	➔	*tu bégaieras*	*essayer*	➔	*nous essaierons*

Attention

Les verbes **interpeller** et **regretter** conservent toujours les deux « **l** » ou les deux « **t** », quelles que soient les terminaisons.

ils s'interpellent ; ils s'interpellèrent ; vous regrettiez ; tu nous regretteras

Exercices

1 ***Copiez les phrases en écrivant les verbes en bleu au futur simple de l'indicatif.*** *Difficulté* ■■□

1. Le cerf-volant tournoyer dans les airs. 2. Je nettoyer mon VTT après la randonnée. 3. Par politesse, vous vouvoyer vos professeurs. 4. Les usines ne plus rejeter de produits toxiques dans la rivière. 5. Sous les coups, le boxeur chanceler pendant une dizaine de secondes. 6. Le député interpeller le Premier ministre lors du vote du budget de l'État. 7. Tu ne jamais regretter l'argent que tu as versé lors du Téléthon.

2 ***Copiez ce tableau et écrivez les verbes en bleu aux temps de l'indicatif et aux personnes demandés.*** *Difficulté* ■■□

	présent	imparfait	futur simple
s'allonger	nous …	nous …	nous …
se placer	je …	je …	je …
se changer	tu …	tu …	tu …
s'apitoyer	elle …	elle …	elle …
déblayer	vous …	vous …	vous …
étinceler	ils …	ils …	ils …

3 ***Copiez ce texte en écrivant les verbes en bleu à l'imparfait de l'indicatif.*** *Difficulté* ■■□

À quinze ans, Matteo Brigante nager bien et plonger encore mieux. Les moules que les autres arracher avec un grappin, il aller les chercher, les yeux grands ouverts, parmi les écueils sous-marins, il les remonter à pleines brassées. Il recevoir de petites primes, en nature ou en argent, mais il être encore plus sensible à la louange. Sur toute la côte de Manacore, on ne l'appeler plus que Matteo Maître de la Mer.

D'après Roger Vailland, *La Loi*, Gallimard, 1957.

4 ***Conjuguez les verbes en bleu de ces expressions au présent de l'indicatif. Vous pouvez consulter un livre de conjugaison.*** *Difficulté* ■■■

1. renouveler son abonnement
2. acheter des biftecks
3. ensorceler le public
4. breveter une invention
5. se geler le bout des doigts
6. modeler la terre glaise

5 ***Copiez ce texte en écrivant les verbes en bleu à l'imparfait de l'indicatif.*** *Difficulté* ■■■

Le jeune auteur essaie de prendre un peu d'assurance.

Je tenter une expérience dès le lendemain matin, et mes vues optimistes se trouver entièrement confirmées. Je commencer par emprunter cent sous au garçon d'étage, en prétextant la perte de mon portefeuille. Après quoi, je se rendre au comptoir chez Capoulade, commander un café et plonger résolument la main dans la corbeille de croissants. J'en manger sept. Je commander encore un café. Puis je fixer le garçon dans les yeux.

D'après Romain Gary, *La Promesse de l'aube*, Gallimard, 1960.

Pour terminer

Écrivez les verbes en bleu aux temps de l'indicatif demandés.

1 futur simple
Faute de connaître la réponse, tu bégayer deux mots.

2 imparfait
Les pêcheurs amorcer parfois avec des miettes de pain.

3 présent
Pour faire de la compote, nous peler des kilos de pommes.

4 passé simple
Victor rédiger une lettre de réclamation.

5 présent
Le chien harceler le facteur.

6 imparfait et passé simple
Comme l'orage menacer, le pilote renoncer à décoller.

7 passé simple
À l'âge de vingt ans, Élise s'engager dans la gendarmerie.

8 futur simple
Samedi prochain, j'appeler ma correspondante anglaise.

9 présent
Malgré la longueur du problème, tu s'atteler à la tâche.

10 imparfait
Le professeur interroger les élèves à tour de rôle.

Expression écrite

Répondez aux questions suivantes en utilisant le verbe et le temps de l'indicatif indiqués. Vous veillerez à reprendre les termes de la question et vous développerez la réponse.

1. Que faites-vous lorsque quelqu'un se blesse dans la cour ? (appeler au présent)
2. Que faisais-tu hier avec ta boîte à outils dans le garage à vélos ? (remplacer à l'imparfait)
3. Que faisait-il ce matin au CDI ? (ranger à l'imparfait)
4. Comment faisaient les hommes de la Préhistoire pour allumer un feu ? (employer à l'imparfait)

Bilan n°2

5. L'imparfait de l'indicatif
6. Le passé simple de l'indicatif : être-avoir, verbes du 1er groupe
7. Le passé simple de l'indicatif : verbes des 2e et 3e groupes
8. Les temps simples de quelques verbes du 1er groupe

Exercices

1 ***Complétez les phrases suivantes en mettant les verbes en bleu aux temps de l'indicatif demandés.***

1. La fée pouvoir (imparfait) réaliser tous tes vœux. 2. « Je vous dévorerai pour mon petit déjeuner », hurler (passé simple) l'ogre. 3. À l'approche du troll, les animaux de la forêt se taire (passé simple). 4. Le Chat botté parvenir (passé simple) au château de l'ogre ; il lui demander (passé simple) de se changer en rat et il le manger (passé simple). 5. En s'approchant de Thèbes, Œdipe voir (passé simple) le Sphinx qui lui poser (passé simple) une énigme qu'il devoir (passé simple) résoudre. 6. L'ogre du « Petit Poucet » posséder (imparfait) des bottes de sept lieues. 7. L'ogre s'endormir (passé simple) et le Petit Poucet lui voler (passé simple) ses bottes.

2 ***Écrivez les verbes de ces phrases au passé simple de l'indicatif.***

1. Le Cyclope se jette sur un compagnon d'Ulysse et le dévore. 2. Ulysse tient compte des conseils de la nymphe Calypso. 3. Ulysse perd tous ses compagnons les uns après les autres. 4. Le Petit Poucet se montre rusé : il échange les couronnes des filles contre les bonnets de ses frères. 5. L'ogre ne reconnaît pas ses filles et il les mange. 6. Le Petit Chaperon rouge fait la course avec le loup. 7. Le loup court très vite et arrive le premier chez la grand-mère. 8. Le loup se déguise et se glisse dans le lit de la grand-mère.

3 ***Écrivez les verbes de ces phrases au présent, puis au futur simple de l'indicatif.***

1. Il essaya de s'emparer des bottes de sept lieues. 2. Elle employa tous ses dons de fée pour sauver la princesse. 3. La sorcière lui jeta un mauvais sort. 4. La fée vérifia l'état de sa baguette magique. 5. La princesse appela sa sœur Anne à son secours. 6. La Belle au bois dormant se réveilla devant le Prince charmant. 7. Quand le professeur racontait la vie d'écrivains célèbres, les élèves l'écoutaient avec curiosité. 8. Cendrillon balayait la cuisine et lavait le linge pendant que ses sœurs dansaient au bal du château. 9. Vous rappeliez-vous les noms des sept nains de Blanche-Neige ?

Dictée préparée

Le Petit Poucet et ses six frères commençaient à se réchauffer dans la petite maison au fond des bois. Ils mangeaient du pain trempé dans une soupe de légumes. Soudain ils entendirent frapper à la porte. C'était l'ogre qui revenait chez lui. Sa femme fit signe aux enfants de se cacher sous la table ; puis elle ouvrit la porte et l'ogre entra. Il était immense et sa voix faisait trembler la maison. Les sept garçons restèrent immobiles lorsqu'il demanda si le dîner était prêt.

D'après Charles Perrault, « Le Petit Poucet », *Contes de ma mère l'Oye*.

A ***Relevez les verbes, précisez leur temps et leur sujet.***

B ***Relevez un participe passé employé comme un adjectif qualificatif et indiquez le nom avec lequel il s'accorde.***

C ***Relevez les verbes à l'infinitif.***

D ***Expliquez le pluriel de « légumes ».***

Expression écrite

4 ***Écrivez un paragraphe de cinq lignes en utilisant les sujets suivants et les verbes aux temps de l'indicatif indiqués.***

Sujets : les sorcières - elles - la potion magique - le magicien - le crapaud
Verbes : préparer (imparfait) - mélanger (imparfait) - devenir (imparfait) - entendre (passé simple) - apparaître (passé simple) - devenir (passé simple)

5 ***Écrivez deux paragraphes de cinq ou six lignes. Dans le premier, vous décrirez un animal de votre choix (verbes à l'imparfait de l'indicatif) ; dans le second, vous raconterez la transformation de cet animal en un terrible dragon (verbes au passé simple de l'indicatif). Ce second paragraphe débutera par l'adverbe « Brusquement ».***

Vous pourrez utiliser des expressions de la liste suivante :
pelage luisant - muscles puissants - longue queue - regard menaçant - écailles rousses - naseaux fumants - griffes acérées - pattes velues.

6 ***Rédigez, en un paragraphe d'une dizaine de lignes, le programme d'un parcours pour une course au trésor.***

Vous emploierez, au futur simple de l'indicatif, les verbes :
appuyer - clouer - employer - partager - placer - prendre.

Exploitation du test →

Repérez les numéros des questions sur lesquelles vous avez fait des fautes.

Révisez les leçons correspondantes et assurez-vous que vous avez bien compris en refaisant les exercices de ces leçons :

questions 1, 2, 3, 4, 5, 6, 18
→ leçon 5 → L'imparfait de l'indicatif

questions 7, 14, 15, 16
→ leçon 6 → Le passé simple de l'indicatif : être-avoir, verbes du 1er groupe

questions 8, 9, 10, 11, 12, 13
→ leçon 7 → Le passé simple de l'indicatif : verbes des 2e et 3e groupes

questions 14, 15, 16, 17, 18, 19, 20
→ leçon 8 → Les temps simples de quelques verbes du 1er groupe

10 min

Test

Difficulté ■□□

1 ***Autrefois, nous ... nos vacances à la montagne.***
a. passons b. passions c. passiions

2 ***Les hommes préhistoriques ... les parois des grottes.***
a. décorais b. décorés c. décoraient

3 ***Elle ... avec tant de grâce !***
a. danser b. dansait c. dansé

4 ***Il ... de cette bonne blague.***
a. riai b. riiait c. riait

5 ***Elles ... des cadeaux.***
a. espérer b. espérées c. espéraient

6 ***Mon père, quand il était enfant, ... soigneusement ses affaires.***
a. rangeait b. rangait c. rangé

7 ***Je le ... droit dans les yeux.***
a. regarda b. regardas c. regardai

8 ***Lorsqu'il ..., il était transformé.***
a. revena b. revint c. revînt

9 ***Quand Stéphane ... la nouvelle, il fut joyeux.***
a. appris b. apprena c. apprit

10 ***Le téléphone sonna et Lucie ... un bond.***
a. faisa b. fit c. fesa

11 ***Au premier bruit, elle ... en courant.***
a. parta b. parti c. partit

12 ***Il ... en se laissant glisser sur la rampe.***
a. descendut b. descenda c. descendit

13 ***En fouillant dans le grenier, tu ... une étrange découverte.***
a. fit b. fus c. fis

14 ***Samir ... la balle d'un geste précis.***
a. lanca b. lança c. lancea

15 ***Alors, je ... les œufs à la pâte.***
a. mélangeai b. mélangea c. mélangeas

16 ***L'enfant ... sans hésiter les pompiers.***
a. appela b. appella c. appelat

17 ***Il n'... rien sans regarder le prix.***
a. achette b. achétes c. achète

18 ***Nous ... la salle quand tu as sonné.***
a. balayons b. balaiions c. balayions

19 ***Elle ... sur le bouton et la fusée décolle.***
a. appuye b. appuit c. appuie

20 ***Ce chien ... toute la journée.***
a. aboie b. aboye c. aboit

Pour aller plus loin

Difficulté ■■■

1 ***Autrefois, nous ne ... pas nos résultats à l'aide d'une calculatrice.***
a. vérifions b. vérifiions c. vérifyions

2 ***Avec les scouts, nous ... des pierres pour allumer le feu.***
a. employiont b. emploiions c. employions

3 ***Tu ... le cent mètres en treize secondes.***
a. courais b. courrat c. coura

4 ***Nous ... rapidement notre petit déjeuner.***
a. avalames b. avâlames c. avalâmes

5 ***Lorsqu'il ... le cyclope Polyphème, Ulysse prit peur.***
a. vu b. vut c. vit

6 ***Corentin ... une idée extraordinaire.***
a. eut b. eus c. eût

7 ***Un bruit retentit ; nous ... notre respiration.***
a. retînmes b. retîmes c. retenâmes

8 ***Le ciel ... tout à coup.***
a. s'assombra b. s'assombrit c. s'assombrissa

9 ***Brusquement, je ... le livre.***
a. referma b. refermai c. refermais

10 ***Le juge ... les scellés sur les portes.***
a. placa b. placea c. plaça

11 ***Andréa ... les pommes pour notre tarte.***
a. pelera b. pellera c. pèlera

12 ***Avant de te décider, tu ... le catalogue avec attention.***
a. lus b. lut c. lu

13 ***Elle ... difficilement à traverser le boulevard.***
a. parvenu b. parvena c. parvint

14 ***J'... le cri terrifiant du fantôme.***
a. entendus b. entendu c. entendis

15 ***Il ... l'ordinateur et quitta le CDI.***
a. éteint b. éteignit c. éteigna

16 ***Ils ... heureux jusqu'à la fin de leurs jours.***
a. vivèrent b. vécurent c. vivaient

17 ***L'an dernier, je ... ma chambre avec mes deux frères.***
a. partageait b. partageais c. partageai

18 ***Ils ... en voyant mon déguisement.***
a. rièrent b. rirent c. riiaient

19 ***À ce moment-là, ... notre professeur.***
a. survena b. survint c. survenu

20 ***Le policier empoigna le cambrioleur et le ... à terre.***
a. maintient b. maintint c. maintenut

9

Le passé composé de l'indicatif

Pour débuter

Ces verbes sont conjugués au passé composé. Trouvez le pronom personnel qui convient pour compléter les phrases.

1 ... as manifesté ton désaccord.

a) J'
b) Tu
c) Il

2 … suis arrivée juste au début de la séance.

a) Nous
b) Tu
c) Je

3 … avez démoli la vieille cabane.

a) Nous
b) Elles
c) Vous

4 … sommes entrés sans bruit.

a) Elles
b) Nous
c) Tu

5 … ont inscrit leur nom sur le formulaire.

a) J'
b) Vous
c) Elles

À retenir

• Beaucoup de verbes, notamment les verbes transitifs, se conjuguent avec l'auxiliaire **avoir**. Les verbes d'état ou de changement de situation, les verbes pronominaux se conjuguent avec l'auxiliaire **être**.
Pour former le **passé composé**, dans les deux cas, on ajoute le participe passé à l'auxiliaire conjugué au présent de l'indicatif.

	verbe terminer auxiliaire avoir	verbe partir auxiliaire être	verbe se laver auxiliaire être
1re personne du singulier	*j'ai terminé*	*je suis parti(e)*	*je me suis lavé(e)*
2e personne du singulier	*tu as terminé*	*tu es parti(e)*	*tu t'es lavé(e)*
3e personne du singulier	*il a terminé*	*elle est partie*	*elle s'est lavée*
1re personne du pluriel	*nous avons terminé*	*nous sommes parti(e)s*	*nous nous sommes lavé(e)s*
2e personne du pluriel	*vous avez terminé*	*vous êtes parti(e)s*	*vous vous êtes lavé(e)s*
3e personne du pluriel	*elles ont terminé*	*ils sont partis*	*ils se sont lavés*

• Seul le participe passé employé avec l'auxiliaire **être** s'accorde avec le sujet du verbe.
Je suis née le 16 juin 1987. → C'est une femme qui parle.
Tu es né le 16 juin 1987. → C'est à un homme que l'on parle.
Ils sont nés le 16 juin 1987. → C'est d'hommes que l'on parle.
Elles sont nées le 16 juin 1987. → C'est de femmes que l'on parle.

Attention

• La terminaison d'un participe passé n'est pas toujours facile à trouver. En cas de doute, consultez un livre de conjugaison.
éclater → *éclaté* *rougir* → *rougi* *descendre* → *descendu*
écrire → *écrit* *prendre* → *pris* *sourire* → *souri*
conduire → *conduit* *devoir* → *dû, due* *plaire* → *plu*

• Pour les 1res et 2es personnes – singulier et pluriel –, bien souvent seule la personne qui écrit sait à quoi correspond le pronom et choisit donc le genre.
- soit le masculin :
Je me suis enfermé dans ma chambre. *Vous vous êtes cramponnés.*
- soit le féminin :
Je me suis enfermée dans ma chambre. *Vous vous êtes cramponnées.*

• Il faut bien mémoriser le passé composé des auxiliaires.
J'ai eu une bonne note. *J'ai été félicité(e).*

Exercices

1 ***Conjuguez les verbes en bleu de ces expressions au passé composé de l'indicatif. Attention à l'accord des participes passés employés avec l'auxiliaire « être ».*** *Difficulté* ■□□

1. avoir un téléphone portable
2. être au CDI
3. devenir une vedette
4. interrompre sa lecture
5. aller au cinéma
6. achever un travail
7. se maquiller légèrement
8. assister à un concert

2 ***Copiez ces phrases en écrivant les verbes en bleu au passé composé de l'indicatif.*** *Difficulté* ■□□

1. La kermesse du collège connaître un énorme succès. 2. Pour faire plaisir à son fils, M. Khaled se déguiser en Père Noël. 3. Tu refuser de répondre à la provocation. 4. Nous se jurer de ne jamais renouveler cette expérience. 5. Les acteurs entrer en scène à l'heure prévue. 6. Au mois d'avril, mes grands-parents aller au Brésil. 7. Malgré la fatigue, je tenir à terminer mon travail. 8. Les livreurs déposer les cartons devant la porte de l'appartement. 9. Arnaud et Mourad se quitter bons amis.

3 ***Les verbes en bleu sont conjugués au passé simple de l'indicatif. Copiez les phrases en écrivant ces verbes au passé composé de l'indicatif.*** *Difficulté* ■■□

1. Au lieu de lire, vous préférâtes regarder le feuilleton. 2. Au premier coup de vent, toutes les pommes tombèrent. 3. Émerveillée, Solène fit trois tours de manège. 4. Habilement, tu retournas la situation en ta faveur. 5. Je traduisis ton message SMS en un langage correct. 6. Nous nous pressâmes pour assister à l'arrivée de la course. 7. Les électriciens parvinrent à réparer les lignes en trois heures. 8. Le voilier rompit ses amarres. 9. Les vulcanologues s'approchèrent prudemment du cratère.

4 ***Copiez ce texte en écrivant les verbes en bleu au passé composé de l'indicatif. Attention à l'accord des participes passés.*** *Difficulté* ■■■

Je ne jamais très bien savoir d'où elle venait. Elle avait caché ses traces. Tout en elle était mystérieux. La première fois que je la voir, c'était sur la petite place, là où les garçons se réunissaient en sortant de classe, pour jouer au ballon, ou pour boxer. Elle passer sans regarder personne, elle disparaître dans les rues sombres. Je ne me rappelle plus très bien comment elle était habillée, parce que le souvenir que je garde d'elle, c'est cette photo qu'elle me donner un jour, quand on commencer à se voir.

D'après J. M. G. Le Clézio, « Le temps qui passe », dans *Printemps et autres saisons*, Gallimard, 1989.

Pour terminer

10 min

Écrivez les verbes en bleu au passé composé de l'indicatif. Attention aux accords des participes passés.

1. L'arbitre préciser les règles de la partie.
2. Je s'asseoir et je boucler ma ceinture de sécurité.
3. Nous attendre que le feu soit vert pour traverser.
4. Le boxeur Marcel Cerdan mourir dans un accident d'avion.
5. Tu s'accroupir et tu prendre ton élan.
6. Vous oublier votre livre de géographie.
7. Les pêcheurs rentrer bredouilles ; il y avait trop de vent.
8. Ces deux pays conclure un traité de paix.
9. Il suffire d'une minute d'inattention pour que le drame se produise.
10. La voyante nous prédire un avenir radieux.

Expression écrite

5 ***Racontez, au passé composé, ce que vous avez fait hier à la même heure. Vous rédigerez un paragraphe comprenant six phrases.*** Chaque phrase n'aura pas plus de dix mots.

6 ***En employant, au passé composé de l'indicatif, les verbes :*** apercevoir - s'approcher - contourner - découvrir - deviner - frôler - glisser - plonger, ***vous rédigerez un paragraphe de huit lignes qui se terminera par :***
« Et c'est ainsi que j'ai visité, au fond de l'océan, la plus extraordinaire épave que je connaisse. »

10 Le plus-que-parfait de l'indicatif

Pour débuter

Trouvez les verbes qui conviennent pour compléter ces phrases. Ils sont conjugués au plus-que-parfait.

1 Nous … vous rendre une petite visite.

a) étions venus
b) est venu
c) avions venu

2 Tu … une lettre recommandée.

a) es reçue
b) avais reçu
c) ont reçu

3 Avant de sortir, j'… toutes les lumières.

a) a éteint
b) suis éteint
c) avais éteint

4 Yann … les petites annonces.

a) avait lu
b) est lu
c) sont lues

5 Les clowns … les pieds dans le tapis.

a) sont pris
b) s'étaient pris
c) avaient pris

À retenir

• Le plus-que-parfait de l'indicatif est formé de l'imparfait de l'indicatif de l'auxiliaire (**être** ou **avoir**) et du participe passé du verbe à conjuguer.

	verbe terminer auxiliaire avoir	verbe partir auxiliaire être	verbe se laver auxiliaire être
1re personne du singulier	*j'avais terminé*	*j'étais parti(e)*	*je m'étais lavé(e)*
2e personne du singulier	*tu avais terminé*	*tu étais parti(e)*	*tu t'étais lavé(e)*
3e personne du singulier	*il avait terminé*	*elle était partie*	*elle s'était lavée*
1re personne du pluriel	*nous avions terminé*	*nous étions parti(e)s*	*nous nous étions lavé(e)s*
2e personne du pluriel	*vous aviez terminé*	*vous étiez parti(e)s*	*vous vous étiez lavé(e)s*
3e personne du pluriel	*elles avaient terminé*	*ils étaient partis*	*ils s'étaient lavés*

• On emploie le plus-que-parfait pour exprimer une action ou un état totalement achevés à un certain moment du passé.
À vingt ans, Juan avait déjà parcouru la moitié du monde.

• L'action ou l'état exprimés par le plus-que-parfait sont toujours antérieurs à ceux exprimés par l'imparfait ou le passé simple.

Juan avait parcouru la moitié du monde, lorsqu'il décida de s'installer à Nantes.
plus-que-parfait action achevée — **passé simple** action passée qui dure peut-être encore

Juan avait parcouru la moitié du monde, et il en gardait de bons souvenirs.
plus-que-parfait action achevée — **imparfait** Il n'a pas gardé de souvenirs avant d'avoir voyagé.

Astuce

Pour ne pas confondre le participe passé du verbe **être** : **été**, avec les formes conjuguées **étais**, **était**, **étaient**, on peut essayer de remplacer le participe passé par un autre participe passé : **pris**, et la forme conjuguée par une autre forme conjuguée : **est** ou **sont**. On entend alors la différence.
Il a été grippé. → Il a pris une grippe. *Il était grippé. → Il est grippé.*

Attention

Les verbes **avoir** et **être** se conjuguent avec l'auxiliaire **avoir**.

passé composé	*Tu as eu la grippe.*	*Tu as été grippé(e).*
plus-que-parfait	*Elles avaient eu la grippe.*	*Elles avaient été grippées.*

Exercices

1 ***Conjuguez les verbes en bleu au plus-que-parfait de l'indicatif. Pour les 3es personnes du singulier et du pluriel, vous choisirez des noms sujets.*** Difficulté ■□□

1. avoir une peur bleue
2. être au CM2
3. arriver à ses fins
4. apprécier ce film
5. démentir les rumeurs
6. se préparer une soupe
7. récupérer de vieux meubles
8. partir sans prévenir
9. ne pas décevoir ses supporters
10. imaginer toute une histoire

2 ***Copiez les phrases en écrivant les verbes en bleu au plus-que-parfait de l'indicatif. Attention aux accords.*** Difficulté ■□□

1. Alexia promettre toujours de venir nous voir, mais elle n'a pas tenu parole. 2. Les couvertures de ces livres souffrir, alors je les ai changées. 3. Vous ne pas obtenir le visa nécessaire à votre voyage. 4. Le problème que nous ne pas pouvoir résoudre comportait une erreur. 5. Arrivé au refuge, Mario sortit le sandwich qu'il emporter. 6. Si je trouver la bonne réponse, j'aurais gagné un mois d'abonnement gratuit à ma revue préférée. 7. Les élèves de 6e A obtenir l'autorisation de sortir à seize heures. 8. Ce navigateur affronter de terribles tempêtes au large du cap Horn. 9. Avec ce jeu, tu construire un splendide château de trente-deux cartes.

3 ***Copiez ce texte en écrivant les verbes soulignés à l'imparfait de l'indicatif et les verbes en bleu au plus-que-parfait de l'indicatif.*** Difficulté ■■□

1. Comme nous n'<u>aimons</u> pas la tarte au citron, nous avons laissé nos parts. 2. Je <u>suis</u> pressée, alors j'ai déjeuné en quelques minutes. 3. Les mécaniciens ont trouvé l'origine de la panne et ils <u>démontent</u> le moteur. 4. Vous <u>pataugez</u> dans la boue parce que vous avez oublié vos bottes. 5. Les jeunes spectateurs <u>rient</u> parce que Guignol a sorti un sabre de bois. 6. Comme tu as manqué le début, tu ne <u>comprends</u> rien au déroulement de l'intrigue. 7. J'<u>essuie</u> les verres que tu as lavés. 8. Didier <u>admire</u> la vigueur du pommier qu'il a planté l'an dernier. 9. Fanny <u>relit</u> le texte qu'elle a rédigé hier soir.

4 ***Copiez ce texte en écrivant les verbes en bleu au plus-que-parfait de l'indicatif.*** Difficulté ■■■

Au cours d'un de ses voyages, Gulliver se retrouve dans un pays peuplé de géants. Il est recueilli par l'un d'eux qui le vend ensuite à la Reine de ce royaume.

J'avoir la hardiesse de déclarer à sa Majesté que je n'avais envers mon ancien maître aucune reconnaissance et que je le payer largement de son bienfait grâce aux gains que je lui faire faire quand il me montrait en spectacle à travers le royaume. La vie que je mener était assez rude pour tuer un animal dix fois plus fort que moi : cette forme d'esclavage qui consister à amuser la populace à longueur de journée compromettre fortement ma santé. C'est pourquoi mon maître me céder à si bon prix.

D'après Jonathan Swift, *Voyages de Gulliver*, 1726.

Pour terminer — 10 min

Écrivez les verbes en bleu au plus-que-parfait de l'indicatif.

1. Le Petit Poucet et ses frères se perdre dans la forêt.
2. Le marathonien aller jusqu'au bout de ses forces.
3. Vous placer le linge dans la machine à laver.
4. Alors que nous prendre nos billets, notre voyage a été annulé.
5. Ainsi que le chirurgien le prévoir, tu te remis rapidement.
6. Avant d'acheter un jean, je comparer les prix.
7. En voyant le résultat, tu as su que tu faire une erreur.
8. Le pilote suivre les consignes de la tour de contrôle.
9. Les chevaliers s'agenouiller devant le roi de France.
10. Comme certains élèves bouger, la photo de classe était floue.

Expression écrite

En employant les mots suivants, et en ajoutant des mots de votre choix, composez quatre phrases :

1. éteindre - obscurité - silence - glacial - nous
2. descendre - grotte - mousse - mystérieux - il
3. avoir - rollers - équipement - désiré - je
4. reconnaître - planète - galaxie - extraordinaire - elle

Les verbes en bleu seront au plus-que-parfait de l'indicatif.
Les mots pourront être mis au pluriel et vous penserez aux accords.

11

Le présent du conditionnel

Pour débuter

Trouvez les verbes qui conviennent pour compléter ces phrases. Ils sont conjugués au présent du conditionnel.

1 Si je devais t'écrire, je m'… .

a) appliquerais
b) appliqurais
c) appliqueront

2 Tu … collectionner les cartes postales.

a) aimez
b) aimerons
c) aimerais

3 Des sous-titres … la compréhension.

a) faciliteraient
b) a facilité
c) facilitait

4 S'il pleuvait, le gazon … .

a) reverdit
b) reverdirait
c) reverdira

5 Nous … peut-être faire une sortie de classe.

a) pouvait
b) pourrions
c) avons pu

À retenir

• Le **présent du conditionnel** est un temps qui exprime une part d'incertitude plus élevée que le futur simple de l'indicatif.

futur simple *Tu manifesteras ta joie.* → quasi-certitude
présent du conditionnel *Tu manifesterais ta joie.* → simple éventualité

• Au présent du conditionnel, tous les verbes prennent les mêmes terminaisons : **-ais**, **-ais**, **-ait**, **-ions**, **-iez**, **-aient**, toujours précédées de la lettre « **r** ».
• Le présent du conditionnel se forme sur le **même radical** que le futur simple.

	futur simple	présent du conditionnel
être	*il sera ; elles seront*	*il serait ; elles seraient*
avoir	*tu auras ; vous aurez*	*tu aurais ; vous auriez*
faire	*je ferai ; nous ferons*	*je ferais ; nous ferions*
aller	*il ira ; elles iront*	*il irait ; elles iraient*
venir	*tu viendras ; vous viendrez*	*tu viendrais ; vous viendriez*
courir	*je courrai ; nous courrons*	*je courrais ; nous courrions*
savoir	*il saura ; elles sauront*	*il saurait ; elles sauraient*
appeler	*tu appelleras ; vous appellerez*	*tu appellerais ; vous appelleriez*
nettoyer	*je nettoierai ; nous nettoierons*	*je nettoierais ; nous nettoierions*

Astuce

Pour ne pas confondre la 1re personne du singulier du futur simple avec la 1re personne du présent du conditionnel qui ont la même prononciation, il faut la remplacer par la personne correspondante du pluriel.
Je n'hésiterai pas longtemps. → *Nous n'hésiterons pas longtemps.* → futur simple
J'hésiterais peut-être. → *Nous hésiterions peut-être.* → présent du conditionnel

Attention

• Si le verbe de la subordonnée introduite par **si** est au présent de l'indicatif, le verbe de la principale est au futur simple.
Si le temps le permet, nous irons au parc floral.
• Si le verbe de la subordonnée introduite par **si** est à l'imparfait de l'indicatif, le verbe de la principale est au présent du conditionnel.
Si le temps le permettait, nous irions au parc floral.
En aucun cas, le verbe de la subordonnée introduite par **si** ne s'écrit au présent du conditionnel.

Exercices

1 ***Écrivez le verbe en bleu au présent du conditionnel en remplaçant le pronom sujet souligné par les sujets proposés.*** *Difficulté* ■□□

Avec un peu d'entraînement, tu battrais certainement ton record personnel.
sujets : ces athlètes / je / nous / vous / Mathilde

2 ***Copiez ces phrases en écrivant les verbes en bleu au présent du conditionnel.*** *Difficulté* ■■□

1. Elle avait dit qu'elle venir nous voir. 2. Le règlement précisait que le trésorier vérifier les comptes du club. 3. Si tu revenais sur ta décision, nous être les premiers surpris. 4. S'il faisait nuit, les automobilistes allumer leurs phares. 5. L'architecte avait prévu que les maçons quitter le chantier fin mars. 6. Si vous me donniez votre heure d'arrivée, je pouvoir aller vous attendre. 7. Une simple erreur de calcul entraîner la perte du satellite. 8. Avant de dormir, tu devoir boire une tisane bien chaude. 9. Si ce logiciel était plus simple, nous enregistrer les données sans difficulté.

3 ***Transformez les phrases selon le modèle proposé. Écrivez les verbes soulignés à l'imparfait de l'indicatif et les verbes en bleu au présent du conditionnel.*** *Difficulté* ■■■

Ex : Quand le vent cessera, la pluie tombera.
➔ Si le vent cessait, la pluie tomberait.

1. Quand le nombre d'adhérents augmentera, nous créerons une association. 2. Quand je trouverai une parka à ma taille, je l'achèterai. 3. Quand vous aurez faim, vous vous contenterez d'un plat de pâtes. 4. Quand mes parents écouteront du rap, ils s'apercevront que c'est une musique formidable. 5. Quand Xavier marquera un but, cela nous étonnera beaucoup. 6. Quand les poules auront des dents, tu deviendras roi de Papouasie ! 7. Quand vous me le demanderez, je vous enverrai une copie de cette disquette.

4 ***Copiez ces phrases en écrivant les verbes en bleu au futur simple de l'indicatif ou au présent du conditionnel selon le sens.*** *Difficulté* ■■■

1. Si vous aviez le choix, vous prendre une salade plutôt qu'un avocat. 2. Si les hommes détruisent les forêts, les conditions de vie se détériorer. 3. Si je monte sur un escabeau, j'atteindre le haut de l'armoire et je sortir les couvertures. 4. Si les vents sont favorables, le voilier se diriger vers l'île de Groix. 5. Si tu avalais ce médicament, tes maux de tête disparaître. 6. Si nous ouvrions les fenêtres, nous respirer l'air salé.

Pour terminer (10 min)

Copiez les phrases en écrivant les verbes en bleu au présent du conditionnel.

1. Si tu te lavais mieux les dents, tu ne pas avoir de caries.
2. Si elle était authentique, cette pièce de monnaie valoir une fortune.
3. Si j'avais à effectuer ces calculs, je les refaire à l'identique.
4. Si le mazout envahissait les plages, des milliers d'oiseaux mourir.
5. Si le printemps revenait, nous voir des hirondelles et peut-être des cigognes.
6. Mieux organisés, les fermiers mécaniser leurs exploitations.
7. Pour aménager cette pièce, le plus long être de la peindre.
8. Si l'eau de la piscine était chauffée, Damien aller se baigner plus souvent.
9. Si vous faisiez des mots croisés, vous ne pas s'ennuyer.
10. Si le facteur m'apportait une lettre, je l'ouvrir aussitôt.

Expression écrite

5 ***Écrivez un paragraphe de huit lignes commençant par ces mots : « Si j'étais un oiseau ».***

Vous utiliserez, au présent du conditionnel, les verbes suivants :
atterrir - connaître - découvrir - être - faire - planer - savoir.

6 ***Écrivez un paragraphe de huit lignes commençant par ces mots : « Si vous étiez des crayons de couleur ».***

Vous utiliserez, au présent du conditionnel, les verbes suivants :
créer - dire - écrire - essayer - souligner - vérifier.

12 Le présent du subjonctif

Pour débuter

Trouvez les verbes qui complètent ces phrases. Ils sont conjugués au présent du subjonctif.

1 Il faut que vous … ce texte.

a) résume
b) résumiez
c) résumez

2 Il faut que je … les verres.

a) remplis
b) remplie
c) remplisse

3 Il faut que le bûcheron … ces vieux arbres.

a) abattez
b) abatte
c) abattaient

4 Il ne faut pas que nous … .

a) souffre
b) souffrions
c) souffrons

5 Il ne faut pas que les spectateurs … le stratagème.

a) voient
b) voyent
c) voyaient

À retenir

• Au présent du subjonctif, tous les verbes (généralement précédés de la conjonction de subordination **que**) prennent les mêmes terminaisons : **-e**, **-es**, **-e**, **-ions**, **-iez**, **-ent**.

Il faut que je respire. *Il faut que tu te lèves.* *Il faut qu'il attende.*
Il faut que nous sortions. *Il faut que vous couriez.* *Il faut qu'ils vivent.*

• Pour les verbes du 2ᵉ groupe, on place l'élément « **ss** » avant la terminaison.

Il faut que j'agisse. *Il faut qu'il réussisse.* *Il faut que nous finissions.*

La forme du radical de certains verbes est modifiée.

avoir : Il faut *que j'aie / … que tu aies / … qu'il ait / … que nous ayons / … que vous ayez / … qu'ils aient*
être : Il faut *que je sois / … que tu sois / … qu'il soit / … que nous soyons / … que vous soyez / … qu'ils soient*

faire : Il faut *que je fasse*
aller : *… qu'il aille*
voir : *… qu'ils voient*
pouvoir : *… que vous puissiez*
dire : *… que nous disions*
craindre : *… qu'il craigne*

venir : Il faut *que tu viennes*
savoir : *… qu'il sache*
écrire : *… que tu écrives*
vouloir : *… que je veuille*
lire : *… que je lise*
conduire : *… qu'elle conduise*

Astuce

Pour ne pas confondre les formes du singulier du présent de l'indicatif et celles du présent du subjonctif de certains verbes du 3ᵉ groupe, il faut remplacer le verbe employé par un verbe pour lequel on entend la différence.

présent de l'indicatif	présent du subjonctif
Je cours très vite.	*Il faut que je coure très vite.*
➔ même prononciation	
Je viens très vite.	*Il faut que je vienne très vite.*
➔ prononciation différente	

Attention

Pour les verbes du 1ᵉʳ groupe, les formes du présent de l'indicatif et celles du présent du subjonctif sont les mêmes, sauf pour les 1ʳᵉˢ et 2ᵉˢ personnes du pluriel.

présent de l'indicatif	présent du subjonctif
Je me méfie.	*Il faut que je me méfie.*
Nous nous méfions.	*Il faut que nous nous méfiions.*
Vous vous méfiez.	*Il faut que vous vous méfiiez.*
Elles se méfient.	*Il faut qu'elles se méfient.*

Exercices

1 ***Transformez les phrases selon le modèle proposé.*** *Difficulté* ■□□
Les verbes en bleu seront conjugués au présent du subjonctif.

Ex : La neige fond. ➔ Il faut que la neige fonde.

1. Je réponds au téléphone.
2. Tu retiens les titres de ces chansons.
3. Il attend son tour.
4. Nous coupons le contact.
5. Vous déplacez les meubles.
6. Ils faiblissent.

2 ***Écrivez les verbes aux temps et aux personnes demandés.*** *Difficulté* ■□□

	présent de l'indicatif	présent du subjonctif
jouer	Nous …	Il faut que nous …
apprendre	Il …	Il faut qu'il …
réfléchir	Je …	Il faut que je …
finir	Elles …	Il faut qu'elles …
accepter	Vous …	Il faut que vous …
s'inscrire	Tu …	Il faut que tu …
plaire	Elle …	Il faut qu'elle …

3 ***Copiez ces phrases en écrivant les verbes en bleu au présent du subjonctif.*** *Difficulté* ■■□

1. Nous souhaitons que Sylvia nous dire clairement ce qu'elle veut. 2. Il faut que vous remplacer les acteurs malades. 3. Il faut que ce chiot se nourrir de viande hachée. 4. Je ne pense pas que cette émission séduire un jeune public. 5. Mes amis veulent que je venir chez eux pour le réveillon. 6. Avant de tourner à gauche, il faut que le cycliste tendre le bras. 7. Si Candice est satisfaite, qu'elle aller remercier le vendeur. 8. Je crains qu'un seul essai ne pas suffire pour que tu atteindre la cible. 9. La batterie de mon portable est déchargée, il faut que je sortir mon adaptateur. 10. Le photographe affiche ses clichés afin que les visiteurs pouvoir les admirer.

4 ***Trouvez des verbes pour décrire ce que doivent faire ces personnes. Observez bien le modèle proposé et conjuguez les verbes que vous aurez choisis au présent du subjonctif.*** *Difficulté* ■■■

Ex : Paméla ne sait pas sa leçon. ➔ Il faut qu'elle l'apprenne.

1. Anna a perdu ses clés. — Il faut qu'elle les …
2. Nous sommes en retard. — Il faut que nous …
3. Laurent fume beaucoup. — Il faut qu'il …
4. Vous n'êtes pas en forme. — Il faut que vous …
5. Je grossis trop. — Il faut que je …
6. Tu perds ton bouton. — Il faut que tu le …
7. Stéphane doute de notre sincérité. — Il faut pourtant qu'il nous …

Pour terminer — 10 min

Copiez ces phrases en écrivant les verbes en bleu au présent du subjonctif.

1. Il faut toujours que vous être à l'écoute des autres.
2. Pour nettoyer le garage, il faut que je prendre un puissant aspirateur.
3. Pour ton futur métier, il est impératif que tu faire le bon choix.
4. Je souhaite que Line venir me rejoindre.
5. Bastien est malade, il faut qu'il voir un médecin.
6. Il faut absolument que vous lire ce roman.
7. On regrette que Lionel n'avoir pas la meilleure note.
8. Thierry déplore que la banque ne pas vouloir lui accorder un crédit.
9. Il faut que les jeunes d'aujourd'hui savoir parler au moins une langue étrangère.
10. Il se peut que Frédéric ne pas tenir à participer au cross départemental.

Dictée préparée

Si Schéhérazade veut échapper à la peine de mort, elle doit raconter, chaque nuit, des histoires au sultan.
Le sultan s'écria : « Raconte-moi une histoire de voyages si tu ne veux pas que je te fasse couper la tête ; ne tarde pas à commencer car je ne supporte pas que tu sois silencieuse ! »
Schéhérazade aurait bien aimé conter une histoire comique. Mais elle ne voulait pas qu'on lui coupe la tête et elle dit au sultan : « Tu as raison ; les histoires de voyages sont les plus étonnantes de toutes. »
Contes des Mille et Une Nuits.

A ***Dans les passages entre guillemets, relevez les verbes et précisez leur mode et leur temps.***

B ***Relevez un auxiliaire au présent du conditionnel.***

13 Le présent de l'impératif

Pour débuter

Trouvez les verbes qui complètent ces phrases. Ils sont conjugués au présent de l'impératif.

1. …-moi les clés !

   a) Passe
   b) Passez
   c) Passons

2. … ton vélo pour nous accompagner.

   a) Preniez
   b) Prends
   c) Prenne

3. Pierre et Jean, ne … plus ensemble !

   a) joue
   b) joues
   c) jouez

4. … le plus vite possible, l'orage approche.

   a) Partait
   b) Parte
   c) Partons

5. …-moi sur mon portable pour notre rendez-vous.

   a) Appelle
   b) Appele
   c) Appelons

À retenir

• L'impératif est **un mode** qui sert à exprimer des ordres, des conseils, des recommandations, des prières.

• L'impératif **ne se conjugue qu'à trois personnes** (2ᵉ personne du singulier, 1ʳᵉ et 2ᵉ personnes du pluriel), sans sujet exprimé.

	verbes du 1ᵉʳ groupe + offrir, ouvrir, souffrir, couvrir, cueillir	verbes des 2ᵉ et 3ᵉ groupes (sauf exceptions)
2ᵉ personne du singulier	*-e* *chante, ouvre*	*-s* *finis, prends*
1ʳᵉ personne du pluriel	*-ons* *chantons, finissons, prenons*	
2ᵉ personne du pluriel	*-ez* *chantez, finissez, prenez*	

• Quelques formes particulières :

avoir :	*Aie du courage !*	*Ayons du courage !*	*Ayez du courage !*
être :	*Sois courageux.*	*Soyons courageux.*	*Soyez courageux.*
aller :	*Va !*	*Allons !*	*Allez !*
savoir :	*Sache que je te suis.*	*Sachons garder notre calme.*	*Sachez attendre.*

• Si le verbe à l'impératif est suivi d'un pronom personnel complément (**en, moi, toi, le, la, les, y**…), on place un **trait d'union** entre ces deux mots.
Crois-moi. / Regarde-toi. / Suis-le. / Songez-y.

Astuce

Pour faciliter la prononciation, on ajoute un « **s** » à la 2ᵉ personne du singulier quand le mot qui suit est « **en** » ou « **y** ».
Parles-en.　　　*Vas-y !*

Attention

Il ne faut pas confondre le présent de l'impératif avec le présent de l'indicatif à la forme interrogative. S'il y a un sujet exprimé et un point d'interrogation, le verbe est au présent de l'indicatif.

présent de l'indicatif forme interrogative	**présent de l'impératif**
Me prêtes-tu ton stylo ?	*Prête-moi ton stylo !*

Exercices

1 ***Classez en deux colonnes les phrases où les verbes sont au présent de l'impératif et celles où ils sont au présent de l'indicatif.*** Difficulté ■□□

1. Je suis à la cantine.
2. Choisis ton dessert.
3. Réfléchis un peu !
4. Je pars demain en vacances.
5. Le sport est bon pour la santé.
6. Dépêche-toi.
7. Prends ton manteau.
8. Tu cherches la solution.
9. Mange avec nous.
10. Dors-tu chez nous ?

2 ***Conjuguez les verbes en bleu au présent de l'impératif. Selon la personne, d'autres éléments que le verbe doivent être modifiés.*** Difficulté ■□□

1. chanter cet air
2. ouvrir le livre
3. brancher ton ordinateur
4. prendre ses rollers
5. se souvenir de sa leçon
6. peindre une aquarelle
7. ne pas oublier son rendez-vous
8. être heureux

3 ***Copiez les phrases en remplaçant le groupe nominal en bleu par les pronoms en, le ou y.*** Difficulté ■■■

Ex : Change de survêtement. → Changes-**en**.

1. Cherche des synonymes.
2. Prends des places de cinéma.
3. Joue de l'accordéon.
4. Achète des melons.
5. Admire ce tableau.
6. Évite l'obstacle.
7. Va à Marseille.
8. Plonge le poisson dans l'huile.
9. Mangez des légumes.
10. Verse du sirop.

4 ***Écrivez ce texte en mettant les verbes en bleu au présent de l'impératif. Vous emploierez successivement les trois personnes. Attention, certains éléments doivent être modifiés.*** Difficulté ■■■

Instructions pour un retrait au distributeur :

Introduire sa carte bancaire et attendre l'ouverture du volet. Composer son code confidentiel à l'abri des regards et appuyer sur la touche « Validation ». Indiquer la somme désirée. Choisir, ou non, l'émission d'un ticket. Retirer les billets et les ranger dans son portefeuille. Ne pas oublier sa carte ; penser-y.

Ex : Introduis … / Introduisons … / Introduisez …

5 ***Copiez ce texte en écrivant les verbes en bleu à la 2e personne du pluriel.*** Difficulté ■■■

La leçon d'escrime de M. Jourdain

Aller, monsieur, la révérence. Tenir votre corps droit. Se pencher un peu sur la cuisse gauche. Mettre vos pieds sur une même ligne. Avoir la pointe de votre épée à hauteur de votre épaule. Ne pas allonger le bras. Être plus souple sur vos jambes. Redresser la tête. Avancer. Toucher-moi en ligne de quarte et achever de même. Faire un saut en arrière. Porter la botte. Aller, toucher-moi.

D'après Molière, *Le Bourgeois gentilhomme*, Acte II, scène 2, 1670.

Pour terminer

10 min

Copiez ces phrases en écrivant les verbes en bleu au présent de l'impératif.

1. Croire au Père Noël, si tu veux !
2. Être prêt à te dévouer pour les autres.
3. Ne pas aller en vacances, tu ne serais pas raisonnable.
4. Si vous allez à la piscine, prendre votre bonnet de bain.
5. Quand tu parles, regarder-nous dans les yeux !
6. Chanter-moi la chanson que tu as apprise.
7. Pour avoir une bonne note à l'interrogation, savoir votre leçon parfaitement.
8. Pour satisfaire nos parents, finir les devoirs de la semaine.
9. Parler-nous de votre expédition au Népal.
10. Avoir le courage de nos opinions et défendre-les.

Expression écrite

Imaginez, en une dizaine de lignes, un dialogue entre un enfant qui demande son chemin pour aller à la piscine et un adulte qui le renseigne.

L'adulte tutoiera l'enfant alors que ce dernier utilisera le vouvoiement. Vous emploierez, au présent de l'impératif, les verbes : aller - continuer - demander - faire - longer - suivre.

Bilan n°3

9. Le passé composé de l'indicatif
10. Le plus-que-parfait de l'indicatif
11. Le présent du conditionnel 12. Le présent du subjonctif
13. Le présent de l'impératif

Exercices

1 *Écrivez les verbes en bleu au temps composé de l'indicatif demandé entre parenthèses.*

1. Mathias réviser (plus-que-parfait) son contrôle de mathématiques. 2. Nous vérifier (passé composé) les comptes de l'association. 3. Marina et Agathe revenir (passé composé) du cours de danse. 4. La télévision programmer (passé composé) ce feuilleton en 2004. 5. Laetitia tomber (passé composé) en faisant un saut périlleux. 6. Nous partir (plus-que-parfait) déjà quand vous avez téléphoné. 7. Mon petit frère naître (passé composé) hier matin. 8. Elle prendre (passé composé) le train de 17 h 05. 9. Qui commander (passé composé) une pizza sicilienne ?

2 *Écrivez les verbes en bleu au présent du conditionnel.*

1. Je vouloir bien encore un peu de tarte. 2. Il crier s'il avait mal. 3. Venir-tu si tu en avais l'autorisation ? 4. Ils mettre le couvert et préparer le dîner. 5. Si tu voulais, nous pouvoir regarder le DVD du *Seigneur des Anneaux*. 6. Si vous vous poussiez un peu, nous voir mieux ! 7. Je jouer volontiers aux échecs. 8. Tu devoir bien t'entraîner pour le tournoi. 9. Si la colle ne suffisait pas, je clouer les pièces de la maquette. 10. Si tu avais bien écouté en classe, tu n'avoir pas besoin d'apprendre ta leçon, tu la savoir déjà.

3 *Selon le modèle, écrivez les groupes verbaux suivants à la 2ᵉ personne du singulier du présent du subjonctif.*

Ex : venir → Il faut que tu viennes.

lire cet article / travailler en silence / savoir cette fable / écrire une lettre à ton oncle / se doucher / faire un gâteau au chocolat / me rendre un service / revenir avant la nuit / se réveiller / aller chez le dentiste

4 *Écrivez les verbes en bleu à la 2ᵉ personne du singulier du présent de l'impératif.*

Ex : Finis ton assiette.

1. Courir ! 2. Manger pendant que c'est chaud. 3. Fermer la porte en sortant. 4. Faire ce que je te dis ! 5. Se taire ! 6. Attendre-moi. 7. Recopier la consigne de l'exercice. 8. Ranger ta chambre tout de suite. 9. Organiser mieux ton travail pour progresser. 10. S'en aller immédiatement. 11. Prendre ces chocolats ; ils sont pour toi.

Dictée préparée

Pygmalion avait toujours affirmé qu'il ne tomberait jamais amoureux et qu'il ne se marierait jamais. C'était un artiste. Il sculpta dans l'ivoire une statue plus belle qu'aucune femme en chair et en os. On aurait cru qu'elle était vivante, qu'elle allait se mettre à bouger. « Je voudrais que tu sois bien réelle », commençait-il à penser ; Pygmalion était devenu amoureux de sa statue !

D'après Ovide, *Les Métamorphoses*.

A *Relevez les verbes et précisez leur mode et leur temps.*

B *Relevez les adjectifs qualificatifs et indiquez le mot auquel ils se rapportent.*

C *Donnez deux mots de la famille de « sculpta ».*

Expression écrite

5 *Racontez, en un paragraphe de huit lignes, un après-midi au zoo. Les verbes seront au passé composé et chaque phrase ne contiendra pas plus d'un verbe conjugué.*

Vous choisirez six verbes parmi ceux de la liste suivante : admirer - appeler - arriver - apprécier - découvrir - s'étonner - jeter - observer - regarder - rire - visiter - voir.

6 *Un enfant a trouvé dans la rue un animal blessé et il l'a emporté chez lui pour le soigner.*

Imaginez qu'il raconte à ses camarades ce qu'il a fait. Vous écrirez un paragraphe de huit lignes en mettant les verbes au passé composé.

7 *En utilisant des verbes au présent du conditionnel, complétez les phrases suivantes.*

1. Si je parlais le langage des dauphins, … . 2. Si j'avais un odorat aussi développé que celui des chiens, … . 3. Si mes hamsters se transformaient en dinosaures, … . 4. Si tu adoptais un chat, … . 5. Si vous étiez des lapins, … . 6. Si ton poisson rouge réfléchissait, … .

8 *Vous voulez dresser un chien à faire des acrobaties pour un cirque et vous lui donnez des ordres.*

Vous emploierez six verbes parmi ceux qui suivent et vous les conjuguerez au présent de l'impératif à la 2ᵉ personne du singulier : aboyer - s'allonger - bondir - compter - se coucher - danser - faire - gémir - lire - mimer - prendre - reculer - se redresser - regarder - sauter - se tourner.

Vous pourrez utiliser d'autres verbes.

Exploitation du test →

Repérez les numéros des questions sur lesquelles vous avez fait des fautes.

Révisez les leçons correspondantes et assurez-vous que vous avez bien compris en refaisant les exercices de ces leçons :

questions 1, 2, 3, 4, 5, 6
→ leçon 9 → Le passé composé de l'indicatif

questions 7, 8, 9
→ leçon 10 → Le plus-que-parfait de l'indicatif

questions 10, 11
→ leçon 11 → Le présent du conditionnel

questions 12, 13, 14, 15, 16, 18
→ leçon 12 → Le présent du subjonctif

questions 17, 19, 20
→ leçon 13 → Le présent de l'impératif

10 min

Test

Difficulté ■□□

1 ***Nous ... des fraises à la crème.***
a. avons manger b. avons mangé c. avons mangés

2 ***Hier, elles ... ensemble au musée.***
a. sont aller b. sont allé c. sont allées

3 ***Philippe ... en faisant de la trottinette.***
a. est tombé b. a tombé c. est tomber

4 ***... les œufs en neige ?***
a. Avait-vous battu b. Avez-vous battus
c. Avez-vous battu

5 ***Louis ... de pêcher, mais sans succès.***
a. à essayer b. a essayait c. a essayé

6 ***Le poisson ... !***
a. n'a pas mordu b. n'a pas mordus
c. n'a pas mordut

7 ***Mes parents ... de vendre le magasin.***
a. avait décidé b. avaient décidés
c. avaient décidé

8 ***Si j' ..., je n'aurais pas dit cela.***
a. avais su b. avez su c. aurait su

9 ***Vous ... bien imprudents.***
a. avais été b. aviez été c. avait été

10 ***... l'heure, s'il vous plaît ?***
a. Aurait-vous b. Aurez-vous c. Auriez-vous

11 ***Mes parents ... bien faire votre connaissance.***
a. aimerez b. aimerait c. aimeraient

12 ***Il faut que vous ... des punaises pour fixer cette affiche.***
a. mettez b. mettiez c. mettiiez

13 ***Il faut absolument que vous ... là !***
a. soyiez b. soyez c. soiyez

14 ***Je voudrais que tu ... chez le coiffeur.***
a. ailles b. aye c. aille

15 ***Il est nécessaire que vous ... votre tour.***
a. attendez b. attendait c. attendiez

16 ***Il se peut qu'il ... raison.***
a. ai b. ait c. est

17 ***Il est l'heure ; ... !***
a. dépêchés-vous b. dépêchez-vous
c. dépêchaient-vous

18 ***Il faut que tu ... ces dates par cœur.***
a. saches b. sais c. saves

19 ***...-moi !***
a. Répond b. Réponds c. Répons

20 ***Ne ... pas pendant des heures sur cet ordinateur !***
a. joue b. joues c. jouent

Pour aller plus loin

Difficulté ■■■

1 ***Hier soir, ... sans encombre chez toi ?***
a. est-tu arrivé b. es-tu arrivé c. est-tu arriver

2 ***Le boulanger ... longuement la pâte.***
a. a pétri b. as pétri c. a pétrit

3 ***Coline ... comme bénévole.***
a. s'est engagé b. s'est engager c. s'est engagée

4 ***Personne ne m' ... de lettre pour vous.***
a. a remi b. a remit c. a remis

5 ***Grand-père ... à la cave pour chercher ses outils.***
a. ai descendu b. est descendu c. est descendut

6 ***Pauline ... soulever le couvercle du coffre.***
a. avait put b. avait pu c. avait pue

7 ***Je ... plus vite si je laçais mes chaussures.***
a. courais b. courrais c. courrai

8 ***Si vous étiez d'accord, Margaux vous ... .***
a. photographierez b. photographierait
c. photographirait

9 ***Tu ... bien ce chemin pour savoir où il mène.***
a. continuerez b. continuerais c. continurais

10 ***J'aimerais que vous ... tout ce qui s'est passé hier.***
a. oubliait b. oubliez c. oubliiez

11 ***Antonin demande que nous lui ... son jeu vidéo.***
a. rendons b. rendions c. rendiions

12 ***Si j'étais toi, je ... les résultats.***
a. vérifirais b. vérifierais c. vérifirez

13 ***J'aimerais que tu ... jusqu'à cet arbre.***
a. cours b. coures c. courts

14 ***Il faut absolument que je ... ce film.***
a. vois b. voie c. voye

15 ***Que tu ... construire cette maquette nous surprendrait.***
a. peuves b. puisse c. puisses

16 ***... de ma chambre sans bruit !***
a. Sors b. Sort c. Sorts

17 ***Il fait beau ; ... donc faire du skate avec tes amis.***
a. va b. vas c. vat

18 ***... ce téléviseur tout de suite !***
a. Éteins b. Éteind c. Éteinds

19 ***Je te désapprouve ; ... que je ne t'aiderai pas.***
a. sache b. saches c. sais

20 ***Ne me ... pas si tu veux !***
a. croie b. crois c. croyes

14

Le pluriel des noms

Pour débuter

Trouvez les noms qui permettent de compléter ces phrases.

1 Les … portent de splendides vêtements.

a) actrice
b) actrices
c) acteur

2 Grand-père fait sauter Mariette sur ses … .

a) genoux
b) genous
c) genou

3 Ce pays est un gros producteur de … précieux.

a) métal
b) métals
c) métaux

4 Nadine jongle avec des … .

a) anneau
b) anneaus
c) anneaux

5 L'historien examine tous les … de ce document.

a) détails
b) détail
c) détaux

À retenir

• Au pluriel, on place un « **s** » à la fin des noms, et un « **x** » pour les noms terminés par **-au**, **-eau**, **-eu**.
une maison → des maisons ; un refrain → des refrains ;
un noyau → des noyaux ; un panneau → des panneaux ; un aveu → des aveux
Exceptions : *des pneus ; des bleus ; des landaus ; des lieus (les poissons)*

• La plupart des noms terminés par **-al** au singulier font leur pluriel en **-aux**.
le journal → les journaux ; le signal → les signaux ; le métal → les métaux ;
un tribunal → des tribunaux ; un végétal → des végétaux ;
un total → des totaux…
Exceptions : *des bals ; des chacals ; des festivals ; des carnavals ; des récitals ; des régals*

• La plupart des noms terminés par **-ail** au singulier font leur pluriel en **-ails**.
un rail → des rails ; un détail → des détails ; un gouvernail → des gouvernails ;
un portail → des portails ; un éventail → des éventails ;
un chandail → des chandails…
Exceptions : *les coraux ; les travaux ; les vitraux ; des émaux*

• Les noms terminés par **-ou** au singulier prennent un « **s** » au pluriel.
le fou → les fous ; le clou → les clous ; le trou → les trous ;
le bambou → les bambous ; un verrou → des verrous…
Exceptions : *les bijoux ; les cailloux ; les choux ; les genoux ; les hiboux ; les joujoux ; les poux*

Quelques curiosités :
un œil → des yeux ; un monsieur → des messieurs
un matériel / des matériels → Ce sont des outils.
un matériau / des matériaux → Ce sont les matières de la construction (ciment, plâtre, briques…).

Attention

• Les noms terminés par « **s** », « **x** », « **z** » au singulier ne prennent pas la marque du pluriel.
le tapis → les tapis ; le prix → les prix ; le gaz → les gaz

• Certains noms ne s'emploient qu'au pluriel, ils n'ont pas de singulier.
les alentours ; les archives ; les fiançailles ; les environs ; les vivres…
En cas de doute, il faut consulter un dictionnaire.

Exercices

1 *Écrivez ces noms au pluriel.* *Difficulté* ■□□

1. un balcon 2. une lettre 3. un emploi 4. un bateau
5. un bégonia 6. un panneau 7. le récif 8. l'étang
9. un écu 10. un coq 11. un feu 12. un dieu
13. le troupeau 14. un ennui 15. une question 16. le frein
17. un outil 18. un poteau 19. le moineau 20. le bâton
21. un album 22. un essaim 23. un pari 24. la vitre

2 *Écrivez ces déterminants et ces noms au pluriel.* *Difficulté* ■■□

1. le travail 2. mon genou 3. votre cadeau 4. un chou
5. un coucou 6. quel nez ! 7. tout le matériel 8. une merguez
9. ce pneu 10. leur journal 11. le caillou 12. le boyau
13. un bleu 14. un aveu 15. un œuf 16. un clou
17. un signal 18. le général 19. ce canal 20. un fléau
21. un essieu 22. un pou 23. un kangourou 24. le festival
25. un voyou 26. un neveu 27. un lieu 28. un écrou

3 *Écrivez ces noms au singulier. Vous pouvez utiliser un dictionnaire.* *Difficulté* ■■□

1. ces carreaux 2. vos avis 3. des poids 4. des puits
5. des dominos 6. des perdrix 7. des remous 8. des vœux
9. des héros 10. des rivaux 11. des époux 12. des bœufs
13. des malheureux 14. des radis 15. des propos 16. des studios
17. des progrès 18. des refus 19. des inconnus 20. des relais
21. des débris 22. des croquis 23. des abris 24. des partis

4 *Copiez ces phrases en écrivant les noms en bleu au pluriel. N'oubliez pas d'accorder les verbes et les adjectifs.* *Difficulté* ■■■

1. Le biniou breton ressemble à la cornemuse écossaise. 2. La façade de l'immeuble doit être repeinte dans un délai très court. 3. Ce détail n'échappe pas à l'œil de l'expert. 4. La caissière nous tend la facture mais le total est inexact. 5. Le forain installe un chapiteau pour se protéger de l'averse. 6. L'épouvantail effraie le moineau qui n'ose pas s'approcher du cerisier. 7. L'hôpital accueille la victime d'un accident de la route.

5 *Copiez ce texte, soulignez les noms au singulier et encadrez les noms au pluriel.* *Difficulté* ■■■

En cette fin de journée d'automne, un grand couturier parisien présente sa nouvelle collection. Les spectatrices attendent avec impatience les modèles de l'année. Les mannequins apparaissent enfin. Les robes somptueuses succèdent aux amples manteaux de velours ; les chandails de cachemire se devinent sous les gilets rayés ; les jupes plissées recouvrent des bottines de cuir noir. Les bijoux scintillent sous les projecteurs ; c'est vraiment un spectacle merveilleux.

Pour terminer (10 min)

Écrivez les noms en bleu au pluriel.

1. J'aime beaucoup ces petits cachou.
2. Les horaire sont affichés sur d'immenses tableau.
3. Sans soleil, les végétal ne poussent pas.
4. Nager parmi les corail, c'est un réel plaisir.
5. Ces animal pèsent plusieurs quintal.
6. Les bal du 14 Juillet sont toujours animés.
7. Les autorail ne circulent pas ce matin.
8. Aujourd'hui, on n'utilise plus les tuyau de plomb.
9. Vous avez de la peine ; vos adieu sont tristes.
10. Marius est en colère ; il serre les poing.

Dictée préparée

*Les marins de l'*Hispaniola *viennent de découvrir le trésor du pirate Flint.*

Je vis des monceaux de pièces et des piles de lingots d'or. C'était bien le trésor de Flint. Mais combien n'avait-il pas coûté avant d'être amassé ; combien de sang et de larmes, combien de beaux navires envoyés par le fond, combien de braves jetés à la mer, combien de coups de canon.

D'après Robert Louis Stevenson, *L'Île au trésor*, 1883.

A *Relevez les noms au pluriel et justifiez ce pluriel.*

B *Relevez les noms au singulier et justifiez ce singulier.*

15 Le pluriel des noms composés

Pour débuter

Trouvez les mots qui complètent ces noms composés.

1. des …-dortoirs

   a) monte
   b) cités
   c) porte

2. des tiroirs-…

   a) caisses
   b) monnaie
   c) banc

3. des cafés-…

   a) entier
   b) restaurants
   c) noirs

4. des …-parents

   a) grands
   b) petits
   c) longs

5. des …-boue

   a) gardiens
   b) lance
   c) garde

À retenir

• Les noms composés sont formés de **deux mots** le plus souvent reliés par un **trait d'union**.

• Dans les noms composés, seuls les **noms** et les **adjectifs** peuvent se mettre au **pluriel**.

un sapeur-pompier — *des sapeurs-pompiers*
un wagon-lit — *des wagons-lits*

• Les **autres mots** (verbes, adverbes, prépositions) sont toujours **invariables**.

un laissez-passer — *des laissez-passer* (verbe + verbe)
un couvre-chef — *des couvre-chefs* (verbe + nom)
un haut-parleur — *des haut-parleurs* (adverbe + nom)

• Les noms et les adjectifs ne prennent la marque du **pluriel** que **si le sens le permet**.

un timbre-poste — *des timbres-poste*
➔ des timbres (nom, accord) pour *la poste*
une pause-café — *des pauses-café*
➔ des pauses (nom, accord) pour prendre *le café*
un chasse-neige — *des chasse-neige*
➔ pour chasser (verbe, invariable) *la neige*
un hors-jeu — *des hors-jeu*
➔ être hors (adverbe, invariable) *du jeu*

• Le sens peut imposer le **pluriel** pour **l'un des deux mots**, même si le nom composé est au singulier.

un porte-bagages
➔ un dispositif pour porter (verbe, invariable) *les bagages*
un pare-chocs
➔ une protection pour parer (verbe, invariable) *les chocs*

• Si le premier mot d'un nom composé est un élément terminé par la voyelle « **o** », il reste **invariable**.
des électro-aimants ; des Anglo-Saxons ; des broncho-pneumonies

Attention

Quelques noms ont conservé un pluriel particulier.
madame ➔ mesdames ; monsieur ➔ messieurs
mademoiselle ➔ mesdemoiselles ; un bonhomme ➔ des bonshommes

Orthographier correctement le pluriel des noms composés est souvent difficile, il faut donc consulter un dictionnaire en cas de doute.

Exercices

1 ***Écrivez ces noms composés au pluriel. Vous pouvez consulter un dictionnaire.*** *Difficulté* ■■□

1. un chou-fleur
2. un semi-remorque
3. un chauffe-eau
4. un wagon-citerne
5. un poisson-chat
6. un passe-temps
7. un homme-grenouille
8. une porte-fenêtre
9. un protège-cahier
10. un chien-loup
11. une basse-cour
12. un contre-feu
13. un micro-ordinateur
14. un porte-voix
15. un procès-verbal
16. une belle-sœur
17. un remonte-pente
18. un cerf-volant

2 ***Écrivez ces noms composés au pluriel. Vous pouvez consulter un dictionnaire.*** *Difficulté* ■■■

1. un pique-nique
2. un pur-sang
3. un grille-pain
4. un arc-en-ciel
5. un laissez-passer
6. un guet-apens
7. un point-virgule
8. un presse-citron
9. une longue-vue
10. un chef-lieu
11. un rabat-joie
12. un mot-clé
13. un lave-vaisselle
14. un serre-tête
15. un sous-officier
16. un social-démocrate
17. un sans-abri
18. un porte-bonheur

3 ***Copiez les phrases en écrivant correctement les noms composés en bleu.*** *Difficulté* ■■■

1. En mer du Nord, on trouve de nombreuses plate-forme de forage. 2. Les petit-four du buffet furent rapidement consommés. 3. Les sourd-muet portent désormais de petits appareils miniaturisés. 4. Les immeubles sont souvent équipés de vide-ordure collectifs. 5. Les bouton-d'or et les gueule-de-loup fleurissent : c'est le printemps. 6. Toutes les banques disposent d'imposants coffre-fort. 7. À l'école maternelle, la sœur de Franck est dans la classe des tout-petit. 8. Pour faire de la publicité, ce magasin distribue des porte-clés et de petits porte-monnaie.

4 ***Copiez ces groupes nominaux en complétant, si nécessaire, les noms. Réfléchissez bien au sens.*** *Difficulté* ■■■

1. un sac de bonbon…
2. des botte… en caoutchouc…
3. un tas de sable…
4. une brosse à cheveu…
5. des goutte… de pluie…
6. une collection de timbre…
7. des boîte… d'allumette…
8. un bouquet de fleur…
9. des tranche… de jambon…
10. des paire… de chaussure…
11. des file… de voiture…
12. des recueil… de document…
13. des douzaine… d'huître…
14. des feu… de cheminée…
15. un groupe de joueur…
16. une sortie de secour…
17. une troupe de comédien…
18. des stylo… à bille…
19. des mau… de tête…
20. des patin… à glace…
21. des patin… à roulette…
22. des raz… de marée…

Pour terminer (10 min)

Copiez les phrases en écrivant les noms composés en bleu au pluriel.

1. Dans les villes, les rond-point obligent les véhicules à ralentir.
2. Vous avez de magnifiques laurier-rose sur votre terrasse.
3. Des millions de visiteurs admirent les chef-d'œuvre du musée du Louvre.
4. Kévin arrive toujours à l'heure à ses rendez-vous.
5. Les soldats sont sous les ordres des sergent-chef.
6. Les randonneurs portent des sous-vêtement chauds.
7. On admire les gratte-ciel du quartier de la Défense.
8. Autrefois, nous passions des après-midi à jouer avec des legos.
9. Ces cascadeurs sont de véritables casse-cou.
10. Les auto-école préparent les candidats à l'examen du permis de conduire.

Expression écrite

Sur un marché, vous vantez les qualités de vos produits afin d'inciter les promeneurs à les acheter.

Vous rédigerez, en un paragraphe de huit lignes, le discours que vous tenez pour les attirer. Vous utiliserez, au pluriel, cinq de ces noms composés : un abat-jour - un aide-mémoire - un cache-pot - un casse-noisettes - un coffre-fort - un grille-pain - un ouvre-boîtes - un porte-clés - un serre-tête - un porte-monnaie.

16 Les adjectifs qualificatifs

Pour débuter

Trouvez les adjectifs qualificatifs qui complètent ces expressions.

1 parcourir des chemins de terre …

a) boueus
b) boueuses
c) boueux

2 rester debout des heures …

a) entiers
b) entière
c) entières

3 effectuer de … séjours à l'étranger

a) fréquents
b) fréquente
c) fréquentes

4 maîtriser un cheval …

a) folle
b) fou
c) fous

5 déguster une … choucroute

a) délicieux
b) délicieuse
c) délicieuses

À retenir

• L'adjectif qualificatif s'accorde en **genre** et en **nombre** avec le nom auquel il se rapporte.
Pour trouver ce nom, on peut poser la question « Qui est-ce qui ? » ou « Qu'est-ce qui ? » devant l'adjectif qualificatif.

de grands boulevards → Qui est-ce qui est *grands* ?
les boulevards : masculin pluriel

la somme exacte → Qu'est-ce qui est *exacte* ?
la somme : féminin singulier

• Tous les adjectifs qualificatifs peuvent être employés au **féminin** ; il suffit souvent d'ajouter un « **e** » à l'adjectif masculin.

petit → *petite* | *voisin* → *voisine* | *normal* → *normale*

Mais la terminaison de l'adjectif masculin peut être modifiée.

bon → *bonne* | *nombreux* → *nombreuse* | *léger* → *légère*
vif → *vive* | *nouveau* → *nouvelle* | *gentil* → *gentille*
frais → *fraîche* | *sec* → *sèche* | *faux* → *fausse*

• Tous les adjectifs féminins prennent un « **s** » au pluriel.
Les adjectifs qualificatifs masculins terminés par « **s** » ou « **x** » au singulier ne prennent pas la marque du pluriel.

• Les adjectifs qualificatifs masculins terminés par « **-al** » au singulier font leur pluriel en « **-aux** ».

régional → *régionaux ; social* → *sociaux ; génial* → *géniaux*

Exceptions : *navals ; fatals ; finals ; natals ; glacials*

Pluriels particuliers de quelques adjectifs qualificatifs masculins :

beau → *beaux ; nouveau* → *nouveaux ; bleu* → *bleus*

Attention

• Les **adjectifs de couleur** s'accordent avec le nom, sauf quand la couleur est exprimée par :
- deux adjectifs : *des tissus rouge sombre ; des rideaux bleu pâle*
- un nom pris comme image : *des gants marron* (de la couleur du *marron*)

• Les adjectifs **rose**, **pourpre**, **écarlate**, **mauve**, **fauve** s'accordent.

• Dans le groupe nominal, il peut y avoir des mots qui ne s'accordent pas avec le nom : ce sont les adverbes et les compléments du nom.

des pommes bien rouges | *des voitures de course*

Exercices

1 Accordez ***les adjectifs qualificatifs en bleu*** **avec chacun des noms.** *Difficulté* ■□□

1. vert	une souris …	des haricots …	des pommes …
2. rare	une œuvre …	des timbres …	des cartes …
3. mûr	une poire …	des fruits …	des cerises …
4. noir	une veste …	des vêtements …	des chaussures …
5. réel	un fait …	des situations …	des avantages …

2 Écrivez ***le nom principal en bleu*** **de ces expressions au pluriel. Accordez l'adjectif qualificatif.** *Difficulté* ■■□

1. adopter un animal de compagnie affectueux 2. déchiffrer une partition musicale pour piano et orchestre 3. emprunter un moyen de transport régulier 4. exécuter un mouvement de tête machinal 5. signer un contrat de travail définitif 6. agiter un fanion bleu marine

3 Accordez ***les adjectifs qualificatifs en bleu*** **avec chacun des noms.** *Difficulté* ■■□

1. confidentiel	une note …	des messages …	des informations…
2. actuel	l'époque …	des mondes …	des œuvres …
3. mondial	un record …	une vision …	des échanges …
4. final	un point …	des notes …	des accords …
5. naval	une bataille …	des bases …	des chantiers …
6. doux	une crème …	des coussins …	des mains …
7. rose	des gants …	des chemises …	un rideau …

4 Écrivez ***le nom principal en bleu*** **de ces groupes nominaux au singulier. Faites les accords nécessaires.** *Difficulté* ■■□

1. des tartes aux pommes bien cuites
2. des vents du nord souvent vifs
3. des films d'aventures captivants
4. d'étonnants coups de téléphone
5. des combats de boxe bien confus
6. des plats copieux et savoureux
7. des effets spéciaux très visuels
8. des gestes lents et gracieux

5 Copiez ce texte en accordant ***les adjectifs qualificatifs en bleu.*** *Difficulté* ■■■

Avez-vous déjà bu cette affreux potion amer que l'on appelle l'huile de foie de morue ? Autrefois, les parents attentif en donnaient de nombreux cuillerées aux effets préventif incontestable à leurs jeune enfants. Les curieux grimaces qui accompagnaient la généreux distribution de ce remède ancestral prouvaient que l'huile de foie de morue n'avait que de lointain rapports avec une bon limonade sucré !

6 Copiez les phrases en accordant ***les adjectifs qualificatifs en bleu.*** *Difficulté* ■■■

1. Les joueurs se battent sur le terrain ; des gestes aussi brutal sont indigne. 2. Les accidents d'avion sont peu fréquent mais ils sont alors catastrophique. 3. Des pigeons téméraire envahissent la place public. 4. Les puissant tracteurs empruntent d'étroit sentiers forestier, heureusement désert. 5. Les voyages spatial sont routinier car les consignes de sécurité sont rigoureux. 6. Il est difficile d'écrire sur des lignes irrégulier.

Pour terminer

10 min

Copiez les expressions en accordant les adjectifs qualificatifs en bleu.

1. porter une casquette gris
2. acheter une beau perruque roux
3. manger une saucisse sec
4. éplucher des pommes de terre nouveau
5. profiter d'une frais soirée
6. obtenir des avantages social
7. corriger des opérations faux
8. payer ses impôts local
9. se lasser d'une émission bien trop long
10. porter des gants bleu pâle

Expression écrite

Décrivez, à l'imparfait de l'indicatif, en un paragraphe de six lignes, un artiste qui porte sur scène une tenue extraordinaire.

Vous emploierez les adjectifs de couleur suivants :
bleu ciel - jaune citron - marron - orange - rose - rouge - vert pomme.
Trois de ces adjectifs se rapporteront à des mots au pluriel.

17 Les déterminants numéraux cardinaux

Pour débuter

Trouvez le nombre en lettres qui correspond au nombre en chiffres.

1. Le voyage a duré 8 heures.
   a) huit
   b) huits
   c) huites
2. M. Renan possède une exploitation agricole de 59 hectares.
   a) cinquante-neuf
   b) cinquante et neuf
   c) cinquante-sept
3. Les cosmonautes sont restés 74 jours dans la station orbitale.
   a) soixante et quatorze
   b) soixante-quatorze
   c) soixantes-quinze
4. 245 spectateurs ont assisté à cette représentation théâtrale.
   a) deux cent quarantes six
   b) deux cents quarantes cinqs
   c) deux cent quarante-cinq
5. 3 792 électeurs ont voté dimanche dernier.
   a) trois mille sept cent quatre-vingt-douze
   b) trois mille septs cent quatres-vingts-onzes
   c) trois milles sept cents quatre-vingt-treize

À retenir

• Les déterminants numéraux cardinaux (« les nombres ») se placent **devant** le nom pour indiquer une quantité. Ils sont **invariables**.
quatre centimes ; cinq avions ; sept mois ; huit minutes ; neuf kilos ; onze mètres ; douze litres
vingt heures ; trente jours ; quarante pièces ; cinquante secondes ; cent dollars ; mille grammes

• Cependant, **vingt** et **cent** s'accordent quand ils indiquent un nombre exact de centaines ou de dizaines.
deux cents lignes mais : *deux cent vingt lignes*
quatre-vingts ans mais : *quatre-vingt-cinq ans*

• On place un **trait d'union** entre les dizaines et les unités, sauf si elles sont unies par **et**.
dix-huit ; vingt-quatre ; quarante-cinq ; soixante-dix-huit ; quarante et un

Attention

• **Mille** et **millier** sont synonymes, mais **mille** est invariable.
trois milliers d'oiseaux *trois mille oiseaux*

• Les noms, tels que **douzaine**, **dizaine**, **vingtaine**, **trentaine**, **quarantaine**, **cinquantaine**, **centaine**, **millier**, **million**, **milliard**, s'accordent.
trois douzaines d'œufs ; des cinquantaines de navires ; plusieurs centaines de villas ; trois millions d'étoiles

• Les noms tels que **moitié**, **quart**, **cinquième**, **dixième**, **centième**, **millième**, qui désignent les parties d'un tout, s'accordent.
les trois quarts des objets ; huit dixièmes de seconde ; cinq millièmes de millimètre

• Les adjectifs qui indiquent l'ordre sont variables et ils s'accordent comme les adjectifs qualificatifs.
les premières années ; les neuvièmes rencontres ; les dernières pluies

Remarque :

En Suisse et en Belgique, les formes *septante*, *nonante* (voire *octante*) sont employées à la place de **soixante-dix, quatre-vingt-dix** (voire **quatre-vingts**).

Exercices

1 ***Écrivez les nombres en bleu en lettres. N'oubliez pas les traits d'union.*** *Difficulté* ■□□

37 morceaux	48 litres	39 marches
16 étages	52 cartes	81 points
113 numéros	275 kilos	4 000 habitants

2 ***Copiez les phrases en écrivant les nombres en bleu en lettres.*** *Difficulté* ■■□

1. Sous le choc, tu as vu 36 chandelles. 2. Dans une journée de travail, Aline a rempli 240 cartons de CD. 3. Avez-vous feuilleté les 156 pages de ce rapport ? 4. Cette usine emploie 630 ouvriers et 34 ingénieurs. 5. Le collège Jules Ferry accueille aujourd'hui ses 488 élèves. 6. 4 341 billets ont été vendus pour ce spectacle de danse moderne. 7. 29 pour cent des Français partent en vacances à la montagne. 8. Sur ce terrain, il est prévu de construire 80 logements.

3 ***Copiez ces phrases en les complétant par les nombres qui conviennent, écrits en lettres.*** *Difficulté* ■■■

1. On dit qu'être … à table porte malheur. 2. Ali Baba a découvert le trésor des … voleurs au fond d'une caverne. 3. En agglomération, la vitesse est limitée à … kilomètres à l'heure. 4. Dans une journée, il y a … heures, donc … minutes. 5. Raoul attend son ami ; il fait les … pas sur le quai de la gare. 6. Dans une année bissextile, il y a … jours. 7. Tuer l'Hydre de Lerne fut l'un des … Travaux d'Hercule. 8. En France, l'âge de la majorité est fixé à … ans. 9. Une équipe de rugby est formée de … joueurs présents sur le terrain, mais il y a aussi des remplaçants.

4 ***Copiez les phrases en écrivant les nombres en bleu en lettres.*** *Difficulté* ■■■

1. Le mont Blanc culmine à 4 808 mètres d'altitude.
2. La première oasis se trouve à 2 400 kilomètres.
3. Cette voiture possède un moteur de 1 200 centimètres cubes.
4. Combien de dollars Anne obtiendra-t-elle en changeant 800 euros ?
5. Farid a une collection de 12 500 timbres.
6. Connaissez-vous une ville de 20 000 000 d'habitants ?
7. Il y a quelques années, la sidérurgie lorraine a licencié plus de 80 000 salariés.
8. Cette machine peut trier 200 000 lettres en une seule journée.

5 ***Accordez, s'il y a lieu, les mots en bleu.*** *Difficulté* ■■■

les premier bourgeons	des second rôles
les deuxième classes	les trois quart du litre
deux dixième de seconde	cinq milliard d'insectes

Pour terminer (10 min)

Copiez les phrases en écrivant les nombres en bleu en lettres.

1. On fête les Noces d'or après 50 ans de mariage.
2. Nous assistons au départ des 24 Heures du Mans.
3. Ce pont est interdit aux camions de plus de 35 tonnes.
4. Ce navigateur est resté 80 jours en mer.
5. La grand-mère de Nadia est âgée de 90 ans.
6. Elliot signe un chèque de 900 euros.
7. Par la route, 480 kilomètres séparent Lyon de Paris.
8. Au dernier recensement, la ville de Digne comptait 16 453 habitants.
9. Cette année, Félix a vendu 40 000 bouteilles d'eau de source.
10. Le col de la Croix de Fer culmine à 2 068 mètres.

Expression écrite

6 ***À côté de chez vous, habite une vieille femme qui élève de très nombreux animaux. Après avoir été invité(e) chez elle, vous raconterez en six phrases ce que vous avez vu.***

Vous emploierez le passé composé et vous utiliserez, en les écrivant en toutes lettres, les nombres suivants : 7 - 18 - 84 - 180 - 200.

7 ***Le milliardaire Picsou dresse l'inventaire de ce qu'il possède. Vous rédigerez ce descriptif en six phrases, en commençant par : « À ce jour, je possède… »***

Vous écrirez en toutes lettres les nombres suivants : 4 - 80 - 120 - 392 - 600 - 2 356.

18

tout - tous toute - toutes

Pour débuter

Trouvez le mot qui convient pour compléter chaque phrase.

1. Le train s'arrête dans … les petites gares.

   a) tout
   b) tous
   c) toutes

2. Ces livres, je les ai … lus.

   a) tout
   b) tous
   c) toutes

3. Le choc fut si violent que les marins furent … heureux d'être sains et saufs.

   a) tout
   b) toute
   c) toutes

4. Les admiratrices veulent … obtenir un autographe du chanteur.

   a) tous
   b) toutes
   c) tout

5. … appétissante que soit cette glace, tu préfères manger un fruit.

   a) Tous
   b) Tout
   c) Toutes

À retenir

• **Tout** est **déterminant indéfini** quand il se rapporte à un nom ou un pronom. Il varie en genre et en nombre.
tout le collège *toute sa classe* *tous ces professeurs* *toutes les salles*

• **Tout** est **pronom indéfini** quand il remplace un nom. Il est alors sujet ou complément. Il varie en genre et en nombre.
Tout va pour le mieux.
Les garçons sortent en récréation ; tous veulent jouer au foot.
Les filles sortent en récréation ; toutes veulent parler de musique.

	tout, adjectif	tout, pronom
masculin singulier	*tout le monde*	*Tout est fini.*
féminin singulier	*toute la semaine*	pas de forme
masculin pluriel	*tous les jours*	*Ils sont tous là.*
féminin pluriel	*toutes les heures*	*Elles sont toutes là.*

• **Tout** est **adverbe**, le plus souvent invariable, quand il est placé devant un adjectif qualificatif ou un autre adverbe. On peut alors le remplacer par **tout à fait**.
Les croissants sont tout chauds. ➔ *Les croissants sont tout à fait chauds.*
Les brioches sont tout odorantes. ➔ *Les brioches sont tout à fait odorantes.*

• Devant un adjectif qualificatif féminin commençant par une consonne, **tout** s'accorde par « euphonie » (pour que la prononciation soit plus agréable).
Les brioches sont toutes chaudes. *Les brioches sont toutes froides.*

Astuce

Dans certaines phrases, il faut chercher le sens de **tout** pour reconnaître sa nature.
En essayant de remplacer **tout** par **tout à fait**, on peut faire la distinction.
Ces enfants sont tout petits. (**tout à fait** petits ; *tout* est adverbe)
Ces enfants sont tous petits. (**tous** sont petits ; *tous* est pronom)

Attention

Devant « **autre** », **tout** peut être **adverbe**
J'attendais une tout autre réponse. (… une réponse **tout à fait** autre)
ou **adjectif**
Tout autre que toi aurait accepté. (n'importe quelle autre personne que toi…)

Exercices

1 ***Complétez ces expressions avec tout, tous, toute, toutes.*** *Difficulté* ■■□

… une nuit	une fois pour …	… les insignes
envers et contre …	… de suite	à … à l'heure
… ces autoroutes	un point, c'est …	… les chevaux
… est bien qui finit bien.	… nos propositions	… a une fin.
… pour un, un pour …	donner … satisfaction	à … égards

2 ***Copiez les phrases en les complétant avec tout, tous, toute, toutes.*** *Difficulté* ■■□

1. Un jour ou l'autre, … ceux qui conduisent vite ont un accident. 2. Comme l'été fut pluvieux, les tomates ne sont pas … mûres. 3. Pour réparer cette serrure, ce fut … une histoire. 4. … ce que voulait Théo, c'était voir la fin du film. 5. … anxieuse, la candidate attend la première question. 6. La boxe est sans doute le plus violent de … les sports.

3 ***Copiez les phrases en remplaçant les noms en bleu par ceux entre parenthèses et accordez.*** *Difficulté* ■■■

1. Les employés municipaux goudronnent tous les chemins (les rues). 2. Avec tout ce travail (ces soucis), vous ne pourrez pas partir en vacances. 3. Dans toutes les vitrines (les rayons), on découvre des produits nouveaux. 4. Tout auréolé de son nouveau titre, le patineur (la patineuse) salue la foule. 5. Toutes les employées (les employés) reçoivent une prime en fin d'année. 6. Tous les torchons (les vitres) sont sales ; il faut tous les laver.

4 ***Copiez les phrases en les complétant avec tout, tous, toute, toutes. Encadrez les adjectifs en rouge, les adverbes en noir et les pronoms en vert.*** *Difficulté* ■■■

1. Fervent admirateur de Lorie, Jacky sait … de sa vie. 2. Le second essai des Agenais fut … aussi magnifique que le premier. 3. Anthony a invité … ses amis au restaurant japonais. 4. Le vieux marin a la figure … burinée par le vent du large. 5. Les pistes de ski de Corrençon, je les connais … . 6. Les nuages s'amoncellent à l'horizon, mais … ne donneront pas de la pluie. 7. Aux Açores, le dimanche de Pentecôte, les maisons sont … décorées.

5 ***Copiez les phrases en les complétant avec tout, tous, toute, toutes. Encadrez les adjectifs en rouge, les adverbes en noir et les pronoms en vert.*** *Difficulté* ■■■

1. Le jockey eut besoin de … son adresse pour rester en selle. 2. … à sa lecture, Morgane ne voit pas les heures passer. 3. Apprendre l'anglais, c'est assez facile ; mais le chinois, c'est une … autre affaire. 4. Pour aller à la patinoire, les élèves partiront … ensemble. 5. Cet appareil ménager donne … satisfaction à ses utilisateurs. 6. Joseph a joué le numéro 46 à … hasard, et il a gagné ! 7. Le délégué de la classe s'est exprimé au nom de … ses camarades.

Pour terminer

Copiez les phrases en les complétant avec tout, toute, tous, toutes.

1. Cette plante attire … les insectes possibles.
2. … les rues du Vieux Lyon sont désormais réservées aux piétons.
3. Les élèves de la 6e B sont … partis en voyage à Londres.
4. Battus, les joueurs sont rentrés … déçus au vestiaire.
5. Pourquoi préférez-vous le rap à … autre musique ?
6. Ces ingénieurs travaillent avec des ordinateurs … nouveaux.
7. … la cuisine provençale est à base d'huile d'olive.
8. … les phares de la côte d'Opale sont automatisés.
9. Ce câble est d'une résistance à … épreuve.
10. La chanteuse est … émue ; le public l'applaudit debout.

Dictée préparée

Zadig se fait passer pour un médecin afin de libérer Astarté, la femme qu'il aime.

Zadig se présenta au seigneur Ogul et lui dit : « Que la santé immortelle descende du Ciel pour avoir soin de tous vos jours ! Je suis médecin et je peux guérir toutes vos maladies, soulager toutes vos souffrances, effacer tous vos maux ! Avec tout le respect que je vous dois, je ne vous demande que la liberté d'une jeune esclave de Babylone que vous avez depuis quelques jours. »

D'après Voltaire, *Zadig*, chapitre 16, 1747.

A ***Relevez les différentes formes de tout et expliquez leur orthographe.***

B ***Indiquez le mode et le temps de chacun des verbes.***

C ***Relevez les noms au pluriel et donnez leur singulier.***

19 leur - leurs

Pour débuter

Trouvez le mot qui convient pour compléter chaque phrase.

1. Les voyageurs ont composté leur … .

a) billets
b) billet
c) billes

2. Ces personnes se sont égarées ; tu leur … le chemin.

a) montrent
b) montres
c) montre

3. Les élèves attendent leurs … avec anxiété.

a) notes
b) note
c) notent

4. Ces enfants sont comme leurs … ; ils adorent les voyages.

a) parent
b) parant
c) parents

5. Ce trappeur a pitié des jeunes renards ; il leur … la vie sauve.

a) laissent
b) laisses
c) laisse

À retenir

• **Leur**, placé près du verbe, est un **pronom personnel** de la 3e personne du pluriel que l'on peut remplacer par **lui**, 3e personne du singulier.
Il reste invariable et ne prend jamais de « **s** ».

Vos voisins ne partent pas en vacances ; vous leur laissez vos clés.

Votre voisin ne part pas en vacances ; vous lui laissez vos clés.

Comme vos voisins ne partent pas en vacances, laissez-leur vos clés.

Comme votre voisin ne part pas en vacances, laissez-lui vos clés.

• **Leur(s)**, souvent placé devant un nom ou un adjectif, est un **déterminant possessif** qui s'accorde avec le nom. Il peut être remplacé par un autre déterminant possessif : « **ses** », « **son** » ou « **sa** ».
Mes voisins n'ont pas oublié leurs clés. → *Mon voisin n'a pas oublié sa clé.*

• **Leur(s)** peut également être **pronom possessif**. Dans ce cas, il est précédé d'un article dont il prend le nombre.

Je n'ai pas achevé mon travail ; Barbara et Cindy ont terminé le leur. (leur travail)

Je n'ai pas achevé mes exercices ; Barbara et Cindy ont terminé les leurs. (leurs exercices)

Astuce

Il n'est pas toujours facile de trouver le nombre du nom déterminé par **leur(s)**. C'est le sens qui doit alors nous guider.
Mes amis ont eu très peur ; ils ont pris leurs jambes à leur cou.

Chacun des amis a deux jambes.	→ pluriel	→ *leurs jambes*
Chacun des amis n'a qu'un cou.	→ singulier	→ *leur cou*

Attention

Lorsque le verbe est précédé de deux pronoms personnels compléments, **leur** est toujours placé le plus près du verbe.
Vos voisins ne sont pas là pour recevoir vos clés ; vous les leur donnerez tout à l'heure. (et non : vous leur les donnerez.)

Exercices

1 ***Conjuguez les verbes au présent de l'indicatif en effectuant les transformations nécessaires. Soulignez les pronoms personnels compléments.*** *Difficulté* ■□□

Je te dis tes quatre vérités.
1. Tu me …
2. Elsa lui …
3. Nous leur …
4. Vous nous …
5. Les médecins leur …

Je lui pardonne son étourderie.
1. Tu nous …
2. Michel leur …
3. Nous te …
4. Vous me …
5. Vos parents vous …

2 ***Copiez ces phrases en les complétant avec leur ou leurs. Vous soulignerez ensuite les déterminants possessifs et vous encadrerez les pronoms personnels.*** *Difficulté* ■■□

1. Les joueurs ont déçu … supporters car ils ont perdu … dernier match. 2. Les femmes ont de la chance ; généralement, elles ne perdent pas … cheveux. 3. Les Français ne changent pas assez souvent … brosse à dents ; les dentistes le … rappellent. 4. Les grands-mères gâtent … petits-enfants et elles … achètent des jouets. 5. Ces communes maintiennent … sauveteurs en alerte ; celles-ci n'alertent les … qu'en cas de catastrophe. 6. Marco et Pascal placent … vêtements au fond de l'embarcation que … a louée un plagiste.

3 ***Copiez ces phrases en écrivant les mots en bleu au pluriel et accordez.*** *Difficulté* ■■■

1. Dans les contes, la princesse a souvent sa marraine, une bonne fée, pour lui porter chance. 2. Le Tanzanien est un coureur de fond remarquable ; sa résistance est exceptionnelle. 3. Notre voisin a acheté tous ses meubles au vide-grenier ; le brocanteur lui a fait un prix. 4. Le chercheur a l'espoir de vaincre cette maladie ; ses premières expériences sont concluantes. 5. Le client introduit sa carte bancaire et compose son code ; le distributeur lui remet les billets. 6. Un ingénieur visite le chantier du TGV ; on lui expose les avantages de cette technologie.

4 ***Écrivez les phrases en évitant les répétitions. Observez bien l'exemple donné.*** *Difficulté* ■■■

Ex : Harold lit volontiers des livres de science-fiction, mais Harold préfère les livres policiers aux livres de science-fiction.
➔ Harold lit volontiers des livres de science-fiction, mais **il leur** préfère les livres policiers.

1. Sandrine a beaucoup d'amis, Sandrine prépare un goûter à ses amis pour son anniversaire. 2. Ces garçons se souviennent de leurs lectures ; leurs lectures avaient procuré beaucoup de plaisir à ces garçons. 3. Un peu de persil sur les carottes sautées, cela donne une saveur particulière aux carottes sautées. 4. Cet employé copie ses disquettes sur un cédérom ; ces employés-là préfèrent enregistrer leurs disquettes sur un disque dur.

Pour terminer

10 min

Copiez ces phrases en complétant avec leur ou leurs.

1. Je ne sais pas si mes amis ont reçu le colis que je … ai envoyé.
2. Les standardistes sont débordées ; tout le monde … demande des renseignements.
3. Ces Américains changent … dollars contre des euros.
4. Ces commerces ferment généralement … portes à vingt heures.
5. Les facteurs ont achevé … tournée ; ils alignent … voitures devant le centre de tri.
6. Les philatélistes sont attentifs ; un vendeur … propose quelques timbres rares.
7. Quand les acteurs sont en coulisse, le metteur en scène … donne les derniers conseils.
8. Ces éleveurs certifient que … bêtes sont nourries uniquement avec de l'herbe.
9. Rappelle-… que le concert est à dix-huit heures et que … place est réservée.
10. Les Anglais agitent … fanions ; les Argentins ont accroché les … aux grilles du stade.

Expression écrite

Après s'être disputé avec deux de ses camarades qui l'accusaient d'avoir triché aux cartes, un enfant raconte ce qui s'est passé. Imaginez, en un paragraphe de huit lignes, son récit.

Les verbes seront au passé composé. Vous utiliserez trois fois **leur(s)** : une fois devant un verbe, une deuxième fois devant un nom au singulier, une troisième fois devant un nom au pluriel.
Vous choisirez trois verbes parmi ceux-ci :
affirmer - hurler - protester - répliquer - répondre - soutenir.

20

Participes présents ou adjectifs en -ant

Pour débuter

Trouvez le mot qui convient pour compléter chaque phrase.

1. En …, n'oubliez pas de prendre vos bonnets.

   a) partants
   b) partant
   c) partent

2. Cette saison, les Bleus ne remportent que des succès … .

   a) éclatants
   b) éclatant
   c) éclatent

3. Ne … rien de cette affaire, ils ne peuvent pas me renseigner.

   a) connaissante
   b) connaissant
   c) connaissants

4. La ressemblance est … ; vous ne pouvez pas vous tromper.

   a) frappant
   b) frappente
   c) frappante

5. … les histoires drôles, Marine achète un DVD de Djamel.

   a) Adorent
   b) Adorante
   c) Adorant

À retenir

• Le **participe présent** est une forme verbale terminée par **-ant** ; il est **invariable**.

Éblouissant l'acteur, ce projecteur est dangereux.
Éblouissant les acteurs, ces projecteurs sont dangereux.
Éblouissant l'actrice, cette torche est dangereuse.
Éblouissant les actrices, ces torches sont dangereuses.

• Le participe présent est souvent précédé de la préposition « **en** » ou suivi d'un complément.

En creusant, le chercheur d'or a trouvé un bon filon.
Creusant le sol argileux, le chercheur d'or a trouvé un bon filon.

• L'**adjectif verbal**, dérivé d'un verbe, **s'accorde** avec le nom comme un adjectif qualificatif.

Ce projecteur éblouissant est dangereux.
Ces projecteurs éblouissants sont dangereux.
Cette torche éblouissante est dangereuse.
Ces torches éblouissantes sont dangereuses.

• L'adjectif verbal est souvent précédé d'un nom ou d'un verbe d'état (**être**, **paraître**, **sembler**…).

Le boucher a des couteaux tranchants. Les couteaux sont tranchants.

Astuce

Pour faire la différence entre le participe présent et l'adjectif verbal, on essaie de remplacer le nom masculin par un nom féminin et on lit la phrase en entier.

Il faut cocher les emplacements correspondant aux bonnes réponses.
Il faut cocher les cases correspondant aux bonnes réponses. ➔ participe présent

Il faut cocher les emplacements correspondants.
Il faut cocher les cases correspondantes. ➔ adjectif verbal

Attention

Un certain nombre de noms, d'adjectifs verbaux et de participes présents sont homophones, mais ont des orthographes différentes.

participe présent	adjectif verbal ou nom
en se fatiguant	*un travail fatigant*
en naviguant	*le personnel navigant*
en adhérant	*des adhérents*
en précédant	*les numéros précédents*

En cas de doute, il faut consulter un dictionnaire.

Exercices

1 ***Complétez avec le participe présent, puis l'adjectif verbal que vous accorderez.*** *Difficulté* ■□□

Ex : chauffer	en chauffant la pièce	des couvertures chauffantes
1. changer	en … de direction	des opinions …
2. fortifier	en … les muscles	des médicaments …
3. grimacer	en … de douleur	des masques …
4. soigner	en … les blessés	des crèmes …
5. se méfier	en … des imposteurs	une personne …

2 ***Placez des noms de votre choix devant ces adjectifs, en respectant leurs accords.*** *Difficulté* ■■□

1. … survivants	2. … nourrissantes	3. … convaincants
4. … attendrissant	5. … luisants	6. … fondants
7. … précédents	8. … différentes	9. … provocants
10. … amusante	11. … paralysant	12. … convergents
13. … suffocante	14. … équivalents	15. … roulantes

3 ***Copiez les phrases en remplaçant les noms en bleu par ceux entre parenthèses. Vous accorderez comme il convient.*** *Difficulté* ■■□

1. Pour protéger ses volets, il étale un vernis (une peinture) très résistant. 2. En renonçant à traverser le fleuve, ce nageur (ces nageuses) prend une bonne décision. 3. Muni d'un engin (une tronçonneuse) impressionnant, le bûcheron abat un chêne centenaire. 4. Le marin (les personnes) prévoyant vérifie toujours l'état des instruments de bord. 5. Le savant a découvert un procédé (une formule) déterminant pour la suite de ses travaux. 6. Le regard (l'attitude) fuyant de Fabien n'est guère engageant.

4 ***Copiez les phrases en écrivant au pluriel les noms en bleu et accordez comme il convient.*** *Difficulté* ■■■

1. Nous avons rencontré un homme parlant le catalan et l'occitan. 2. À l'arrivée du rallye, le pot d'échappement est brûlant. 3. Tu nous offres un biscuit craquant. 4. Économisant euro après euro, le retraité put s'offrir un voyage au Mexique. 5. Le directeur, écartant toutes les objections, décida d'arrêter la fabrication. 6. Le cyprès, protégeant les cultures, fait partie du paysage provençal. 7. Signant le registre d'état civil, le jeune marié ne peut contenir son émotion.

5 ***Copiez les phrases en remplaçant les mots en bleu par un participe présent ou un adjectif verbal que vous accorderez.*** *Difficulté* ■■■

1. J'admire les charpentiers qui ajustent parfaitement les poutres. 2. Les automobilistes se méfient des routes qui glissent. 3. Nous apercevons, au lointain, des fusées qui illuminent le ciel. 4. Voilà une caricature qui étonne. 5. Les jeunes portent parfois des vêtements qui provoquent. 6. Raphaël connaît une région qui mérite un détour. 7. Des fumées qui étouffent se dégagent de ces cheminées d'usine. 8. La porte qui coulisse s'est bloquée ; il faudra la réparer.

Pour terminer

10 min

Copiez les phrases en les complétant avec le participe présent ou l'adjectif verbal (que vous accorderez) du verbe en bleu.

1. En chercher bien, les policiers trouveront peut-être des indices.
2. Noémie, s'approcher lentement, parvient à photographier l'écureuil.
3. L'eau de la casserole est bouillir ; vous pouvez y plonger vos pâtes.
4. Ta toucher amitié m'a réconfortée.
5. Pour le camping, il n'y a rien de mieux qu'une table plier.
6. Les musiciens ont quitté la scène en saluer le public.
7. Dans les exercices suivre, les élèves doivent conjuguer des verbes.
8. Terrifier, les lions se sont jetés sur leur proie.
9. En garder leurs distances, ces conducteurs ne risquent pas la collision.
10. Connaissez-vous le principe des vases communiquer ?

Expression écrite

6 ***Rédigez six phrases ; pour trois phrases, vous utiliserez les participes présents de la liste 1, pour les trois autres, vous emploierez les adjectifs verbaux de la liste 2.***

1. fatiguant - naviguant - provoquant
2. fatigant - navigant - provocant

7 ***Décrivez, en un paragraphe de huit lignes, le numéro impressionnant d'un équilibriste qui parvient à faire plusieurs choses à la fois.***

Vous emploierez trois participes présents et trois adjectifs verbaux formés à partir de ces verbes :
différer - étonner - briller - exceller - précéder - suivre - prendre.

Bilan n°4

14. Le pluriel des noms 15. Le pluriel des noms composés
16. Les adjectifs qualificatifs
17. Les déterminants numéraux cardinaux
18. tout - tous - toute - toutes 19. leur - leurs
20. Participes présents ou adjectifs en -ant

Exercices

1 *Écrivez les phrases suivantes en mettant les noms en bleu au pluriel. Attention : vous devrez effectuer des modifications.*

1. La belle-sœur de mon père est italienne. 2. Vous ne pouvez voyager dans un wagon-citerne ! 3. Le carnaval de Rio, au Brésil, est une immense fête. 4. Si vous voulez faire de la route, il vaudrait mieux changer votre pneu. 5. Ton projet de voyage est vraiment original. 6. En Amazonie, mon oncle a vu un papillon bleu pâle et orange. 7. L'océan n'est pas toujours bleu marine. 8. J'aimerais bien voir, un jour, une fleur vert bouteille. 9. On entend la voix du berger rassemblant ses bêtes. 10. Dans le désert, le nomade vivant de l'élevage doit se déplacer pour nourrir son troupeau.

2 *Recopiez les phrases suivantes en écrivant les éléments en bleu en toutes lettres.*

1. Je ne cherche pas à être le 1er à descendre de l'avion. 2. Bienvenue à bord ; notre vol durera 3 heures et 20 minutes. 3. Mon grand-père va avoir 80 ans, ce qui ne l'empêche pas de partir en Italie la semaine prochaine pour retrouver ses 4 frères. 4. Les 30 1res minutes du match sont déterminantes. 5. La circonférence de la Terre est de 40 000 km. 6. Ce village a été bâti il y a plus de 500 ans. 7. 9 tonnes équivalent à 9 000 kg. 8. Dans un siècle, les hommes vivront peut-être jusqu'à 120 ans.

3 *Complétez les phrases suivantes en choisissant le mot qui convient parmi ceux donnés en bleu.*

1. Les arbres ont perdu (tous, tout, toute, toutes) (leur, leurs) feuilles. 2. (Tout, Tous) les ans, nous retournons au Portugal au mois d'août. 3. (Tout, Tous) ont été ravis de leur séjour en Angleterre. 4. En (tout, toute) occasion, vous devez avoir vos papiers d'identité sur vous. 5. Mes voisins veulent partir en voyage ; je (leur, leurs) ai conseillé d'aller en Grèce. 6. Dépêchez-vous ! Vos camarades ont déjà enregistré (leur, leurs) bagages. 7. (Tout, Tous) les avions sont régulièrement contrôlés, car les compagnies doivent assurer la sécurité de (tout, tous) (leur, leurs) passagers. 8. Nous sommes (tout, tous) d'accord pour vous accompagner dans cette aventure.

Dictée préparée

Julien et Jeanne font connaissance.

Alors ils parlèrent voyages lointains, discutant les charmes de chaque pays, depuis les pôles jusqu'à l'équateur, imaginant des paysages merveilleux, des ciels bleu azur, et des sables ocre. Mais ils en arrivèrent à conclure que de tous les pays du monde, le plus beau était la France avec son climat tempéré, frais l'été et doux l'hiver, ses riches campagnes et ses vertes forêts. Il valait mieux ne pas voyager du tout.

D'après Guy de Maupassant, *Une Vie*, chapitre III, 1883.

A *Relevez les adjectifs qualificatifs et précisez à quel nom ils se rapportent.*

B *Relevez les verbes non conjugués et identifiez leur forme : infinitif, participe présent, participe passé employé comme adjectif qualificatif.*

C *Relevez les verbes conjugués ; précisez leur temps et leur sujet.*

Expression écrite

4 *Écrivez un récit humoristique mettant en scène deux animaux domestiques de votre choix.*

Vous composerez un paragraphe d'une dizaine de lignes en respectant les consignes suivantes :
- les verbes seront au présent de l'indicatif ;
- vous utiliserez les mots suivants au pluriel : un chou - un ouvre-boîtes - amical - ovale ;
- vous emploierez les formes suivantes : tout - tous - leur - leurs ;
- vous emploierez le verbe manger au participe présent et l'adjectif verbal satisfaisant au pluriel.

5 *Vous avez gagné un billet d'avion pour la destination de votre choix. Présentez le pays que vous avez choisi en un paragraphe de huit lignes.*

Vous emploierez le présent de l'indicatif. Vous utiliserez, au pluriel, quatre des mots de la liste suivante :
un animal - un caillou - un carnaval - le corail - un détail - féodal - un festival - un gratte-ciel - idéal - natal - un journal - un pur-sang.

6 *À l'occasion d'un voyage, vous quittez le monde réel et pénétrez sur un territoire magique.*

Décrivez cette région imaginaire en employant, au pluriel, les adjectifs qualificatifs suivants : artificiel - banal - bleu - féerique - irréel - jaune paille - orange - rose. Vous composerez un paragraphe de huit lignes environ ; les verbes seront à l'imparfait de l'indicatif.

Exploitation du test →

Repérez les numéros des questions sur lesquelles vous avez fait des fautes.

Révisez les leçons correspondantes et assurez-vous que vous avez bien compris en refaisant les exercices de ces leçons :

questions 1, 2, 3
→ leçon 14 → Le pluriel des noms

questions 4, 5, 6, 7
→ leçon 15 → Le pluriel des noms composés

questions 8, 9, 10
→ leçon 16 → Les adjectifs qualificatifs

questions 11, 12
→ leçon 17 → Les déterminants numéraux cardinaux

questions 13, 14, 15
→ leçon 18 → tout - tous - toute - toutes

questions 15, 16
→ leçon 19 → leur - leurs

questions 17, 18, 19, 20
→ leçon 20 → Participes présents ou adjectifs en -ant

10 min

Test

Difficulté ■□□

1. ***Nous avons fait de nombreux ... pour notre fête.***
a. gâteau b. gâteaux c. gâteaux

2. ***Max s'est écorché les ... en tombant.***
a. genou b. genous c. genoux

3. ***Ce sont des ... qui ont crevé son pneu.***
a. clou b. clous c. cloux

4. ***Nous aurions besoin de deux ... pour les lampes de chevet.***
a. abat-jour b. abats-jours c. abat-jours

5. ***En Bretagne, on cultive des ... .***
a. chou-fleur b. choux-fleur c. choux-fleurs

6. ***Avec de la patience, on peut apprivoiser les ... .***
a. rouge-gorge b. rouge-gorges c. rouges-gorges

7. ***Le gendarme dresse des ... .***
a. procès-verbal b. procès-verbaux c. procès-verbals

8. ***Ces abricots et ces prunes sont bien ... .***
a. mûrs b. mûres c. mûr

9. ***Tous les records ... ont été battus !***
a. mondial b. mondials c. mondiaux

10. ***Je vous conseille plutôt ces chaussures ... .***
a. bleus b. bleu c. bleues

11. ***Mon cousin habite à ... kilomètres de Rouen.***
a. quatre-vingts b. quatres-vingts c. quatre-vingt

12. ***C'est un roman de ... pages.***
a. deux cent vingts b. deux cents vingts c. deux cent vingt

13. ***Tu as encore mangé ... le pain.***
a. tout b. tous c. toute

14. ***... est-il prêt pour le départ ?***
a. Tout b. Tous c. Toute

15. ***Ils ont oublié ... ... livres !***
a. tout leur b. tout leurs c. tous leurs

16. ***Je ... ai donné ... convocations pour l'examen.***
a. leur / leur b. leurs / leurs c. leur / leurs

17. ***C'est la nuit des étoiles ... .***
a. filant b. filante c. filantes

18. ***Manon et Audrey marchent en ... les yeux.***
a. fermant b. fermants c. ferment

19. ***Je trouve que ces élèves sont trop ... .***
a. remuant b. remuants c. remuents

20. ***Nous entendons les chaînes ... des fantômes.***
a. grinçant b. grinçante c. grinçantes

Pour aller plus loin

Difficulté ■■■

1. ***Mon frère est pianiste et il donne des ... .***
a. récital b. récitals c. récitaux

2. ***Le plongeur admire les ... .***
a. corail b. corails c. coraux

3. ***Les mamans poussent les ... de leurs bébés.***
a. landau b. landaus c. landaux

4. ***Tu trouveras des ... à la fin du livre.***
a. aide-mémoire b. aide-mémoires c. aides-mémoires

5. ***Avez-vous des ..., s'il vous plaît ?***
a. coupe-ongles b. coupes-ongles c. coupes-ongle

6. ***En technologie, nous avons construit des ... .***
a. haut-parleur b. hauts-parleurs c. haut-parleurs

7. ***Ces jeunes élèves ne doivent pas devenir des ... .***
a. souffre-douleur b. souffres-douleurs c. souffre-douleurs

8. ***Ces vieux fauteuils sont ... .***
a. bancals b. bancaux c. bancal

9. ***Des lumières ... dansaient aux fenêtres.***
a. orange b. jaune c. roses bonbon

10. ***Aujourd'hui, Erwan porte des chaussettes ... .***
a. rouge cerise b. rouges cerises c. rouges cerise

11. ***J'aime beaucoup ces pulls ... .***
a. rouge b. marron c. noir

12. ***Mon petit frère a ... billes.***
a. trois cent quatre-vingt-deux
b. trois cents quatre-vingt-deux
c. trois cents quatre-vingts-deux

13. ***Thomas a déchiré ses gants ... .***
a. tout neuf b. tous neufs c. tout neufs

14. ***Donnez-... des vitamines ; c'est pour ... bien.***
a. leur / leurs b. leur / leur c. leurs / leur

15. ***Ils ont invité ... ... amis.***
a. tout leur b. tout leurs c. tous leurs

16. ***Les navires ont pris le départ de la course ... voiles dehors.***
a. toute b. tout c. toutes

17. ***Ces devoirs sont ... .***
a. excellant b. excellants c. excellents

18. ***C'est en ... qu'on devient forgeron.***
a. forgant b. forgeant c. forgeants

19. ***J'ai vu des chats ... sur la place du marché.***
a. rôdant b. rôdants c. rôdent

20. ***Les essieux étaient très chauds, le mécanicien s'est brûlé en les ... .***
a. remontant b. remontants c. remontent

21 Le verbe et son sujet

Pour débuter

Trouvez le sujet** du verbe en bleu **qui convient pour compléter chaque phrase.

1. … décolle dans un bruit épouvantable.

   a) La fusée Ariane
   b) Les avions de chasse
   c) Les mouches

2. Il est probable que … ne faiblira pas cette nuit.

   a) ceux-ci
   b) les vents
   c) le vent

3. … passeras la deuxième couche de peinture dans une heure.

   a) Le peintre
   b) Les peintres
   c) Tu

4. C'est bien l'entraîneur … avait prédit la victoire.

   a) que
   b) dont
   c) qui

5. Mon ordinateur a un grand écran, mais … est plus léger.

   a) ton
   b) le tien
   c) que

À retenir

Le verbe s'accorde avec son sujet. On trouve ce sujet en posant la question « Qui est-ce qui ? » (ou « Qu'est-ce qui ? ») devant le verbe.

Ce sujet peut être :
• un **nom** (cas le plus fréquent)
Les passagers débarquent du ferry.
Qui est-ce qui débarque ? **les passagers** ➔ 3e personne du pluriel
Les passagers en provenance d'Ajaccio débarquent du ferry.
Qui est-ce qui débarque ? **les passagers** (en provenance d'Ajaccio)
➔ 3e personne du pluriel
• un **pronom personnel**
Ils débarquent du ferry.
Qui est-ce qui débarque ? **Ils** (pronom employé pour « les passagers »)
➔ 3e personne du pluriel
• un **pronom relatif**
Les passagers qui débarquent du ferry sont épuisés.
Qui est-ce qui débarque ? **qui** (pronom relatif employé pour « les passagers »)
➔ 3e personne du pluriel
Dans ce cas, le verbe s'accorde avec l'antécédent du pronom relatif.
• un **pronom possessif**
Tes bagages arrivent ; le mien tarde à être distribué.
Qui est-ce qui tarde ? **le mien** (pronom employé pour « mon bagage »)
➔ 3e personne du singulier
• un **pronom démonstratif**
Ces passagers débarquent du ferry ; ceux-là attendent.
Qui est-ce qui attend ? **ceux-là** (pronom employé pour « ces passagers-là »)
➔ 3e personne du pluriel

Astuce

On peut aussi trouver le sujet du verbe en l'encadrant avec « C'est … qui » ou « Ce sont … qui ».
Les passagers débarquent du ferry. **Ce sont** les passagers **qui** débarquent.

Attention

D'autres mots peuvent être sujets :
• un pronom interrogatif
Qui débarque ? **qui** (pronom employé car on ignore le vrai sujet)
• une proposition subordonnée
Que Peter ait notre soutien lui permettra de surmonter sa peur de l'échec.
Qu'est-ce qui lui permettra ? **Que Peter ait notre soutien**
Dans ces deux cas, l'accord se fait toujours au singulier.

Exercices

1 ***Copiez les phrases en remplaçant les pronoms personnels sujets en bleu par des noms (ou des groupes nominaux) de votre choix.*** *Difficulté* ■□□

1. Ils consultent les horaires. 2. Il distribue le courrier tous les matins. 3. Massée le long du trottoir, elle attend le défilé. 4. Elles grillent sur le barbecue. 5. Ils visitent ce nouveau musée. 6. Elle manifeste son impatience en miaulant. 7. Il répare le moteur de cette voiture. 8. Ils s'amoncellent au-dessus des collines ; il est proche.

2 ***Copiez les phrases en accordant les verbes en bleu au présent de l'indicatif. Encadrez les sujets (ou les noms principaux des groupes sujets).*** *Difficulté* ■■□

1. Le rallye Paris-Dakar comporter vingt jours de course. 2. Ces livres de science-fiction passionner des millions de lecteurs. 3. Les sirènes du port annoncer le retour des chalutiers. 4. L'actrice qui se présenter devant les caméras trembler de tous ses membres. 5. C'est toujours moi qui répondre au téléphone. 6. Vous se creuser la cervelle pour retrouver le nom de la capitale du Honduras. 7. Faute de gisements, la France importer beaucoup de pétrole. 8. C'est toi qui terminer le premier.

3 ***Écrivez les phrases en utilisant les sujets proposés et en conservant les temps.*** *Difficulté* ■■□

1. Le voyage que nous programmons nous conduira en Amérique du Sud.
La traversée que Loïc … Les séjours que vous …
L'excursion que tu … L'expédition que je …
2. Le dernier concert de Johnny nous laissera un souvenir inoubliable.
La dernière tournée … Les derniers disques …
Les dernières émissions … La dernière production …

4 ***Copiez les phrases en écrivant les noms en bleu au pluriel et accordez les verbes comme il convient.*** *Difficulté* ■■■

1. La victoire que remporta Napoléon Bonaparte en Italie conforta sa légende. 2. Le successeur d'un roi de France portait le titre de dauphin. 3. Furieuse, la lionne rugit et s'élança au secours de son lionceau. 4. Le camion de l'entreprise Chardigny livre deux cents sacs de ciment. 5. Le gendarme arrête l'automobiliste et lui demande ses papiers. 6. Si la pluie ne cesse pas, la vendange prendra du retard. 7. Le dernier cinéma du quartier a fermé ses portes l'an dernier.

5 ***Copiez les phrases en accordant les verbes en bleu au présent de l'indicatif. Encadrez les sujets (ou les noms principaux des groupes sujets).*** *Difficulté* ■■■

1. Les habitants de l'immeuble proposer l'organisation d'une grande fête. 2. Ces blousons être soldés et celui-ci me convenir parfaitement. 3. La chorale dont je faire partie se produire à la salle des fêtes. 4. Profiter des soldes permettre de faire des économies. 5. Que tu puisses refuser cette offre de stage nous étonner. 6. Qui connaître encore les noms des vainqueurs des Tours de France des années 1930 ? 7. Les disquettes que tu venir de recevoir contenir les textes de ces chansons.

Pour terminer (10 min)

Copiez les phrases en accordant les verbes en bleu au présent de l'indicatif.

1. La carte Vitale faciliter le remboursement rapide des soins.
2. Mes gants être fourrés ; les tiens être imperméables.
3. Les jardiniers arroser les pelouses des parcs.
4. Les stations d'épuration collecter les eaux usées des villages environnants.
5. Les électeurs du 3e arrondissement voter généralement en grand nombre.
6. Les réfugiés du Soudan survivre dans des conditions difficiles.
7. Qui pouvoir bien avoir gagné le gros lot ?
8. Continuer relever de la folie ; les conditions atmosphériques ne le permettre pas.
9. Nous écouter des musiques de films ; l'une d'entre elles nous plaire particulièrement.
10. Les pluies ne pas s'arrêter et les nappes phréatiques de la vallée se remplir lentement.

Dictée préparée

Le 9 mai, un orage épouvantable éclata. Le tonnerre, les éclairs se succédaient sans interruption. La pluie tombait avec une force dont les plus violents orages de nos climats ne peuvent donner une idée. Il était impossible de faire sécher les vêtements.

Jules Verne, *Les Révoltés de la Bounty*, 1879.

Relevez les verbes conjugués et donnez leur sujet.

22 Le verbe et son sujet : cas particuliers

Pour débuter

Trouvez le verbe qui convient pour compléter chaque phrase.

1 Savez-vous où … les Maoris ?

a) vivent
b) vit
c) vivra

2 Il … des dizaines d'heures pour achever ce puzzle de 5 000 pièces.

a) faudra
b) faille
c) faudraient

3 Pour certains plats, le salé et le sucré … leur arôme.

a) marient
b) marie
c) mariera

4 Le bruit, la fumée, la lumière, tout vous … dans cette salle surchauffée.

a) agresse
b) agressent
c) agresserez

5 Beaucoup de magasins … le dimanche.

a) ferme
b) ferment
c) fermait

À retenir

• Lorsqu'un verbe a **deux sujets** singuliers, il se met au **pluriel**.
Le lièvre et la tortue disputent une course de vitesse.

• Si les sujets ne sont pas de la même personne, le verbe s'accorde au pluriel avec **la personne qui a la priorité**.
- La 1re personne l'emporte sur les deux autres :
Vous et moi sommes les meilleurs amis du monde.
Mes camarades et moi participons à la collecte de vêtements.
- La 2e personne l'emporte sur la 3e :
Tes camarades et toi participez à la collecte de vêtements.

• Le sujet est parfois placé après le verbe ; il y a **inversion du sujet**.
Quelle que soit sa place dans la phrase, le verbe s'accorde avec son sujet.
Devant la caisse du supermarché s'alignent de nombreux clients.
Qui est-ce qui s'aligne ? **de nombreux clients** ➔ 3e personne du pluriel

• Dans la **tournure impersonnelle**, le pronom « **il** » ne représente rien de particulier et le verbe est souvent suivi d'un groupe nominal à l'origine de l'action. Le verbe s'accorde avec « **il** », même si le sujet logique qui suit est au pluriel.

Il pleut des cordes. (Il ↓ sujet grammatical ; des cordes ↓ sujet logique)

Il existe des exceptions. (Il ↓ sujet grammatical ; des exceptions ↓ sujet logique)

Remarque :
Quand le sujet est un nom collectif suivi d'un complément de nom, le verbe s'accorde selon le sens.
Un groupe de supporters déploie une immense banderole.
C'est **l'ensemble du groupe** qui déploie la banderole.
Un groupe de supporters agitent de petits drapeaux.
Ce sont **les supporters** qui agitent les drapeaux.

Astuce

Pour trouver la terminaison du verbe lorsque **les sujets ne sont pas de la même personne**, il est préférable de reprendre les sujets des différentes personnes par le pronom personnel de la personne qui a la priorité.
Mes camarades et moi, nous participons à la collecte de vêtements.
Tes camarades et toi, vous participez à la collecte de vêtements.

Exercices

1 ***Copiez ces phrases en écrivant les verbes en bleu au présent de l'indicatif.*** *Difficulté* ■■□

1. Que devenir les marais où vivre les castors ? 2. Sa blonde chevelure et son sourire angélique attirer tous les regards. 3. Le journaliste, bien qu'ayant obtenu des informations sûres, ne pas oser publier la nouvelle. 4. Les pompiers, grâce à leur courage, éviter la propagation de l'incendie. 5. Tu monter au grenier où s'entasser de vieux meubles vermoulus. 6. Plus de la moitié des campeurs s'inscrire au concours de pêche. 7. Un morceau de pain et un bout de fromage suffire à calmer ta faim. 8. Des compliments ou des reproches, rien ne me surprendre de ta part.

2 ***Copiez les phrases en remplaçant les mots en bleu par ceux entre parenthèses et accordez.*** *Difficulté* ■■□

1. Pierre (Nous) est certainement le concurrent qui a pris le plus de risques. 2. Comme vous (l'automobiliste) ne ralentissez pas, les gendarmes vous interpellent. 3. Il n'y a que lui (toi) qui puisse retrouver les clés que nous avons perdues. 4. Le seul pantalon (chaussures) qui soit encore à vendre me va très bien. 5. Tous (Plus personne ne) se souviennent des événements dramatiques de l'année dernière. 6. Une telle performance (exploits), cela mérite une explication.

3 ***Répondez négativement aux questions suivantes. Vous emploierez des pronoms personnels pour éviter les répétitions.*** *Difficulté* ■■□

Ex : Les pistes de ski sont-elles praticables ? → Non, elles ne le sont pas.

1. Ces vêtements plaisent-ils à Olivia ? 2. Les freins du camion sont-ils neufs ? 3. Attendez-vous une lettre de votre amie ? 4. Leur as-tu parlé de ce livre ? 5. Les clients réclament-ils le remboursement de leurs achats ? 6. Ces cabosses de cacao proviennent-elles de Côte-d'Ivoire ?

4 ***Copiez les phrases en écrivant les noms en bleu au pluriel et faites les accords nécessaires.*** *Difficulté* ■■■

1. La personne à qui est destiné ce message n'habite plus à l'adresse indiquée. 2. Le jardinier tond le terrain sur lequel se disputera le tournoi de football. 3. Sur la cheminée d'Anaïs, trône un vieux masque africain. 4. Quand l'exercice sera achevé, le professeur le corrigera. 5. Le croquis que dessine ce jeune artiste atteste son talent naissant. 6. D'où vient cet instrument de musique ? 7. L'indication qui permettrait de retrouver notre route se révèle erronée.

5 ***Copiez ce texte en écrivant les verbes en bleu à l'imparfait de l'indicatif. Encadrez les sujets.*** *Difficulté* ■■■

L'atelier du potier se trouver à la sortie du village où habiter mes grands-parents chez lesquels je passer toutes mes vacances. Mon ami Bertrand et moi aller souvent rendre visite à M. Moustiers et nous le regarder pendant qu'il pétrir les boules d'argile. Les vases et les plats prendre rapidement forme entre ses doigts magiques qui caresser amoureusement la terre. Je l'admirer tant que, plus tard, je vouloir devenir moi-même potier.

Pour terminer

10 min

Copiez les phrases en écrivant les verbes en bleu au présent de l'indicatif.

1. Le vieil homme et son chien marcher le long du canal.
2. La visite des gorges du Verdon valoir vraiment le détour.
3. Ceux qui renoncer, épuisés, être peu nombreux.
4. Personne ne pouvoir imaginer la vitesse de la fusée spatiale.
5. La soupe, les légumes, la viande, rien ne te plaire.
6. Aucun de ceux qui occuper l'appartement du 3e n'emprunter l'ascenseur.
7. Du fond du ravin monter les hurlements d'un loup blessé.
8. Le délai que réclamer les syndicats prendre fin dans deux jours.
9. C'est toi qui nettoyer l'entrée et le couloir de l'immeuble.
10. On ne pas savoir s'il se trouver encore des agriculteurs qui travailler avec des chevaux.

Expression écrite

6 ***Rédigez trois questions contenant chacune un sujet inversé.***

Vous emploierez les verbes apprendre, lire et dessiner.

7 ***Pour un article destiné à une encyclopédie imaginaire, vous présentez un peuple vivant sur l'astéroïde B 216.***

Vous composerez, au présent de l'indicatif, un paragraphe d'une dizaine de lignes. Vous emploierez comme sujets les expressions suivantes : une foule - un groupe d'habitants - la plupart d'entre eux - des montagnes de sable - certains paysages.

23

Le participe passé employé comme adjectif

Cette leçon peut être étudiée en liaison avec la leçon 26.

Pour débuter

Trouvez le mot qui convient pour compléter chaque phrase.

1 Les invités préfèrent les côtelettes … .

a) grillé
b) grillée
c) grillées

2 Au loto du village, Juliette gagne un filet … de victuailles.

a) garni
b) garnies
c) garnie

3 … au-dessus du vide, la trapéziste fait preuve de sang-froid.

a) Suspendu
b) Suspendue
c) Suspendues

4 Les skieurs s'élancent sur les pentes … .

a) enneigées
b) enneigé
c) enneigés

5 … aux acrobaties périlleuses, ces cascadeurs n'ont pas froid aux yeux.

a) Habitués
b) Habitué
c) Habituées

À retenir

• Le participe passé d'un verbe peut être employé comme un **adjectif** qualificatif. Dans ce cas, il **s'accorde** avec le nom auquel il se rapporte.

Louis achète un poisson surgelé. *Louis achète une pintade surgelée.*
Louis achète des produits surgelés. *Louis achète des pizzas surgelées.*

• Les participes passés des **verbes du 1er groupe** se terminent tous par « **é** ».

sauter → des pommes sautées *risquer → des paris risqués*

• Les participes passés des **verbes du 2e groupe** se terminent tous par « **i** ».

jaunir → des photos jaunies *enfouir → des trésors enfouis*

• La terminaison et la forme des participes passés des **verbes du 3e groupe** sont diverses.

vendre → des marchandises vendues *recueillir → des animaux recueillis*
mourir → des arbres morts *couvrir → un marché couvert*

On peut parfois trouver cette terminaison en employant le participe passé avec un nom féminin ; on entend alors la lettre finale.

construire → des maisons construites *prendre → des résolutions prises*

En cas de doute, il faut consulter un dictionnaire ou un livre de conjugaison.

• Certains participes passés peuvent être employés comme **noms**. Dans ce cas, ils prennent les marques du genre et du nombre.

handicaper → un handicapé des handicapés
vaincre → un vaincu des vaincus
inscrire → un inscrit des inscrits

Attention

Il ne faut pas confondre la terminaison en « **-é** » des participes passés des verbes du 1er groupe avec celle de leur infinitif en « **-er** », même si elles ont la même prononciation : (**é**).

On peut essayer de changer de verbe pour entendre la différence.

Ce magasin vend des jouets fabriqués en Chine.
→ Ce magasin vend des jouets produits en Chine.

Fabriquer des jouets en Chine est devenu banal.
→ Produire des jouets en Chine est devenu banal.

Exercices

1 *Transformez selon le modèle. N'oubliez pas les accords.* Difficulté ■□□

Ex : marquer des buts → des buts marqués

1. sacrifier des économies
2. louer une maison
3. accorder une permission
4. égarer des documents
5. connaître un artiste
6. lire un article
7. mériter une récompense
8. remplir des bouteilles
9. nettoyer des casseroles
10. garnir des casiers

2 *Placez des noms de votre choix devant ces participes passés employés comme des adjectifs qualificatifs. Respectez les accords.* Difficulté ■□□

1. … … reçus	2. … … satisfaite	3. … … enfermé	4. … … rafraîchies
5. … … attendu	6. … … signés	7. … … cassés	8. … … salé
9. … … assortis	10. … … tondus	11. … … fanée	12. … … vérifiées
13. … … tenues	14. … … cuites	15. … … rougis	16. … … détruits

3 *Copiez ces phrases en remplaçant les infinitifs en bleu par leur participe passé que vous accorderez.* Difficulté ■■□

1. Servir avec des marrons, cette dinde est dévorer des yeux par tous les convives. 2. Cultiver en serre, ces boutures donneront pourtant des plantes parfumer. 3. Le joueur d'échecs ne réfléchit pas assez et le voilà prendre au piège de son adversaire. 4. Tous les numéros de cette revue sont relier en un seul volume. 5. Pendre dans la cave, les saucissons sèchent lentement. 6. Tromper par le brouillard, ces navires dérivent. 7. Des citadins, décevoir par la vie urbaine, recherchent des maisons isoler dans de petits villages perdre des vallées alpines.

4 *Copiez les phrases en remplaçant les noms en bleu par ceux entre parenthèses et accordez.* Difficulté ■■■

1. Les terrains (Les usines) abandonnés s'étendent à perte de vue. 2. Le hangar (La grange), dévasté par la tempête, sera vite reconstruit. 3. La chute fut terrible et le coureur se releva avec le coude (la main) cassé. 4. Un monument (Une statue) élevé à la gloire de Louis Pasteur est inauguré aujourd'hui. 5. Cet article (Ces pantalons) soldé depuis deux jours est très demandé. 6. À l'arrivée, beaucoup de coureurs (de concurrentes) sont fatigués. 7. Les animaux (Les biches), surpris par le froid, se réfugient dans le sous-bois.

5 *Copiez ce texte en remplaçant les infinitifs en bleu par leur participe passé que vous accorderez.* Difficulté ■■■

L'annulation complète des dettes des particuliers à l'État était une mesure plus risquer mais nécessaire pour faire table rase après dix ans d'économie de guerre. Notre monnaie s'est dangereusement déprimer depuis un siècle : c'est pourtant au taux de nos pièces d'or que s'évalue l'éternité de Rome : à nous de leur rendre leur valeur et leur poids solidement mesurer aux choses. Nos terres ne sont cultiver qu'au hasard : seuls, des districts privilégier, l'Égypte, l'Afrique, la Toscane, et quelques autres, ont su créer des communautés paysannes exercer à la culture du blé ou de la vigne.

D'après Marguerite Yourcenar, *Mémoires d'Hadrien*, Gallimard, 1951.

Pour terminer

10 min

Copiez ces phrases en remplaçant les infinitifs en bleu par leur participe passé que vous accorderez.

1. Grossir par les pluies, ces torrents emportent tout sur leur passage.
2. Allonger sur leur serviette de bain, ces starlettes entretiennent leur bronzage.
3. Fraîchement repeindre, cette maison fait l'admiration des voisins.
4. On dit qu'un homme avertir en vaut deux.
5. Le chef d'orchestre salue les spectateurs satisfaire de sa direction.
6. Beaucoup de fromages produire en France sont apprécier dans le monde entier.
7. Ces romans, traduire du russe, sont publier en France.
8. Ces euros, convertir en dollars, nous permettront d'effectuer des achats à New York.
9. Le professeur, étonner, n'a jamais vu une copie aussi soigner.
10. La viande hacher doit être consommer rapidement.

Expression écrite

Décrivez, en un paragraphe de six lignes, une salle décorée pour une fête (anniversaire, Nouvel An, fête du collège…).

Les verbes seront au présent de l'indicatif. Vous emploierez, accordés comme des adjectifs qualificatifs, les participes passés de cinq des verbes suivants : décorer - disposer - garnir - illuminer - ouvrir - ranger - recouvrir - suspendre.

Vous pourrez utiliser d'autres participes passés si vous le souhaitez.

24

Le participe passé employé avec l'auxiliaire être

Pour débuter

Trouvez le sujet qui convient pour compléter chaque phrase.

1. … sont réservées aux personnes handicapées.

   a) Ces places
   b) Cette place
   c) Ces emplois

2. … est resté deux semaines à quai.

   a) Les navires
   b) Le pétrolier géant
   c) La goélette

3. … sont allés à la réunion organisée par la mairie.

   a) Mon père
   b) Ma mère
   c) Mes parents

4. … s'est équipée pour descendre dans ce gouffre.

   a) Le spéléologue
   b) Les spéléologues
   c) Une équipe de spéléologues

5. … ont été cueillis avant la pluie.

   a) Les tomates
   b) Les haricots
   c) Le raisin

À retenir

• Le **participe passé** employé avec l'auxiliaire **être** s'accorde en genre et en nombre avec le nom ou le pronom sujet du verbe.

Ce colis est arrivé à destination.
Cette malle est arrivée à destination.
Ces bagages sont arrivés à destination.
Ces valises sont arrivées à destination.

• Comme les **verbes pronominaux** se conjuguent toujours avec l'auxiliaire **être**, le participe passé s'accorde avec le sujet du verbe*.

À la vue du serpent, il s'est évanoui.
À la vue du serpent, ils se sont évanouis.
À la vue du serpent, elle s'est évanouie.
À la vue du serpent, elles se sont évanouies.

** Il y a cependant quelques cas exceptionnels de non-accord que vous apprendrez dans la suite de vos études.*

• Pour les **1res et 2es personnes** – singulier et pluriel –, seule la personne qui écrit et qui connaît le sujet peut déterminer le genre, masculin ou féminin.

Je suis sorti en courant.	➔	C'est un homme qui parle.
Tu es sortie en courant.	➔	On parle à une femme.
Vous êtes sortis en courant.	➔	On parle à des hommes.
Nous sommes sorties en courant.	➔	Ce sont des femmes qui parlent.

Attention

L'auxiliaire **être** peut lui-même être conjugué à un temps composé. Le participe passé qui suit cette forme composée s'accorde toujours avec le sujet.

Le trafic <u>a été</u> interrompu pendant une heure.
La liaison <u>a été</u> interrompue pendant une heure.
Les contacts <u>ont été</u> interrompus pendant une heure.
Les communications <u>ont été</u> interrompues pendant une heure.

Le participe passé du verbe **être** – **été** – est toujours invariable.

Exercices

1 *Conjuguez les verbes en bleu au passé composé de l'indicatif, puis au plus-que-parfait, en accordant correctement les participes passés. Pour les 3es personnes, vous choisirez des noms sujets.* *Difficulté* ■□□

1. demeurer sans voix
2. revenir dans son pays
3. rester en tête
4. descendre en freinant

2 *Copiez les phrases en accordant les participes passés des verbes en bleu.* *Difficulté* ■□□

1. Mes amies se sont féliciter de mon succès au concours de dessin. 2. Fatiguer, les motards se sont arrêter sur une aire de repos. 3. Nous serons attendre par nos parents à la sortie de l'aérogare. 4. Quand ils seront rester deux heures assis, les enfants voudront sortir. 5. Dès que Léonie sera prévenir, elle nous donnera son avis. 6. À la première sonnerie du réveil, Roxane s'est lever. 7. Sous les coups répétés des démolisseurs, la cheminée s'est écrouler. 8. Les routiers sont éblouir par les phares d'un autre camion.

3 *Copiez les phrases en écrivant les verbes en bleu au passé composé.* *Difficulté* ■■□

1. L'infirmière entrer dans la chambre du malade avec son chariot d'instruments. 2. La légende de Roland de Roncevaux naître au Moyen Âge, bien après sa mort. 3. Les surveillants intervenir pour que le bruit cesse ; le calme revenir. 4. C'est l'automne, les cigognes et les hirondelles s'envoler vers des pays plus chauds. 5. Pendant la tempête, quelques tuiles tomber dans la cour de l'immeuble. 6. La sécheresse fut terrible ; de nombreuses antilopes mourir de soif.

4 *Copiez les phrases en écrivant les verbes en bleu au passé composé.* *Difficulté* ■■■

1. L'amitié entre Sonia et Émilie ne pas s'atténuer avec le temps. 2. Le décodeur ne fonctionnait pas ; la famille Raoul se plaindre au vendeur. 3. Le professeur s'absenter pendant une semaine ; nous aller en permanence. 4. Une odeur suspecte s'échapper du hangar de cette usine. 5. Alfred se tromper de quai ; la navette partir sans lui. 6. Malgré des conditions atmosphériques déplorables, l'avion se poser à Roissy. 7. La commune s'efforcer d'embellir le quartier. 8. Lorsque l'orateur s'approcher du micro, l'assistance se taire. 9. Les touristes se promener sur la jetée en admirant les voiliers.

5 *Copiez les phrases en les transformant selon le modèle.* *Difficulté* ■■■

Ex : La publicité abuse parfois les consommateurs.
➔ Les consommateurs sont parfois abusé**s** par la publicité.

1. Des piliers en béton soutiennent une dalle imposante. 2. Le joueur d'échecs déplace la reine après de longues réflexions. 3. Le professeur corrige toujours les exercices très rapidement. 4. L'architecte définit les grandes lignes du projet d'aménagement de la zone piétonne. 5. Les enquêteurs étudient toutes les pistes possibles. 6. Des cuisiniers de renom préparent les plats qui seront servis lors du banquet de fin d'année.

Pour terminer (10 min)

Copiez les phrases en accordant les participes passés des verbes en bleu.

1. Les syndicats ne sont pas opposer à l'ouverture de négociations.
2. La réélection du Président a été proclamer dès vingt heures.
3. À l'approche de Noël, les magasins étaient envahir par une foule d'acheteurs.
4. Les citernes ont été vider avant d'être nettoyer.
5. La place Danton est devenir le terrain favori des boulistes.
6. Après une petite halte dans l'oasis, la caravane est repartir à travers les dunes.
7. Deux cents candidats sont inscrire au Jeu de la Chance.
8. Nadia s'est assurer contre le vol et l'incendie.
9. Les éléphants se sont vautrer dans l'eau boueuse avec un plaisir évident.
10. Cette jument est particulièrement soigner par son lad et son jockey.

Expression écrite

Dans le cadre d'un voyage organisé par son collège, Marie visite Rome. Elle écrit une carte postale à son amie Gaëlle.

Vous emploierez le verbe **être** à la 1re personne du singulier du présent de l'indicatif suivi de participes passés choisis parmi les verbes suivants : aller - entrer - revenir - rester - partir - parvenir - retourner - tomber - survenir.

25 Le participe passé employé avec l'auxiliaire avoir

Pour débuter

Trouvez le participe passé qui convient pour compléter chaque phrase.

1 Mes amies ont … de venir me voir.

a) promis
b) promises
c) promise

2 Sylvie a … son nom dans la marge.

a) inscrite
b) inscrit
c) inscritent

3 La sonde spatiale a … des signaux depuis Mars.

a) émise
b) émis
c) émises

4 Les lettres, je les ai … hier.

a) écrites
b) écrit
c) écrite

5 Cette toile, l'artiste l'a … en quelques jours.

a) peinte
b) peintes
c) peint

À retenir

• Le **participe passé** employé avec l'auxiliaire « **avoir** » ne **s'accorde jamais** avec le sujet du verbe.
L'électeur a voté dès l'aube. L'électrice a voté dès l'aube.
Les électeurs ont voté dès l'aube. Les électrices ont voté dès l'aube.

• Le **participe passé** employé avec l'auxiliaire « **avoir** » **s'accorde** avec le complément d'objet direct (COD) du verbe, seulement si celui-ci est placé avant le participe passé.
Pour trouver le COD, on pose la question « qui ? » ou « quoi ? » après le verbe et on cherche le nom que remplace le pronom.
J'ai choisi des chaussettes.
J'ai choisi **quoi** ? **des chaussettes**
COD placé après le verbe ➔ pas d'accord
Voici les chaussettes que j'ai choisies.
J'ai choisi **quoi** ? **que** mis pour **les chaussettes**
COD placé avant le verbe ➔ accord

• Placé avant le participe passé, le COD est un **pronom**. Il faut toujours chercher le **nom** que remplace le pronom pour accorder le participe passé.
- **pronom personnel**
Leurs erreurs, les élèves les ont corrigées. (**les** mis pour **leurs erreurs**)
Leurs devoirs, les élèves les ont corrigés. (**les** mis pour **leurs devoirs**)
- **pronom relatif**
Les minutes que tu as perdues ne se rattraperont pas.
(**que** mis pour **les minutes**)
Le temps que tu as perdu ne se rattrapera pas.
(**que** mis pour **le temps**)

• Il arrive parfois que, dans une question, le COD soit placé avant le participe passé, dans ce cas il s'accorde.
Quels obstacles avez-vous rencontrés ?
COD ➔ **quels obstacles**

Attention

• Le participe passé précédé de **en** est invariable.
Ces disques, j'en ai écouté beaucoup.

• Le participe passé employé avec l'auxiliaire **avoir** ne s'accorde pas avec le complément d'objet indirect placé avant le verbe.
Voici les documents dont je t'ai parlé.

Exercices

1 Conjuguez les verbes en bleu au passé composé, puis au plus-que-parfait. Pour les 3es personnes vous choisirez des noms sujets. *Difficulté ■□□*

1. réussir un concours
2. réciter une leçon
3. prédire l'avenir
4. recevoir un SMS

2 Dans ces phrases, encadrez les compléments d'objet directs et écrivez les verbes en bleu au passé composé. Faites les accords nécessaires. *Difficulté ■■□*

1. Lorsque Véronique prendre sa retraite, elle regagner son village natal. 2. Le Vésuve fasciner les Romains surtout lorsqu'il ensevelir la ville de Pompéi. 3. Alec remplir les imprimés, puis il les adresser à la mairie. 4. Samuel chercher bien loin les clés qu'il oublier sur son bureau. 5. Les joueurs marquer deux essais que Farid transformer. 6. Pendant longtemps, les mines de charbon du nord de la France constituer une activité importante, mais on les fermer progressivement.

3 Répondez affirmativement à ces questions. Les verbes seront conjugués au passé composé. *Difficulté ■■■*

Ex : Les passagers ont-ils récupéré leurs bagages ? → Oui, ils les ont récupérés.

1. Ai-je rempli tous les formulaires ? 2. Les invités ont-ils apprécié les tartes ? 3. Avons-nous eu l'autorisation de sortir ? 4. Avez-vous parlé de cet incident à vos parents ? 5. Les agriculteurs ont-ils labouré leurs champs ? 6. As-tu déjà mangé des escargots ? 7. Andréa a-t-elle essayé ces modèles ?

4 Copiez ces phrases en écrivant les noms en bleu au pluriel et accordez comme il convient. *Difficulté ■■■*

1. Après avoir changé le pneu, le pompiste l'a gonflé à la bonne pression. 2. L'acteur a appris par cœur le texte qu'il a lu et relu pendant des heures. 3. Le vase chinois s'est brisé ; l'enfant l'a malencontreusement heurté. 4. Le vizir qui complotait contre lui, le calife l'a fait arrêter. 5. Le conte de fées que m'a raconté ma grand-mère se termine dans la joie. 6. On a beaucoup regretté le mot qu'on avait prononcé un peu vite. 7. Le poème dont vous m'avez parlé, je l'ai retrouvé dans mon livre de français.

5 Copiez ce texte en accordant les participes passés des verbes en bleu. *Difficulté ■■■*

À cinq heures, des tramways sont arriver dans le bruit. Ils ramenaient du stade de banlieue des grappes de spectateurs percher sur les marchepieds et les rambardes. Les tramways suivants ont ramener les joueurs que j'ai reconnaître à leurs petites valises. Ils hurlaient et chantaient à pleins poumons que leur club ne périrait pas. Plusieurs m'ont faire des signes. L'un m'a même crier : « On les a avoir. » Et j'ai faire : « Oui », en secouant la tête. À partir de ce moment, les autos ont commencer à affluer.

D'après Albert Camus, *L'Étranger*, Gallimard, 1942.

Pour terminer

10 min

Copiez ces phrases en écrivant les verbes en bleu au passé composé. Accordez comme il convient.

1. Mathilde boire une cuillère de sirop contre la toux.
2. Tu tenir à nous accompagner jusqu'à la gare.
3. Les résultats du cross ne donner lieu à aucune contestation.
4. Les photographies que le reporter prendre en Iran sont magnifiques.
5. Nous acheter des provisions que nous placer dans le réfrigérateur.
6. Je vous recommande l'émission que je voir la semaine dernière.
7. Ce chanteur, par sa simplicité, conquérir tout le public venu l'applaudir.
8. Ces recherches, le savant les effectuer seul.
9. Combien de messages écouter-vous ?
10. Les lunettes que je choisir me vont à merveille.

Dictée préparée

Joseph Buquet disait qu'il avait vraiment vu le fantôme. L'étrange apparition qu'il avait poursuivie avait disparu comme par magie. L'image qu'il avait aperçue était celle d'une silhouette squelettique, une forme vêtue de noir. Par la suite, beaucoup dirent qu'ils avaient également rencontré le fantôme.

D'après Gaston Leroux, *Le Fantôme de l'Opéra*, 1910.

A Relevez les participes passés employés avec l'auxiliaire avoir et expliquez leurs terminaisons.

B Recopiez les mots qui ont un accent circonflexe.

Bilan n°5

21. Le verbe et son sujet 22. Le verbe et son sujet : cas particuliers
23. Le participe passé employé comme adjectif
24. Le participe passé employé avec l'auxiliaire être
25. Le participe passé employé avec l'auxiliaire avoir

Exercices

1 *Écrivez les verbes en bleu au présent de l'indicatif et soulignez leur sujet.*

1. Te rappeler-tu tes années d'école maternelle ? 2. Dans la cour du collège, les élèves se ranger dès que la sonnerie retentir. 3. Milène et Vanessa ne savoir pas que le professeur vouloir leur parler. 4. La rue être barrée, les autobus faire un détour. 5. Les vendeuses qui servir les clients les aider aussi à emballer leurs achats. 6. Au square, les balançoires et le toboggan attirer beaucoup de monde. 7. Parfois, tu renverser le gobelet de peinture et tout le monde éclater de rire. 8. Nous tracer des polygones et nous les peindre de couleurs éclatantes. 9. 16 h 30, c'est l'heure à laquelle arriver les cars de ramassage.

2 *Réécrivez les phrases 2, 4, 5, 6, 8 et 9 de l'exercice précédent en mettant les verbes en bleu au passé composé. Vous veillerez à bien orthographier les participes passés.*

3 *Écrivez les phrases suivantes en remplaçant le mot, ou le groupe de mots, en bleu par le pronom personnel qui convient. Vous effectuerez les modifications nécessaires.*

Ex : Cédric a accepté nos excuses.
➔ Cédric les a acceptées.

1. J'avais obtenu les résultats. 2. Le professeur a distribué les devoirs de mathématiques. 3. Emmanuel et Sébastien ont retrouvé leurs amis du club « théâtre ». 4. Quand je suis entré en 6e, mes parents m'ont acheté de nouvelles étagères. 5. C'est au centre aéré que j'ai connu tous mes amis. 6. Nous avons oublié les mauvais souvenirs de notre petite enfance.

4 *Écrivez les phrases suivantes en mettant les verbes en bleu au participe passé.*

1. Fatiguer de leur journée, les randonneurs se sont coucher de bonne heure. 2. La nostalgie que vous avez éprouver, quand vous avez penser à vos vacances, montre que vous avez être satisfaits. 3. À vingt heures, tous les clients ont quitter le centre commercial et sont rentrer chez eux. 4. Nous avons passer nos étés au bord de la mer et les photos que j'ai garder sont merveilleuses. 5. La maison que nous avions louer était petite mais très agréable.

Dictée préparée

Stéphanie raconte…

Pour le Carnaval, j'étais costumée en chirurgien. J'avais pris soin de passer une blouse bleue et de porter un masque en tissu qui me cachait la moitié du visage. Lorsque mes amies m'ont vue, elles étaient étonnées car aucune n'avait pensé à une tenue aussi originale. Elles étaient toutes revêtues de longues robes blanches qui leur descendaient jusqu'aux pieds. Ainsi habillées, elles faisaient plutôt penser à des fantômes qu'à des médecins.

A *Relevez les verbes conjugués et précisez leur sujet.*

B *Relevez les participes passés et expliquez leur terminaison.*

C *Relevez les adjectifs qualificatifs et indiquez le nom avec lequel ils s'accordent.*

Expression écrite

5 *Suivez l'exemple proposé et rédigez des phrases à partir des éléments donnés.*

Ex : J'ai mis des fleurs dans un vase.
➔ Les fleurs que j'ai mises dans un vase sont déjà fanées !

1. Nous avons lu des romans policiers.
2. Elle a rangé ses affaires.
3. Le géologue a découvert des fossiles.
4. Son parrain lui a offert une nouvelle console de jeu.
5. Vous avez préparé le contrôle d'anglais.
6. Mes amies ont gagné des CD.

6 *Racontez, en un paragraphe de huit lignes, une rencontre inoubliable.*

Vous écrirez à la 1re personne et les verbes seront au passé composé.
Vous emploierez à deux reprises le groupe « que j'ai » suivi d'un participe passé.

7 *Un groupe de quinze adolescents visite une ferme expérimentale. L'un d'eux raconte, en une dizaine de lignes, ce qu'il a vu.*

Les verbes seront au passé composé ; vous utiliserez comme sujets les mots : peu, la plupart et beaucoup.
Vous emploierez, sans en modifier l'orthographe, les propositions « que j'ai senties » et «que j'ai suivis ».

Exploitation du test ➔

Repérez les numéros des questions sur lesquelles vous avez fait des fautes.

Révisez les leçons correspondantes et assurez-vous que vous avez bien compris en refaisant les exercices de ces leçons :

questions 1, 4, 6, 7
➔ leçon 21 ➔ Le verbe et son sujet

questions 2, 3, 5
➔ leçon 22 ➔ Le verbe et son sujet : cas particuliers

questions 8, 10
➔ leçon 23 ➔ Le participe passé employé comme adjectif

questions 9, 13, 15, 16, 17
➔ leçon 24 ➔ Le participe passé employé avec l'auxiliaire être

questions 11, 12, 14, 18, 19, 20
➔ leçon 25 ➔ Le participe passé employé avec l'auxiliaire avoir

10 min Test

Difficulté ■□□

1 ***Arnaud et Capucine … le parquet.***
a. cire b. cires c. cirent

2 ***Émilie et moi … voir le CPE.***
a. irai b. irons c. iront

3 ***…-tu ta chemise jaune demain ?***
a. Mettrat b. Mettras c. Mettra

4 ***Rachid a des lunettes ; il les … souvent.***
a. oublie b. oublies c. oublient

5 ***Beaucoup d'élèves du collège … à 16 h.***
a. finit b. finis c. finissent

6 ***Faire de son mieux : voilà qui … le plus important.***
a. ai b. es c. est

7 ***Ce sont mes frères qui … tous les tournois.***
a. remporte b. remportes c. remportent

8 ***Vos devoirs …, vous pouvez allumer l'ordinateur.***
a. terminé b. terminés c. terminaient

9 ***Les remparts … pendant la Première Guerre mondiale.***
a. ont été détruit b. ont étés détruits
c. ont été détruits

10 ***Ils avançaient, … sous un drap comme des fantômes.***
a. dissimulaient b. dissimulé c. dissimulés

11 ***Elles ont … le programme de leur spectacle.***
a. affiché b. affichée c. afficher

12 ***C'est la tourterelle que tu as … .***
a. apprivoisé b. apprivoiser c. apprivoisée

13 ***Le ciel était … d'éclairs.***
a. sillonné b. sillonnés c. sillonnait

14 ***Ce sont les bottes que j'ai … dans un catalogue.***
a. vu b. vus c. vues

15 ***Les oiseaux migrateurs sont … vers les pays chauds.***
a. parti b. partis c. partient

16 ***Toutes les portes étaient … et le voleur est … quand même.***
a. fermé / entré b. fermées / entrées
c. fermées / entré

17 ***Nous sommes … en nage du cours d'EPS.***
a. revenu b. revenue c. revenues

18 ***Les policiers ont … des empreintes.***
a. relevé b. relevés c. relevées

19 ***Samantha a … les chaussures et elle les a … .***
a. essayé / acheté b. essayée / achetée
c. essayé / achetées

20 ***Voici les journaux que vous avez … .***
a. oublié b. oubliés c. oubliez

Pour aller plus loin

Difficulté ■■■

1 ***…-elles votre grand-mère ?***
a. Connaissait b. Connaissaient c. Connaissez

2 ***Tu achètes deux baguettes de pain et tu les … chez toi.***
a. dépose b. déposent c. déposes

3 ***C'est toi qui … l'énigme.***
a. résous b. résoud c. résout

4 ***Nombre de collégiens … un sport.***
a. pratique b. pratiques c. pratiquent

5 ***Ni Aymeric ni Régis ne … au spectacle de fin d'année.***
a. participe b. participes c. participent

6 ***C'est moi qui … le dernier chocolat de la boîte.***
a. prend b. prends c. prenait

7 ***Je crois que c'est toi qui les … d'habitude.***
a. raccompagne b. raccompagnes
c. raccompagnent

8 ***Du sol … deux sources.***
a. jaillit b. jaillissaient c. jaillira

9 ***Les élèves de 5e sont … de leur journée au Futuroscope.***
a. enchanter b. enchanté c. enchantés

10 ***Leslie te rendra les stylos qu'elle t'a … .***
a. emprunté b. empruntés c. empruntée

11 ***Vous nous avez bien … .***
a. aidé b. aidés c. aidée

12 ***J'ai téléphoné à Gloria et je lui ai … son aide.***
a. demander b. demandé c. demandée

13 ***Nous avons … une rue qui nous a … au collège.***
a. prit / ramené b. pris / ramené
c. pris / ramenés

14 ***J'ai … des livres par Internet et je les ai … rapidement.***
a. commandé / reçu b. commandés / reçus
c. commandé / reçus

15 ***Les glaces que nous vous avons … ont … .***
a. rapporté / fondu b. rapportées / fondues
c. rapportées / fondu

16 ***Ont-ils … l'invitation que nous leur avons … ?***
a. eu / adressé b. eue / adressée
c. eu / adressée

17 ***Elles ont … leurs chiens qui ne leur ont pas … .***
a. appelé / obéi b. appelées / obéis
c. appelé / obéies

18 ***Il lui restait des bijoux que sa mère avait … .***
a. porté b. portés c. portée

19 ***Tu les as … … sur leur travail.***
a. vu penché b. vu penchés c. vus penchés

20 ***Mes cousins m'ont … et je leur ai … .***
a. écrit / répondu b. écrit / répondus
c. écrits / répondus

26

-er / -é, -ée, -és, -ées / -ez

Pour débuter

***Trouvez le mot par lequel on peut remplacer** le mot en bleu.*

1. Les élèves ont terminé leur travail.

   a) finir
   b) fini
   c) finis

2. Pour décorer le sapin de Noël, vous achetez de nombreuses boules.

   a) garni
   b) garnir
   c) garnies

3. Jules a égaré ses papiers d'identité.

   a) perdu
   b) perdre
   c) perdit

4. Les assiettes placées sur la table sont en porcelaine de Limoges.

   a) mises
   b) mis
   c) mettre

5. Si la charge est trop lourde, le câble va se casser.

   a) rompu
   b) rompi
   c) rompre

À retenir

Lorsqu'on entend **(é)** à la fin d'un verbe du 1er groupe, plusieurs terminaisons sont possibles.

• **-er** si le verbe est à l'infinitif :
Nous allons fermer la porte. *Pour fermer la porte, pousse le verrou.*

• **-é**, **-ée** s'il s'agit du participe passé :
Nous avons fermé la porte. *La porte fermée, tu es tranquille.*

• **-ez** s'il s'agit de la terminaison de la 2e personne du pluriel :
Vous fermez la porte brusquement.

Astuce

• Pour distinguer les diverses terminaisons des verbes du 1er groupe, on peut essayer de remplacer par un verbe du 2e ou du 3e groupe pour lequel on entend nettement la différence.
Nous allons fermer la porte. → *Nous allons ouvrir la porte.*
(donc **fermer** est à l'infinitif.)
La porte fermée, tu es tranquille. → *La porte ouverte, tu es tranquille.*
(donc **fermée** est un participe passé.)

• Même si le sens n'est pas le même, il est préférable, par souci d'efficacité, de choisir toujours le même verbe pour effectuer cette substitution. Par exemple : **prendre**, **pris** ou **prenez**.
Nous allons prendre la porte. Pour prendre la porte, pousse le verrou.
Nous avons pris la porte. La porte prise, tu es tranquille.
Vous prenez la porte brusquement.

Attention

Le participe passé terminé par **-é** peut s'accorder

• s'il est employé comme adjectif :
le portail fermé ; la porte fermée ; les volets fermés ; les fenêtres fermées

• s'il est employé avec l'auxiliaire **être** :
Les volets sont fermés. *Les portes sont fermées.*

• s'il est employé avec l'auxiliaire **avoir** et si le COD est placé avant le participe passé :
J'ai rouvert les volets que tu avais fermés. *Les portes, les as-tu bien fermées ?*

Exercices

1 *Transformez les phrases selon le modèle.* *Difficulté* ■□□

Ex : Quentin a campé au bord de la mer. → Quentin va camper au bord de la mer.

1. Ce nageur a égalé le record du monde du 100 mètres brasse. 2. Vous avez dégusté une succulente crème brûlée. 3. Exceptionnellement, le supermarché a fermé ses portes à 22 heures. 4. Au printemps, la nature s'est éveillée lentement. 5. Ce problème a nécessité des calculs compliqués.

2 *Copiez les phrases en remplaçant les infinitifs en bleu par des infinitifs de verbes du 1er groupe de votre choix.* *Difficulté* ■■□

1. Pour divertir les enfants, le clown perd son pantalon. 2. L'avare cherche un endroit pour enfouir son trésor. 3. Comment répartir équitablement tous ces cadeaux ? 4. Le fermier laisse le bétail paître, même en hiver. 5. Tu ne pourras pas prétendre que cette histoire est imaginaire. 6. Pour bâtir les Pyramides, les Égyptiens ont utilisé des techniques spéciales.

3 *Copiez les phrases en remplaçant les participes passés en bleu par des participes passés de verbes du 1er groupe de votre choix.* *Difficulté* ■■□

1. Ophélie a confondu ces deux numéros de téléphone. 2. William a fendu sa planche de skate. 3. Avant de prendre sa décision, le directeur a beaucoup réfléchi aux conséquences possibles. 4. En attendant son tour chez le dentiste, Charline a lu un magazine. 5. Savez-vous comment Hercule a saisi le taureau crétois de Minos ? 6. Les larmes de l'actrice ont ému tous les spectateurs. 7. Corentin a pris son bol de chocolat d'un trait.

4 *Copiez les phrases en remplaçant « fait » ou « faire » mis en bleu par un des verbes de cette liste que vous écrirez à l'infinitif ou au participe passé.* *Difficulté* ■■□

décider - dessiner - effectuer - fabriquer - nettoyer - peser - provoquer - rédiger

1. Justine ne veut rien faire avant d'avoir étudié toutes les solutions possibles. 2. Armand a fait son garage avec beaucoup de soin. 3. La petite sœur de Steven a fait la maison de ses rêves. 4. L'ouragan a fait des dégâts considérables dans la forêt landaise. 5. Pour faire un violon, il faut des mois de patience. 6. Pour faire un saut parfait, ce perchiste prend beaucoup d'élan. 7. Vous ne pourrez pas déplacer cette malle, elle doit faire au moins deux cents kilos. 8. Lucas a fait son rapport en utilisant un traitement de texte.

5 *Copiez les phrases en employant les verbes en bleu à l'infinitif, au participe passé ou à la 2e personne du pluriel du présent de l'indicatif. Attention à l'accord des participes passés.* *Difficulté* ■■■

1. La décision n'a pas enchanter tout le monde, beaucoup de dents ont grincer. 2. Quand la digue sera achever, on pourra irriguer tous les champs de haricots. 3. Les supporters ont défiler en brandissant des fanions pour encourager leur équipe. 4. Vous vous acharner en vain sur ce travail et pourtant vous refuser notre aide. 5. Œdipe a trouver la solution de l'énigme poser par le Sphinx. 6. Les objets que vous avez trouver à la brocante n'ont pas une grande valeur.

Pour terminer — 10 min

Complétez avec l'infinitif, le participe passé ou la 2e personne du pluriel du présent de l'indicatif des verbes en bleu. Attention aux accords.

1. Mozart a composer sa première symphonie à l'âge de huit ans.
2. Pour planter des centaines de fleurs dans le parc municipal, les jardiniers n'ont pas chômer.
3. Maxence a glisser sur le sol geler ; il s'est fouler la cheville.
4. Le professeur a distribuer les rédactions qu'il a corriger hier.
5. Ces copies de tableaux sont très bien imiter ; on a du mal à distinguer le vrai du faux.
6. Un bon mime doit contrôler tous ses mouvements.
7. Les personnes sans billet ne sont pas autoriser à monter dans le train.
8. Pour déplacer ce tas de sable, vous empoigner une pelle et vous retrousser vos manches.
9. Afin de préserver sa voix, cette cantatrice a toujours éviter les courants d'air.
10. Vous traverser les rues sur les passages protéger.

Dictée préparée

Une aubergiste pense que son client est un fantôme et elle fait appel à M. Wadgers, le forgeron.

« Laissez-le dehors. Fermez la porte. Ne le laissez plus entrer. Je m'en doutais… J'aurais dû savoir… Avec ses gros yeux, sa tête couverte de bandes… » M. Wadgers s'intéressa très vivement à l'affaire. On lui demanda de passer le premier jusqu'à la chambre, mais il ne paraissait pas très pressé.

H.G. Wells, *L'Homme invisible*, 1897.

A *Relevez les verbes conjugués ; précisez leur mode et leur temps.*

B *Relevez les infinitifs et indiquez leur groupe.*

27 -i, -is, -it / -u, -us, -ut

Pour débuter

***Trouvez le mot par lequel on peut remplacer** le mot en bleu.*

1 Martial a vécu deux ans en Italie.

a) habité
b) vit
c) vivra

2 Stéphanie lut son texte d'une voix assurée.

a) lisait
b) corrigé
c) appris

3 Blotties sous terre, les marmottes attendent le printemps.

a) Blottissent
b) Blottir
c) Endormies

4 Tu refroidis ton café avec un peu de lait.

a) réchauffé
b) refroidissais
c) refroidies

5 Le lièvre fuit au premier coup de feu.

a) fuira
b) couru
c) parti

À retenir

• Lorsqu'on entend le son (**i**) ou le son (**u**) à la fin d'une forme verbale, il peut s'agir :

- du **verbe conjugué** qui prend alors les terminaisons de son temps.

présent de l'indicatif

finir	*Je finis mon travail.*	*sourire*	*Je souris à mes amis.*
	Tu finis ton travail.		*Tu souris à tes amis.*
	Il finit son travail.		*Il sourit à ses amis.*

passé simple

lire	*Je lus des livres.*	*partir*	*Je partis à l'aube.*
	Tu lus des livres.		*Tu partis à l'aube.*
	Elle lut des livres.		*Elle partit à l'aube.*

- du **participe passé** terminé par **-i** ou **-u** qui s'accorde éventuellement.

finir	*J'ai fini mon travail.*	*sourire*	*J'ai souri à mes amis.*
	Tu as fini ton travail.		*Tu as souri à tes amis.*
	Elle a fini son travail.		*Elle a souri à ses amis.*
lire	*Voici les livres que j'ai lus.*	*partir*	*Je suis parti à l'aube.*
	Voici les livres que tu as lus.		*Tu es parti à l'aube.*
	Voici les livres qu'il a lus.		*Il est parti à l'aube.*

• Le participe passé employé comme adjectif s'accorde.
une récompense attendue *des travaux finis* *des pelouses tondues*

Astuce

• Pour distinguer toutes ces formes, on peut essayer de les remplacer par une autre forme verbale, conjuguée à l'imparfait par exemple. Si c'est possible, il s'agit d'un **verbe conjugué**.
Alban dormit sur ses deux oreilles. → *Alban dormait sur ses deux oreilles.*
Jules César connut la gloire. → *Jules César connaissait la gloire.*

• Dans le cas contraire, il s'agit du **participe passé** en **-i** ou en **-u**.
Alban a dormi sur ses deux oreilles. *J'ai réagi vivement.*
Jules César a connu la gloire. *des personnes très connues*

• Certains participes passés se terminent par **-is** ou **-it**, au masculin singulier.
un homme surpris ; un candidat admis ; un texte écrit

Pour ne pas se tromper, on peut mettre le participe passé au féminin afin d'entendre la lettre finale.
une femme surprise ; une candidate admise ; une demande écrite

Exercices

1 ***Copiez les phrases en écrivant les verbes en bleu au présent de l'indicatif.*** *Difficulté* ■□□

1. Fleurie, la salle de restaurant séduisait les invités. 2. Je remplissais la carafe à ras bord. 3. La gendarmerie interdisait aux automobilistes de s'engager sur ce pont. 4. Milène nourrira ses perruches avec des grains de millet. 5. Géraldine nous dira peut-être la vérité. 6. Le règlement intérieur proscrivait l'usage des baladeurs au collège. 7. Marcel traduira un roman américain. 8. Il suffira d'une gousse de vanille pour donner du goût à cette crème.

2 ***Accordez les participes passés des verbes en bleu employés comme des adjectifs.*** *Difficulté* ■■□

1. bouillir	une poule …	du bœuf …	des pommes de terre…
2. avertir	des parents …	un principal …	des personnes …
3. interrompre	un film …	une émission …	des festivités …
4. vendre	une maison …	un appartement …	des produits …
5. farcir	un chou …	une tomate …	des courgettes …
6. coudre	un ourlet …	des boutons …	des poches …

3 ***Écrivez les verbes en bleu aux temps de l'indicatif et aux personnes demandés.*** *Difficulté* ■■□

	présent	*passé simple*	*passé composé*
1. suivre	elle …	elle …	elle …
2. finir	tu …	tu …	tu …
3. atterrir	on …	on …	on …
4. agir	il …	il …	il …
5. applaudir	elle …	elle …	elle …
6. lire	Théo …	Théo …	Théo …
7. boire	je …	je …	je …

4 ***Copiez ces phrases en complétant par le participe passé ou le verbe conjugué au présent de l'indicatif des verbes en bleu. Essayez de remplacer par une forme à l'imparfait.*** *Difficulté* ■■□

1. Son chariot bien garnir, Virginie quitte le supermarché. 2. Vous ne pouvez plus porter ces vêtements jaunir. 3. Servir avec un brin de persil, la truite est savoureuse. 4. Fernand conclure un accord avec son propriétaire ; il pourra utiliser le garage. 5. Freins rompre, le camion fou franchir la ligne blanche continue. 6. L'ogre engloutir des dizaines de moutons à chaque repas. 7. Genoux fléchir, le gymnaste amortir la réception de son saut. 8. L'ensemble de la classe élire les deux délégués, ainsi que leurs suppléants.

5 ***Copiez ces phrases en complétant par le participe passé ou le verbe conjugué au passé simple des verbes en bleu. Essayez de remplacer par une forme à l'imparfait.*** *Difficulté* ■■■

1. En répondant au hasard, Mélissa a perdre une bonne occasion de se taire. 2. Pourquoi as-tu confondre ces deux panneaux ? 3. À peine une minute après son décollage, l'avion disparaître dans le brouillard. 4. Au premier coup d'œil, je savoir que j'avais commettre une erreur. 5. Le chirurgien a réduire la fracture en quelques minutes. 6. Le vendeur vous a consentir une réduction car la tringle de rideau était tordre. 7. Le drame des réfugiés soudanais a émouvoir l'opinion mondiale.

Pour terminer 10 min

Complétez avec le participe passé ou une forme conjuguée du verbe en bleu. Vous choisirez le présent de l'indicatif ou le passé simple, selon le sens.

1. Aujourd'hui, on ne bâtir plus guère de maisons en pierres de taille.
2. L'émission est interrompre par une panne d'électricité.
3. Ce groupe de rock a séduire son jeune public.
4. Les légumes cuire à l'eau sont réduire avec une noisette de beurre.
5. Produire en grande quantité, ces objets ne sont pas très chers.
6. Après qu'il eut longuement réfléchir, Yvon prendre une sage décision : il renoncer.
7. La trapéziste apparaît vêtir d'un justaucorps à paillettes.
8. Après avoir bien lire les instructions, Jordan les a suivre.
9. Lorsqu'il a apercevoir le drap blanc, Renaud croire qu'il s'agissait d'un fantôme.
10. Tu enrichir ton texte avec des adjectifs bien choisir.

Expression écrite

Rédigez un paragraphe de huit lignes dans lequel vous raconterez la découverte d'un trésor.

Votre récit commencera par « John Smith s'approcha de l'arbre, sa pelle à la main… ». Vous emploierez, au passé simple de l'indicatif, cinq verbes parmi ceux de la liste suivante :
connaître - courir - croire - devoir - finir - partir - pouvoir - ralentir - surgir - vouloir.

28 a / à / as

Pour débuter

Trouvez le mot par lequel on peut remplacer le mot en bleu.

1. Le détecteur de métaux a bien fonctionné.

   a) de
   b) par
   c) avait

2. Pouvez-vous me prêter votre machine à calculer ?

   a) avait
   b) de
   c) pour

3. Le spectacle est magnifique, chacun en a pour son argent.

   a) de
   b) sur
   c) aura

4. Quand viendrez-vous à la maison ?

   a) avait
   b) dans
   c) était

5. Après ta chute, tu as mal au bras.

   a) pour
   b) avais
   c) était

À retenir

• **a**, sans accent, est la forme de la 3e personne du singulier du verbe **avoir** au présent de l'indicatif.
Jean a une bonne note.

• **a** est aussi l'auxiliaire **avoir** lorsqu'un verbe est conjugué au passé composé.
Jean a obtenu une bonne note.

• On écrit **a**, sans accent, quand on peut le remplacer par **avait**, **aura**, **avaient**…, c'est-à-dire une autre forme du verbe **avoir**.
Jean avait une bonne note. *Jean aura une bonne note.*
Jean avait obtenu une bonne note. *Jean aura obtenu une bonne note.*
Dans tous les autres cas, il faut placer un accent.

• **à**, avec un accent grave, est une **préposition**. Elle s'emploie pour marquer
le lieu : *aller à Bordeaux*
le temps : *partir à dix heures*
l'appartenance : *parler à James*
le but : *une machine à laver*
la manière : *jouer à la belote*
la caractéristique : *une nappe à carreaux*

On peut parfois remplacer la préposition **à** par une autre préposition.
partir à dix heures → *partir dès dix heures*
une machine à laver → *une machine pour laver*
parler à James → *parler avec James*

Astuce

• **a**, sans accent, est assez souvent suivi d'un participe passé (emploi de l'auxiliaire **avoir** au passé composé).
Angèle a perdu du temps.

• **à**, avec un accent, est parfois suivi d'un infinitif.
Vous n'avez pas de temps à perdre.

Attention

Il existe une autre forme homonyme **as** qui est la forme de la 2e personne du singulier du verbe **avoir** au présent de l'indicatif.
Tu as les cheveux longs et frisés. → *Tu avais les cheveux longs et frisés.*

Exercices

1 *Copiez les phrases en complétant par a ou à.* *Difficulté ■□□*

1. L'astronome … un télescope surpuissant … sa disposition. 2. Pierrick … mal réglé le volume de son portable ; il n' … pas entendu mon appel. 3. Blanche … toujours rêvé de piloter un avion … réaction. 4. Arrivé … vingt mètres du carrefour, Émilio … enfin aperçu le panneau *Stop*. 5. Le patineur … exécuté sa triple boucle … la perfection. 6. Je t'accompagnerais … la piscine … la condition que tu m'apprennes … nager. 7. Baptiste … offert un bouquet de fleurs … sa femme. 8. Claudia … déniché une splendide petite table … la foire … la brocante.

2 *Copiez les phrases en complétant par a, as ou à.* *Difficulté ■□□*

1. Brutus n' … plus rien … manger ; Clément … oublié de remplir sa gamelle. 2. Pourquoi n' … -tu rien … faire ? 3. L'automne tire … sa fin ; la neige … fait son apparition. 4. Séverine … longuement choisi son nouveau rouge … lèvres. 5. L'hirondelle … retrouvé son nid ; personne ne l' … détruit en son absence. 6. Pour arriver … l'heure, mieux vaut partir … temps. 7. Djamel est … court d'argent liquide, heureusement il … trouvé un distributeur. 8. Tu … froid aux mains parce que tu … oublié tes gants.

3 *Copiez les phrases en écrivant les verbes en bleu au présent de l'indicatif.* *Difficulté ■■□*

1. La princesse royale avait dix personnes à son service, mais elle n'était pas heureuse pour autant. 2. Après beaucoup d'efforts, le plombier avait pu réparer la vidange de la baignoire. 3. Ce vétérinaire avait acquis une excellente réputation dans le canton. 4. Le journaliste avait rédigé l'article qu'il devait remettre à son rédacteur en chef. 5. Au premier coup de frein, le camion avait dérapé et il avait terminé sa course dans le fossé. 6. En choisissant ce lampadaire, Ninon aura un éclairage de qualité. 7. Papino aura soixante-dix ans ; à cette occasion, ses petits-enfants lui feront un cadeau. 8. La médaille du Travail avait été remise à cet employé méritant.

4 *Complétez les expressions avec a ou à. Vouscopierez les phrases en remplaçant les mots en bleu par les expressions que vous avez complétées.* *Difficulté ■■■*

… la tête du peloton	*… tête reposée*	*en tête … tête*
… tue-tête	*la tête … l'envers*	*mal … la tête*
donner sa tête … couper	*… la tête*	

1. Andréa et Philippe se sont assis l'un en face de l'autre. 2. Le général était le chef d'une immense armée. 3. Cet enfant crie de toutes ses forces. 4. Tu cherches depuis si longtemps la solution que tu as l'esprit troublé. 5. Le cycliste italien s'est porté en première position. 6. Victor est convaincu qu'il sera élu. 7. Sophie finira son devoir au calme. 8. Maxence passa la journée au soleil, sans chapeau ; maintenant il a une barre douloureuse sur le front.

Pour terminer (10 min)

Copiez ces phrases en complétant avec a, as ou à.

1 Il n'… qu'… travailler et il réussira.

2 Harold … envoyé une longue lettre … son ami Dimitri.

3 Il … … préparer une grosse valise car il part à l'étranger.

4 Tu … tenu … rassurer tes parents qui commençaient … s'inquiéter.

5 Qu'…-t-elle … demander … son professeur ?

6 Lydie n'… pas réussi … dormir et, ce matin, elle … les traits tirés.

7 Cet argument … fait mouche, tu n'… plus rien … dire.

8 On dit que celui qui … de grandes jambes … des facilités pour courir.

9 Richard … appuyé sur la mauvaise touche ; tout … été effacé et il n'… plus qu'… recommencer.

10 Le bijoutier … réussi … réparer le bracelet que tu lui … confié.

Expression écrite

Composez cinq expressions imaginaires en associant un nom de la liste 1 à un verbe de la liste 2 (par exemple : une planche à tricoter). Vous pourrez compléter les expressions (une planche à tricoter des cravates).

1. appareil - cuillère - four - gomme - lacet - machine - ordinateur - outil - pelle - stylo - table - tapis

2. attacher - construire - copier - cuire - dessiner - effacer - fabriquer - mélanger - recycler - retourner - tracer - transformer

Vous utiliserez quelques-unes de ces expressions pour décrire ce que l'on pourrait trouver dans un grenier insolite.

29 est / et / es / ai

Pour débuter

Trouvez le mot par lequel on peut remplacer le mot en bleu.

1. Cette maison est à vendre un bon prix.

   a) était
   b) et puis
   c) a

2. Avec quel produit faut-il nettoyer les cuillères et les fourchettes en argent ?

   a) sont
   b) était
   c) et puis

3. Maud arrose ses plantes vertes et elle ajoute un peu d'engrais.

   a) était
   b) et puis
   c) sera

4. J'ai pris un cachet, car je souffrais d'une rage de dents épouvantable.

   a) avais
   b) et puis
   c) étais

5. Tu es la dernière à t'asseoir.

   a) et puis
   b) avais
   c) étais

À retenir

• **est** est la forme de la 3e personne du singulier du verbe **être** au présent de l'indicatif.
Aurélie est de bonne humeur.

• **est** est aussi l'auxiliaire **être** lorsqu'un verbe est conjugué au passé composé.
Aurélie est restée de bonne humeur.

On écrit **est** quand on peut remplacer par **était**, **sera**…, c'est-à-dire une autre forme du verbe **être**.
Aurélie était de bonne humeur.
Aurélie était restée de bonne humeur.

Aurélie sera de bonne humeur.
Aurélie sera restée de bonne humeur.

• **et** est une **conjonction de coordination** qui permet de relier deux groupes de mots ou deux parties d'une phrase.
Le cuisinier ajoute du sel et du poivre dans le civet.
Le cuisinier ajoute du sel et il attend un peu pour poivrer le civet.
On peut souvent remplacer la conjonction **et** par **et puis**.
Le cuisinier ajoute du sel et puis du poivre dans le civet.
Le cuisinier ajoute du sel et puis il attend un peu pour poivrer le civet.

Astuce

En principe, **est** se prononce (**è**) et **et** se prononce (**é**). On devrait pouvoir distinguer ces deux mots oralement.
Néanmoins, comme dans certaines régions on n'entend pas la différence, il vaut mieux essayer de remplacer par **était** ou par **et puis**.

Attention

Il existe deux autres formes homonymes : **ai** et **es**.

• **es** : forme de la 2e personne du singulier du verbe **être** au présent de l'indicatif.
Tu es de bonne humeur. → *Tu étais de bonne humeur.*

• **ai** : forme de la 1re personne du singulier du verbe **avoir** au présent de l'indicatif.
J'ai toujours le sourire aux lèvres. → *J'avais toujours le sourire aux lèvres.*
Le sens de la phrase permet souvent d'éviter une erreur.

Exercices

1 ***Copiez ces phrases en les complétant avec des sujets qui conviennent. Observez bien les accords des participes passés.*** *Difficulté* ■□□

1. … est en stationnement interdit. 2. … et … de cette chanson ont été composées par Norbert. 3. … est à l'écoute de ses patients et il les soigne avec compétence. 4. … est vendue dans des barils de cinq kilos. 5. … est en éruption et les habitants des villages situés sur ses pentes ont très peur. 6. … est partagée en huit morceaux et chacun en aura un. 7. … est arrêté devant la barrière du péage de l'autoroute. 8. … est l'animal idéal pour traverser le désert.

2 ***Copiez cette phrase en utilisant les sujets proposés mais en conservant les temps du modèle.*** *Difficulté* ■□□

Ex : Je suis en voyage et je ne reviendrai que dans deux semaines.

Yorick …	Nous …
Charline…	Tu …
Mes parents …	Le directeur …
Vous …	Olivier …

3 ***Copiez les phrases en écrivant les noms en bleu au singulier et accordez.*** *Difficulté* ■■□

1. Les roses sont écloses et leur doux parfum embaume le jardin. 2. Ces places sont réservées aux handicapés et aux personnes âgées. 3. Ces vestes sont fourrées et confortables ; avec elles, on peut affronter les grands froids. 4. Les clients sont devant la caisse et ils attendent patiemment leur tour. 5. Les poètes sont souvent distraits et ils vivent dans un monde imaginaire. 6. Ces plats de porcelaine sont fragiles et ils craignent le moindre choc.

4 ***Transformez ces expressions maladroites selon l'exemple donné.*** *Difficulté* ■■■

Ex : un petit port abrité → Le port est petit et abrité.

1. une abondante récolte de qualité	2. un célèbre artiste sympathique
3. un admirable tableau de valeur	4. un haut siège pivotant
5. un affectueux chien câlin	6. une affreuse vieille sorcière
7. un appétissant gâteau crémeux	8. une coquette maison isolée
9. un long problème difficile	10. un cordial salut fraternel
11. un cruel animal sauvage	12. un doux tissu pelucheux

5 ***Copiez ces phrases en complétant par est, et, es et ai.*** *Difficulté* ■■■

1. Le nouvel autobus … en service depuis six mois … déjà les voyageurs sont nombreux à l'emprunter. 2. La ligne téléphonique de Clémentine … en dérangement … il … impossible de la joindre. 3. À l'approche de Noël, la vitrine … illuminée … la foule se presse pour admirer les automates. 4. Quand tu … devant ta console de jeux … que tu … absorbé par les images, je n' … aucune possibilité de te distraire. 5. Ce récit … poignant …, toutes les fois que je le relis, j' … les larmes aux yeux. 6. Le candidat … intimidé … le jury ne fait rien pour le mettre à l'aise. 7. Tu … toujours modéré dans tes opinions … ta conversation … agréable.

Pour terminer — 10 min

Copiez ces phrases en complétant avec est, et, es et ai.

1. Mon frère … perdu dans les petites rues de Nice … il cherche son chemin.
2. Le tour de magie … réussi … le public … admiratif.
3. Le chèque … rempli … il ne reste plus qu'à le signer.
4. Le malade … affaibli … il … cloué au lit pour une semaine.
5. Alain s'… trompé de programme de lavage et son linge … décoloré.
6. Ce roman … traduit en vingt-deux langues … il fera un excellent scénario.
7. Le vent … violent … un avis de tempête … affiché à l'entrée de la capitainerie.
8. Lorsque tu … sous la douche, tu chantes volontiers.
9. Trop brutal, ce joueur … radié par la Fédération … il ne disputera plus de compétition.
10. Je n'… jamais piloté de canot à moteur ; plus tard peut-être ?

Expression écrite

6 ***Présentez, en quatre phrases, quatre animaux de votre choix.***

Pour chaque phrase, vous emploierez la conjonction de coordination et ainsi que le verbe être à la 3e personne du singulier du présent de l'indicatif.

7 ***Composez un dialogue entre deux enfants à propos du dernier épisode d'un feuilleton télévisé.***

Votre dialogue comptera dix répliques et vous utiliserez chacun des mots suivants à deux reprises : ai - es - est - et.

30

ont / on / on n'

Pour débuter

Trouvez le mot par lequel on peut remplacer le mot en bleu.

1 Avec ce téléphone portable, on peut envoyer des photos.

a) Sylvia
b) seront
c) avaient

2 Les surveillants ont réparti les élèves dans les salles de permanence.

a) étaient
b) est
c) avaient

3 On vouvoie les personnes âgées.

a) Elle
b) Avaient
c) A

4 Les résultats du Concours ont suscité bien des commentaires.

a) il
b) avaient
c) sont

5 Pour faire du sport, on n'emprunte jamais l'ascenseur.

a) elle n'
b) Jacques
c) avaient

À retenir

• **ont** est la forme de la 3e personne du pluriel du verbe **avoir** au présent de l'indicatif.
Les présentateurs ont la parole facile.

• **ont** est aussi l'auxiliaire **avoir** lorsqu'un verbe est conjugué au passé composé, à la 3e personne du pluriel.
Les présentateurs ont parlé aisément.
On écrit **ont** quand on peut le remplacer par **avaient**, **auront**..., c'est-à-dire par une autre forme du verbe **avoir**.
Les présentateurs avaient la parole facile.
Les présentateurs auront la parole facile.
Les présentateurs avaient parlé aisément.

• **on** est un **pronom personnel indéfini** de la 3e personne du singulier, **toujours sujet d'un verbe**.
On parle avec beaucoup de facilité.
On écrit **on** quand on peut le remplacer par un autre pronom personnel de la 3e personne du singulier ou un nom sujet singulier.
On parle aisément. → *Il parle aisément.*
→ *Elle parle aisément.* → *Le présentateur parle aisément.*

Astuce

Quand **on** est sujet d'un verbe commençant par une voyelle ou un « h » muet, on n'entend pas la différence entre la forme affirmative et la forme négative puisque, dans le premier cas, il y a une **liaison**.

On avance très vite. — *On n'avance pas très vite.*
On hésite un instant. — *On n'hésite pas un instant.*

Pour faire la différence, il faut remplacer **on** par un autre pronom personnel.

Il avance très vite. — *Il n'avance pas très vite.*
Elle hésite un instant. — *Elle n'hésite pas un instant.*

Attention

Dans une langue courante et à l'oral, le pronom personnel indéfini **on** remplace souvent le pronom personnel **nous**.
On sort en retard. → *Nous sortons en retard.*

On désigne alors plusieurs personnes, cependant il entraîne un accord du verbe au singulier.

*Même si quelques écrivains le font, nous recommandons de ne pas accorder le participe passé lorsque le sujet est **on**.*

Exercices

1 ***Copiez les phrases en remplaçant le pronom on par un pronom personnel ou un nom sujet de votre choix.*** *Difficulté* ■□□

1. Par principe, on ne discute pas avec ceux qui sont de mauvaise foi. 2. Prudent, on conduit les deux mains posées sur le volant. 3. Dans un souci de clarté, on précise quelle est notre décision. 4. On déjoue les pièges posés par les examinateurs. 5. Pendant l'interclasse, on se rend au bureau de la vie scolaire. 6. On apprend cette poésie vers après vers. 7. À l'âge de dix-huit ans, on pourra voter comme tous les citoyens.

2 ***Copiez ces phrases en complétant avec on ou ont. Essayez de remplacer par « il » ou « avaient ».*** *Difficulté* ■■□

1. Les programmes qui … un numéro de code, … ne peut pas les copier. 2. Les ingénieurs … prévu l'installation d'une usine ; … devrait trouver plus aisément du travail. 3. Les pays qui … la chance de vivre en démocratie ne sont pas si nombreux. 4. Lorsqu' … prépare un voyage, les ennuis quotidiens n' … plus d'importance. 5. Les joueurs … choisi leur capitaine ; … pense que c'est une bonne solution. 6. … ne recongèle jamais des produits qui l' … déjà été. 7. Les recherches … permis la mise au point d'un nouveau médicament. 8. Quels sont les animaux qui … l'habitude d'hiberner ?

3 ***Copiez ces phrases en complétant avec on ou on n'.*** *Difficulté* ■■□

1. Si … abat seulement cette cloison, … agrandira pas la pièce. 2. … annonce l'arrivée d'une tempête, alors … demande aux pêcheurs de rentrer au port. 3. … pense que le prince épousera une bergère, mais … en est pas certain. 4. À la pétanque, … accable pas le joueur qui vient de manquer son tir. 5. Lorsqu' … observe les étoiles, … arrive pas à imaginer qu'elles soient si lointaines. 6. Comme … a un après-midi de libre, … organise un tournoi de tennis. 7. La nuit, … éteint pas les lampadaires du boulevard ; c'est plus prudent. 8. En principe, … attend pas l'autobus 78 très longtemps.

4 ***Copiez les phrases en écrivant les noms en bleu au pluriel et accordez.*** *Difficulté* ■■■

1. Ce fruit a un aspect peu appétissant ; on n'ose pas le manger. 2. Cet objet a de la valeur, on en prendra le plus grand soin. 3. La banque a baissé ses taux d'intérêt ; les crédits seront moins chers. 4. L'employé municipal a peint les volets de la mairie. 5. Il pleut sur le circuit et le spectateur a les pieds dans la boue. 6. Le professeur d'éducation physique a balisé le parcours de cross ; on ne peut pas se tromper. 7. La baguette cuite au feu de bois a gardé sa saveur d'autrefois.

5 ***Copiez les phrases en remplaçant le pronom sujet nous par le pronom sujet « on » et accordez.*** *Difficulté* ■■■

1. Nous sommes à l'étroit dans ce petit studio, mais nous n'y resterons qu'une semaine. 2. Si nous tendons bien l'oreille, nous entendrons le chant du rossignol. 3. Avant de plonger dans l'eau froide, nous avons pris une douche pour éviter tout accident. 4. Nous avons allumé le barbecue et nous avons fait griller des merguez. 5. Nous avons déneigé les trottoirs et les allées du parc.

Pour terminer 10 min

Complétez ces phrases avec on, ont, on n'.

1. Sur ce portable, … a la possibilité de personnaliser le fond de l'écran.
2. Betty et Dorothée … écouté des CD pendant des heures.
3. Pour qu'un œuf soit à la coque, … ne doit pas le laisser cuire plus de trois minutes.
4. Sans difficulté, … a pu appeler nos cousins de Nouméa ; ils … répondu immédiatement.
5. Les archéologues … répertorié plus de deux cents poteries sur ce site gaulois.
6. … surligne les passages du texte qui … de l'importance.
7. Les organisateurs … tout prévu ; … ne devrait pas avoir de problème pour s'asseoir.
8. Quand … triche au jeu, … a pas d'amis.
9. Malgré de nombreux efforts, … est pas parvenu à ouvrir cette malle.
10. Comme … articule pas tous les mots, … est difficilement compréhensible.

Dictée préparée

Au XVIIIe siècle, un Persan venu à Paris décrit les habitudes des Français.

Je trouve les caprices de la mode, chez les Français, étonnants. Ils ont oublié comment ils étaient habillés cet été ; ils ignorent encore plus comment ils le seront cet hiver. Mais surtout on ne saurait croire combien il en coûte à un mari pour mettre sa femme à la mode.

Montesquieu, *Lettres persanes*, 1721.

A ***Relevez les verbes et précisez leur sujet.***

B ***À quel mot se rapporte l'adjectif « étonnants » ?***

31 sont / son

Pour débuter

Trouvez les mots par lesquels on pourrait remplacer les mots en bleu.

1. Ces vieilles bâtisses sont en ruine.

   a) ses
   b) sa
   c) étaient

2. Valentin chantonne lorsqu'il est dans son bain.

   a) sous sa douche
   b) mouiller
   c) sécher

3. Manuel cache bien son jeu ; il est malin.

   a) sera étonné
   b) étaient reconnus
   c) ses intentions

4. Les élèves sont en vacances dès ce soir.

   a) seront
   b) avaient
   c) ses

5. Les chevaliers sont revêtus d'une armure.

   a) avec sa lance
   b) avaient
   c) étaient

À retenir

• **sont** est la forme de la 3e personne du pluriel du verbe **être** au présent de l'indicatif.
Les joueurs sont au centre du terrain.

• **sont** est aussi l'auxiliaire **être** lorsqu'un verbe est conjugué à un temps composé.
Les joueurs sont arrivés au centre du terrain.

On écrit **sont** quand on peut le remplacer par **étaient**, **seront**…, c'est-à-dire par une autre forme du verbe **être**.
Les joueurs étaient au centre du terrain.
Les joueurs étaient restés au centre du terrain.
Les joueurs seront au centre du terrain.
Les joueurs seront restés au centre du terrain.

• **son** est un **déterminant possessif** singulier. Il peut être remplacé par un autre déterminant possessif. Il est placé devant un nom ou un adjectif. Il indique l'appartenance ou la proximité.
Il a déchiré son maillot. ➔ *Il a déchiré son nouveau maillot.*
Ils ont déchiré leur maillot. ➔ *Tu as déchiré ton maillot.*
Il a déchiré ses maillots. ➔ *J'ai déchiré mon nouveau maillot.*
Il a déchiré son maillot. ➔ *Il a déchiré le sien.*
Régis parle avec son voisin. ➔ *Tu parles avec ton voisin.*

Astuce

La liaison fait parfois apparaître
• le **n** final de **son** :
son (n)avis *son (n)argent* *son (n)haleine* *son (n)usine*

• ou le **t** final de **sont** :
Ils sont (t)à pied d'œuvre. *Les portes sont (t)ouvertes.*

Attention

Même si **son** est un déterminant possessif **masculin**, on le place devant des noms (ou des adjectifs) **féminins**, si ceux-ci commencent par une **voyelle** ou un **h** muet.
son éducation *son histoire* *son ancienne demeure*

Exercices

1 ***Écrivez les verbes en bleu au présent de l'indicatif.*** Difficulté ■□□

1. Les contrôleurs au sol étaient en contact permanent avec l'astronaute. 2. Les nouveaux tronçons d'autoroute seront en service dès le mois prochain. 3. Après l'atterrissage forcé, les passagers étaient heureux d'être encore en vie. 4. Les circonstances de l'accident n'étaient pas claires et les témoins étaient rares. 5. Lundi prochain, les employés de l'usine seront en grève. 6. Les cow-boys étaient à la recherche des voleurs de chevaux.

2 ***Transformez selon l'exemple. Attention aux accords.*** Difficulté ■□□

Ex : Les projecteurs éclairent les gradins.
➔ Les gradins sont éclairés par les projecteurs.

1. Les agents municipaux surveillent les sorties d'école. 2. Les touristes louent des planches à voile. 3. Le service d'ordre écarte les personnes sans billet. 4. Le correcteur orthographique indique les fautes de frappe. 5. Un fou rire général gagne les spectateurs. 6. Ce comédien imite les hommes politiques.

3 ***Copiez les phrases en écrivant les noms en bleu au pluriel et accordez.*** Difficulté ■■□

1. La file d'attente est si longue que le client est mécontent. 2. L'autobus est à l'arrêt devant la gare routière. 3. Le journaliste est à la recherche d'un sujet de reportage. 4. Le feu tricolore est en panne ; les voitures roulent au pas. 5. Ce jouet est à la norme européenne, c'est pourquoi il ne présente aucun risque. 6. Robin est très soigneux, son cahier est toujours bien tenu. 7. La fusée est sur le point de décoller et l'ingénieur est anxieux.

4 ***Copiez les phrases en complétant par sont ou son. Essayez de remplacer par « étaient » ou « mon ».*** Difficulté ■■□

1. Les appartements du château de Versailles … grandioses ; on ne peut qu'admirer l'architecte pour … talent. 2. Le routier vérifie l'arrimage de … chargement ; les sangles … bien tendues. 3. Les lunettes de Juliette ne … plus assez puissantes, elle doit se rendre chez … opticien. 4. Les véhicules … alignés sur la chaîne de montage et chaque ouvrier est à … poste. 5. Les élèves … sortis dès que la sonnerie a retenti ; l'un d'eux a oublié … sac en classe. 6. Durant la période des soldes, les magasins … pris d'assaut.

5 ***Copiez les phrases en remplaçant les noms en bleu par ceux entre parenthèses et accordez.*** Difficulté ■■■

1. Le peintre nettoie sa palette (pinceau) et se place devant sa toile (tableau). 2. L'éleveur surveille le transport de ses jeunes moutons (troupeau) vers l'alpage. 3. Maxime range ses CD (stylo) récents dans leur étui. 4. Naïma se gare sur sa place (emplacement) réservée. 5. Avant de sortir, Paula met sa parka (anorak) neuve. 6. La sœur d'Esther a perdu sa poupée (ours) préférée. 7. Mathieu est fier de sa dernière performance (score).

Pour terminer

10 min

Complétez les phrases avec sont ou son.

1. Chacun inscrit … nom sur la première ligne de la copie.
2. Les élèves ne sachant pas nager … au bord du petit bassin.
3. Les compagnons d'Ulysse … courbés sur leurs rames et ils … sourds au chant des Sirènes.
4. Pendant l'interclasse, il range … sac dans … casier.
5. Que deviendrait un violoniste sans … archet ?
6. Joséphine n'est pas certaine de la justesse de … résultat ; les calculs … peut-être faux.
7. Le coureur a raté … départ ; ses concurrents … déjà loin.
8. Pendant les vacances, Gladys a placé … chien en pension.
9. Les virus … une vraie calamité pour les ordinateurs.
10. Gaétan est ravi ; les arbres fruitiers de … verger … en fleurs.

Expression écrite

Choisissez, dans votre livre d'histoire, une image représentant un personnage de l'Antiquité (un scribe égyptien, un soldat grec…).

Vous décrirez cette image en employant au moins deux fois le possessif son, et une fois sont.

32

c'est / s'est / ces / ses

Pour débuter

Trouvez les mots par lesquels on pourrait remplacer* les mots en bleu*. Cela peut entraîner des modifications de la phrase.

1 À l'approche de l'hiver, l'automobiliste a changé ses pneus.

a) mes
b) ce
c) cet

2 On dit que c'est en forgeant qu'on devient forgeron.

a) sait
b) c'était
c) se sont

3 En allumant le barbecue, Marc s'est brûlé le bras.

a) son
b) ce sont
c) s'était

4 Ces ascenseurs ont été réparés la semaine dernière.

a) Cet
b) Les
c) Ce sera

5 Patrick ne parle jamais de ses exploits.

a) cette
b) c'est
c) mes

À retenir

• **c'est** est formé du verbe **être** au présent de l'indicatif précédé du pronom démonstratif **ce**. Il peut souvent être remplacé par l'expression **cela est**.
Vous avez oublié l'heure du rendez-vous, c'est tout à fait regrettable.
➔ *Vous avez oublié l'heure du rendez-vous, cela est tout à fait regrettable.*

• **s'est** est formé du verbe **être** au présent de l'indicatif précédé du pronom personnel réfléchi **se**. Il peut être remplacé par **me suis** ou **se sont** en conjuguant le verbe **être**.
Marianne s'est coiffée avec beaucoup de soin.
Je me suis coiffée avec beaucoup de soin.
Mes amies se sont coiffées avec beaucoup de soin.

• **ces**, déterminant **démonstratif**, est placé devant un nom ou un adjectif. Il peut être remplacé par un autre déterminant démonstratif si on met le nom au singulier.
On admire ces vitrines. ➔ *On admire cette vitrine.*
On admire ces modèles. ➔ *On admire ce modèle.*

• **ses**, déterminant **possessif**, est placé devant un nom ou un adjectif. Il peut être remplacé par un autre déterminant possessif si on met le nom au singulier.
Luc range ses livres. ➔ *Luc range son livre.*
Luc range ses disquettes. ➔ *Luc range sa disquette.*

Astuce

Pour ne pas confondre **ses** ou **ces** avec **c'est** ou **s'est**, on essaie de remplacer par **c'était** ou **s'était**.
Ces spectateurs sont ravis ; c'est un film qui connaît un grand succès.
➔ *Ce spectateur était ravi ; c'était un film qui connaissait un grand succès.*

C'est un comble, Benoît s'est perdu et il ne retrouve plus ses amis.
➔ *C'était un comble, Benoît s'était perdu et il ne retrouvait plus son ami.*

Attention

Il n'est pas toujours facile de savoir si celui qui écrit emploie le déterminant possessif **ses** ou le déterminant démonstratif **ces**. Il faut bien observer le sens de la phrase pour pouvoir choisir.
Martin feuillette ses (ces) livres.

• Si Martin feuillette les livres qui lui appartiennent, on écrit : *Martin feuillette ses livres.*

• Si Martin feuillette les livres qui sont disposés sur les étagères de la bibliothèque municipale, on écrit : *Martin feuillette ces livres.*

Exercices

1 ***Copiez ces expressions en écrivant les noms en bleu au pluriel et accordez.*** *Difficulté* ■□□

1. sa première dent 2. cet étang poissonneux 3. son camarade de classe 4. cette chaîne thématique 5. ce magasin de chaussures 6. son animal préféré 7. cet immeuble collectif 8. sa qualité principale 9. ce garage à vélos

2 ***Copiez les phrases en complétant par ses ou ces. Essayez de remplacer ces mots par « son », « sa » ou « ce », « cet », « cette ».*** *Difficulté* ■■□

1. Raoul ne place jamais … verres en cristal dans le lave-vaisselle. 2. Ce vendeur reçoit toujours … clients avec le sourire. 3. Dans son devoir, Nadine a souligné toutes … réponses au stylo vert. 4. … truffes sont parfumées, mais elles sont hors de prix ! 5. René est trop âgé pour changer … habitudes ; il fait toujours … comptes en francs. 6. … lignes ne sont pas parallèles, nous avons vérifié avec une équerre. 7. … locaux devront être démolis, car ils ont été insonorisés avec de l'amiante. 8. Avec … dents acérées, le caïman est un animal redoutable. 9. … maisons datent du XVIIIe siècle, elles ont gardé leur charme.

3 ***Copiez ces phrases en complétant avec ces ou c'est. Essayez de remplacer ces mots par « ce », « cet », « cette » ou « cela est », « c'était ».*** *Difficulté* ■■□

1. … enfin le printemps, nous allons pouvoir mettre nos nouveaux débardeurs. 2. … véhicules sont équipés d'un GPS ; … un dispositif qui facilite la circulation. 3. … cités ont été bâties trop rapidement et elles ont été mal entretenues. 4. Le vendredi soir, à la sortie des bureaux, … la bousculade habituelle. 5. … dans … locaux que Vincent a commencé sa carrière d'architecte. 6. Jouer en même temps de l'harmonica et de la guitare, … plutôt difficile. 7. … étonnant, … plantes ont poussé sans engrais ! 8. … nectarines sont trop mûres, … déjà la fin de l'été.

4 ***Copiez les phrases en complétant avec ses ou s'est. Essayez de remplacer ces mots par « son », « sa » ou « s'était », « me suis ».*** *Difficulté* ■■□

1. Barthélemy … trompé dans … calculs, il devra recommencer depuis le début. 2. Le boucher … coupé le pouce ; … couteaux sont trop aiguisés ! 3. Lucas … découvert une nouvelle occupation : écrire … souvenirs de voyage. 4. Hélène … équipée d'un nouveau modem pour mieux récupérer … messages. 5. Linda est perdue dans … pensées ; elle en oublie de fermer la porte à clé. 6. Justin n'est pas content ; son équipe … fait battre. 7. Pablo … pris de passion pour le lancer de boomerang ; il y consacre tous … loisirs.

5 ***Copiez ces phrases en écrivant les noms en bleu au pluriel et faites tous les accords nécessaires.*** *Difficulté* ■■■

1. Cette moto, bien que très puissante, se conduit avec facilité. 2. Lorsqu'il a acheté un nouvel ordinateur, Laurent a changé son logiciel. 3. Pierre est fâché avec son voisin qui joue de la trompette toute la nuit. 4. Ce jeu vidéo n'intéresse plus Yannick ; il préfère écouter des CD. 5. Cet orchestre est spécialisé dans les interprétations des œuvres de Schubert. 6. Ce pays africain s'équipe peu à peu ; l'électricité pénètre dans les villages.

Pour terminer 10 min

Copiez les phrases en complétant avec ces, ses, c'est ou s'est.

1. Avant de plonger, Arnaud … mouillé la nuque et les épaules.
2. … rollers te plaisent, tu vas faire des économies pour les acheter.
3. Avec tous … bruits autour du présentateur, je ne peux pas comprendre … paroles.
4. … fruits sont trop acides ; ils seront meilleurs avec un peu de sucre.
5. … au marché qu'on trouve les légumes les plus frais.
6. Youri résout … problèmes avec une facilité qui rend jaloux tous … camarades.
7. Aujourd'hui, … carnaval : chacun … costumé à sa convenance.
8. Je suis certain que de tous … héros, … Harry Potter que vous préférez.
9. … parce que je ne connais pas … goûts que je n'ose pas offrir des chocolats à Frida.
10. Le sumo, … plus qu'un sport pour les Japonais ; … une composante de leur culture.

Dictée préparée

La nymphe Écho avait été condamnée à n'ouvrir la bouche que pour répéter les paroles qu'elle venait d'entendre. Un jour, elle a aperçu un jeune homme. Elle s'est cachée derrière les arbres pour mieux l'observer : ce jeune homme, c'est Narcisse, un garçon très beau, mais orgueilleux et insensible. Elle s'est approchée de lui et elle a attendu qu'il parle.

A ***Relevez les verbes conjugués au passé composé.***

B ***Donnez un mot de la famille de « condamnée » et de « orgueilleux ».***

33 sent / s'en / sans

Pour débuter

Trouvez les mots par lesquels on pourrait remplacer les mots en bleu. Cela peut entraîner des modifications de la phrase.

1. Il pleut, pourtant Edgard sort sans son parapluie.

   a) t'en
   b) avec
   c) sentait

2. Cette dictée n'est pas facile, mais Fabienne s'en sort bien.

   a) m'en
   b) avec
   c) sentira

3. Elle sent la lavande.

   a) avec
   b) cela en
   c) sentait

4. Les taupes, le jardinier voudrait bien s'en débarrasser.

   a) avec
   b) t'en
   c) sentait

5. Sans un lecteur de DVD, vous ne pourrez pas voir ce film.

   a) M'en
   b) Sentent
   c) Avec

À retenir

• **sent** est la forme du verbe **sentir** à la 3e personne du singulier du présent de l'indicatif.
Ce lutteur ne sent plus sa force. *Cette pièce sent le renfermé.*

On écrit **sent** quand on peut le remplacer par **sentait**, **sentira**…, c'est-à-dire par une autre forme du verbe **sentir**.
Ce lutteur ne sent plus sa force.
➔ *Ce lutteur ne sentait plus sa force.*
➔ *Ce lutteur ne sentira plus sa force.*

• **s'en** est la contraction de « **se en** ».
Ce lutteur est très fort et il ne s'en aperçoit pas.
Dans cette phrase, **en** reprend **très fort** : *Il ne s'aperçoit pas qu'il est très fort.*

On écrit **s'en** quand on peut le remplacer par **m'en**, **t'en** en conjuguant le verbe à une autre personne.
Je suis très fort et je ne m'en aperçois pas.
Tu es très fort et tu ne t'en aperçois pas.

• **sans** est une **préposition** qui marque l'absence, le manque, la privation. Elle est souvent le contraire de la préposition **avec**.
C'est un immeuble sans ascenseur.
➔ *C'est un immeuble avec ascenseur.*

Astuce

Après **sans**, le nom doit-il être au pluriel ou au singulier ? Il faut se poser la question : « S'il y en avait, pourrait-il y en avoir plusieurs ? »

• Si c'est possible, on écrit le nom au pluriel.
Admirez ce ciel sans nuages. (S'il y en avait, il n'y aurait pas qu'un seul nuage.)

• Sinon, on écrit le nom au singulier.
Voilà une bien triste journée sans soleil. (Il ne peut y avoir qu'un soleil.)

Attention

Au présent de l'indicatif, le radical du verbe **sentir** perd le « **t** » aux deux 1res personnes du singulier.
Je sens le froid malgré mes gants. *Tu sens le froid malgré tes gants.*

Exercices

1 ***Conjuguez les verbes en bleu de ces expressions au présent de l'indicatif. Pour les 3es personnes, vous choisirez des noms sujets.*** *Difficulté* ■□□

1. s'en aller sans se retourner
2. s'en sortir sans difficulté
3. se sentir sans forces
4. ne pas sentir la fatigue

2 ***Complétez ces expressions avec sans et accordez, s'il y a lieu, les noms.*** *Difficulté* ■□□

1. une voiture … roue…
2. une chemise … manche…
3. rouler … casque…
4. manger des fruits … saveur…
5. des fenêtres … rideau…
6. regarder un feuilleton … fin…
7. une ruche … abeille…
8. une cheminée … feu…
9. une mer … vague…
10. une salle … chauffage…
11. rédiger un texte … erreur…
12. prendre une boisson … alcool…

3 ***Copiez les phrases en complétant avec sans, s'en ou sent.*** *Difficulté* ■■□

1. Soyez … crainte, on ne … rien, cette piqûre est indolore. 2. Négligent, Didier partit … vérifier le niveau d'huile de sa moto. 3. Lorsqu'on … une odeur de gaz, il faut prévenir les pompiers … tarder. 4. Pas la peine d'installer le filet de volley, le gardien du stade … charge. 5. Cette lueur dans la nuit, c'est … doute un satellite artificiel. 6. Il … fallut d'un rien que tu partes … ta valise. 7. Beaucoup trop de personnes sont encore … -abri dans notre pays. 8. Le couscous mijote ; il … dégage un arôme caractéristique. 9. Aujourd'hui, pratiquement tous les téléphones sont … fil. 10. On ne sort pas en mer … porter un gilet de sauvetage.

4 ***Copiez les phrases en complétant avec sans, s'en ou sent.*** *Difficulté* ■■□

1. Cet homme politique est capable de parler … notes pendant des heures. 2. À l'arrivée du cross, Rachid ne … plus ses jambes. 3. La température est glaciale, mais Hervé … moque car il est chaudement habillé. 4. Le réchauffement de la planète ? Certains pays ne … soucient guère. 5. Un repas équilibré ne se conçoit pas … un laitage et un fruit. 6. La date de l'invasion de la Gaule par Jules César, qui … souvient ? 7. En entendant cette musique, Ingrid se … des fourmis dans les jambes. 8. Savez-vous pourquoi les Révolutionnaires étaient appelés les … -culotte ? 9. Frédéric suit un régime … sel ; il … félicite car il se … mieux. 10. Vous n'êtes pas … savoir qu'il est interdit de sortir du collège … l'accord du CPE.

5 ***Copiez ce texte en complétant avec sans, s'en ou sent.*** *Difficulté* ■■■

Autrefois, la fin des moissons donnait lieu à des réjouissances … fin. Les jeunes gens … allaient, de maison en maison, pour chanter, …-façon, des couplets de leur composition. Quand le chant était achevé, ils recevaient en échange un petit cadeau et ils … repartaient, dans la nuit, … cesser leurs rires. Aujourd'hui, ces joyeuses festivités ont disparu et l'on … que les habitants de ce petit village regrettent ces soirées animées.

Pour terminer — 10 min

Copiez ces phrases en complétant avec sans, s'en ou sent.

1. Pourquoi avez-vous rendu le questionnaire … le signer ?
2. À la vue du monstre, Douglas se … immédiatement mal.
3. De nouveaux locataires, il … installe plusieurs par semaine.
4. Tu as acheté un blouson … capuche.
5. Du foie gras, il … consomme des tonnes lors des fêtes de fin d'année.
6. Quand on est en vacances, on se … libre.
7. Le muguet cueilli dans les bois … très bon.
8. Des CD du chanteur Corneille, il … vend des milliers.
9. … un plan précis, vous ne pourrez pas trouver la maison.
10. Des livres pour enfants, il … publie des dizaines chaque semaine.

Expression écrite

Le père d'un(e) de vos ami(e)s fabrique des parfums originaux dans son laboratoire ; vous lui rendez visite et il vous présente ses créations.

Rédigez ses explications en un paragraphe de huit lignes. Vous emploierez deux fois le verbe sentir au singulier du présent de l'indicatif (sens ou sent), une fois sans et une fois s'en.

34 peut / peux / peu

Pour débuter

***Trouvez le mot par lequel on peut remplacer** les mots en bleu.*

1. Sans lunettes, Caroline ne peut pas lire le journal.

   a) pouvait
   b) beaucoup
   c) avec

2. Pour venir à bout de cette tâche, il vous faudra un peu de courage.

   a) pouvait
   b) pourra
   c) beaucoup

3. Dans peu de temps, un TGV reliera Perpignan à Lille.

   a) pouvait
   b) beaucoup
   c) peuvent

4. Tu ne peux pas téléphoner, car les lignes sont encore coupées.

   a) pourras
   b) beaucoup
   c) sans

5. Dans ce garage, on peut changer ses pneus en quelques minutes.

   a) beaucoup
   b) rien
   c) pouvait

À retenir

• **peut** est la forme du verbe **pouvoir** à la 3e personne du singulier du présent de l'indicatif.
Zoé ne peut pas admettre le mensonge.

On écrit **peut** quand on peut le remplacer par **pouvait**, **pourra**…, c'est-à-dire par une autre forme du verbe **pouvoir**.
Zoé ne pouvait pas admettre le mensonge.
Zoé ne pourra pas admettre le mensonge.

• **peux** est la forme du verbe **pouvoir** à la 1re ou 2e personne du singulier du présent de l'indicatif.
Je ne peux pas admettre le mensonge.
Tu ne peux pas admettre le mensonge.

On écrit **peux** quand on peut le remplacer par **pouvais**, **pourras**…, c'est-à-dire par une autre forme du verbe **pouvoir**. Pour bien distinguer **peut** et **peux**, il faut chercher la personne du sujet.
Je ne pouvais pas admettre le mensonge.
Tu ne pourras pas admettre le mensonge.

• **peu** est un **adverbe** de quantité.
Nous partirons dans peu de temps. *Cet étang est peu profond.*
Cet acrobate est un peu trop téméraire ; il va tomber.

On écrit **peu** quand on peut le remplacer par **beaucoup** (ou quelquefois par **très**). Lorsque **peu** est précédé de **un**, c'est l'ensemble **un peu** qui se remplace par **beaucoup** ou **bien**.
Nous partirons dans beaucoup de temps. *Cet étang est très profond.*
Cet acrobate est bien trop téméraire ; il va tomber.

Astuce

• Il ne faut pas confondre l'adverbe **peut-être** (qui s'écrit avec un trait d'union) et le groupe formé du verbe **pouvoir** conjugué et de l'infinitif **être** (qui ne prend pas de trait d'union).
Le dragon est peut-être caché au fond de la grotte.
Le dragon peut être caché au fond de la grotte ; personne ne le sait.

• On peut essayer de remplacer l'adverbe **peut-être** par un autre adverbe et le groupe **peut être** par **pouvait être**.
Le dragon est probablement caché au fond de la grotte.
Le dragon pouvait être caché au fond de la grotte ; personne ne le savait.

Exercices

1 ***Conjuguez les verbes en bleu de ces expressions au présent de l'indicatif. Pour les 3es personnes, vous choisirez des noms sujets.*** Difficulté ■□□

1. pouvoir dormir un peu
2. pouvoir rire de peu de chose
3. ne pas pouvoir chanter juste
4. ne pouvoir écouter que peu de CD

2 ***Copiez les phrases en complétant par peu ou peut. Essayez de remplacer par « beaucoup » ou « pouvait ».*** Difficulté ■□□

1. Pour retrouver la pièce qu'il a perdue, Serge … retourner sur ses pas. 2. Désormais, on … choisir son lieu de vacances en surfant sur Internet. 3. Avec un … de chance, elle … passer à travers les gouttes. 4. Paul est un … trop confiant ; cela … lui jouer des tours. 5. Il n'est pas simple de compléter ce questionnaire, car il y a … de place pour répondre. 6. L'ouvrière ne … pas quitter sa machine à coudre avant la fin de la matinée.

3 ***Copiez les phrases en complétant avec les expressions suivantes. Vous pouvez en chercher le sens dans un dictionnaire.*** Difficulté ■■□

quelque peu - sous peu - pour un peu - à peu près - peut-être - depuis peu - un peu mieux - fort peu

1. Le président de la République devrait parler … ; les journalistes sont impatients. 2. Bernard a trouvé du travail … ; mais pour être embauché, il a dû déménager. 3. Après avoir pris ce médicament, le malade se sent … . 4. Le tireur a manqué de … le centre de la cible. 5. Nancy est situé … à soixante kilomètres de Metz. 6. Patricia résout le problème si vite que … elle aura terminé avant le professeur ! 7. Lorsque l'avion traverse une zone de turbulence, les passagers sont … secoués. 8. C'est … un chamois qui a déclenché cette avalanche.

4 ***Copiez les phrases en écrivant les noms en bleu au singulier et accordez.*** Difficulté ■■□

1. Les conducteurs ne peuvent pas se garer à cause des travaux. 2. Ces ordinateurs peuvent effectuer des calculs compliqués en quelques secondes. 3. Les poids lourds ne peuvent pas circuler sur ces routes bien trop étroites. 4. Les pharmaciens ne peuvent pas délivrer ces médicaments sans ordonnance. 5. Les horaires des séances peuvent être modifiés en cas de besoin. 6. Ces sculpteurs peuvent réaliser des statues originales avec peu de matériaux. 7. Dans cette usine ultramoderne, les bouteilles peuvent être étiquetées en quelques secondes. 8. Ces films anciens peuvent être restaurés sans difficulté ; ils sont comme neufs.

5 ***Copiez les phrases en complétant par peu, peut ou peux. Essayez de remplacer par « beaucoup », « pouvait » ou « pouvais ».*** Difficulté ■■■

1. Comme vous êtes entrés avec vos chaussures boueuses, je … nettoyer la moquette ! 2. Comme Saïd apprécie … le nouveau feuilleton, il … toujours changer de chaîne. 3. Sophie roule un … moins vite ; elle … donc admirer le paysage. 4. Choisis ce modèle de pantalon, il te va bien et … importe la couleur. 5. « Voulez-vous du lait dans votre café ? – Rien qu'un …, s'il vous plaît. » 6. Ces joueurs de cartes échangent … de paroles ; ils restent concentrés. 7. Tu ne … pas marcher vite car tes baskets te blessent les pieds. 8. Pendant les vacances, je … m'amuser avec mes cousins.

Pour terminer (10 min)

Copiez les phrases en complétant par peu, peut ou peux.

1. Je connais … le Sahara, je sais seulement qu'il y fait chaud.
2. Avec cette canne à lancer, tu … pêcher la truite ou le saumon.
3. Si tu crois un … à l'astrologie, la voyante … prédire ton avenir.
4. Ce volcan … se réveiller à tout instant ; les riverains sont … rassurés.
5. On ne … pas être en même temps au four et au moulin.
6. Un bon imitateur … modifier sa voix en … de temps.
7. Il se … que le professeur de musique soit remplacé demain.
8. Je … prendre des photos superbes avec mon appareil numérique.
9. Avec ce logiciel, on … insérer des animations dans un texte.
10. Ludovic n'est pas … fier d'avoir été sélectionné pour les Olympiades de mathématiques.

Expression écrite

6 ***Rédigez un dialogue de huit répliques entre deux élèves : un des enfants demande à l'autre quelles sont les activités qu'on peut pratiquer le mercredi après-midi.***

Vous emploierez trois fois le verbe pouvoir au singulier du présent de l'indicatif et au moins une fois peu.

7 ***Rédigez, en dix lignes, les paroles que prononce un médecin pour expliquer à un enfant, qui a une entorse, ce qu'il peut faire et ce qui lui est interdit.***

Vous utiliserez deux fois peux et deux fois peu.

Bilan n°6

26. -er / -é, -ée, -és, -ées / -ez 27. -i, -is, -it / -u, -us, -ut
28. a / à / as 29. est / et / es / ai 30. ont / on / on n'
31. sont / son 32. c'est / s'est / ces / ses
33. sent / s'en / sans 34. peut / peux / peu

Exercices

1 ***Écrivez les phrases suivantes en mettant les verbes en bleu au passé simple de l'indicatif.***

1. M. Durand a fini son travail à 19 heures. 2. J'ai pris le train comme chaque jour. 3. Anne a couru sans se retourner. 4. J'ai compris ce qui s'était passé. 5. Dominique, ayant mal à la tête, est parti avant la fin du film. 6. Un astronome amateur a découvert une nouvelle étoile. 7. Nadège a vécu deux ans à Madrid et elle est revenue enchantée de cette expérience enrichissante. 8. Pierre a saisi le ballon et s'est mis à dribbler.

2 ***Complétez les phrases suivantes en écrivant convenablement les verbes en bleu (participe passé ou verbe conjugué au passé simple). Vous soulignerez les participes passés.***

1. J'ai voir que tu avais finir de lire ce roman d'Agatha Christie. 2. Claude a prendre la première rue à droite. 3. Marc sortir du collège à 17 heures et il se rendre à sa leçon d'escrime. 4. Notre professeur de français nous a fournir une liste de romans policiers à lire. 5. Je ne peux pas aller chez toi ce soir, car ma mère a prévoir d'inviter mes grands-parents. 6. Le député conclure son discours en affirmant qu'il était optimiste pour l'avenir. 7. Mon stylo bleu a disparaître de mon bureau ; mon frère a devoir me l'emprunter. 8. Quand tu seras inscrire, tu pourras participer aux ateliers de poterie. As-tu remplir le formulaire ? 9. Quand le rôti sera cuire, vous préparerez la sauce.

3 ***Complétez les phrases suivantes avec un des mots en bleu proposés entre parenthèses.***

1. … (C'est / S'est / Ces) le chien des Baskerville qui est le personnage principal d'un des premiers romans policiers anglais. 2. Conan Doyle … (ai / es / est) un célèbre auteur britannique ; il … (a / à) créé le détective Sherlock Holmes. 3. Sherlock Holmes … (peu / peux / peut) résoudre une énigme … (sans / s'en / sent) même quitter sa maison de Londres. 4. … (Son / Sont) esprit de déduction lui permet de comprendre ce qui … (c'est / s'est / ses) passé. 5. … (On / Ont) apprécie toujours les nouvelles … (et / est / ai) les romans de Conan Doyle ; de nombreux films … (on / ont) été tournés à partir de ses œuvres.

Dictée préparée

L'action se situe à Paris en 1819.

Bientôt le silence régna dans la salle à manger ; sans hésiter, on se prépara à livrer passage à trois agents. C'est alors qu'arrivèrent quatre gendarmes : deux se placèrent devant la porte du salon et deux dans le couloir qui menait à l'escalier. « Tu ne peux t'enfuir, Trompe-la-Mort ! » cria un des hommes.

D'après Honoré de Balzac, *Le Père Goriot*, 1835.

A ***Relevez les verbes au passé simple de l'indicatif ; vous préciserez leur infinitif, leur groupe et leur sujet.***

B ***Relevez les verbes à l'infinitif.***

Expression écrite

4 ***Imaginez un dialogue entre une mère (ou un père) et son fils (ou sa fille) un soir. La mère (ou le père) demande à l'enfant ce qu'il (elle) a fait dans la journée et s'il (si elle) a tout préparé pour le lendemain.***

Vous écrirez huit répliques et vous emploierez, au passé composé, cinq verbes parmi ceux de la liste suivante :
comprendre - courir - dire - dormir - finir - partir - relire - répondre - voir - vouloir.

5 ***Évoquez un roman, ou un film, policier que vous avez apprécié. Vous présenterez le personnage principal et le thème de ce roman ou de ce film. Vous expliquerez pourquoi il vous a plu.***

Vous rédigerez un paragraphe de six lignes environ. Les verbes seront au passé composé et vous emploierez au moins deux fois les mots suivants : a - à - est - et.

6 ***Un garçon (ou une fille) de dix ans est victime d'un étrange sort. Cinq objets de sa chambre se transforment en cinq autres objets.***

Vous rédigerez, au présent de l'indicatif, un paragraphe d'une dizaine de lignes racontant ces transformations. Vous emploierez au moins trois fois son et deux fois sont.

7 ***Racontez l'arrivée d'un nouvel élève (ou d'une nouvelle élève) dans votre classe.***

Vous rédigerez un paragraphe de huit lignes environ en respectant les consignes suivantes :
- Le récit sera à la 3e personne du singulier du passé simple.
- Vous emploierez au moins une fois les mots suivants : à - et - on - ses.
- Vous commencerez par :
  On frappa à la porte et le professeur cria : « Entrez ! »

Exploitation du test →

Repérez les numéros des questions sur lesquelles vous avez fait des fautes.

Révisez les leçons correspondantes et assurez-vous que vous avez bien compris en refaisant les exercices de ces leçons :

questions 1, 2, 3
→ leçon 26 → -er / -é, -ée, -és, -ées / -ez

questions 3, 4, 7
→ leçon 27 → -i, -is, -it / -u, -us, -ut

questions 5, 6
→ leçon 28 → a / à / as

questions 8, 9
→ leçon 29 → est / et / es / ai

questions 10, 11
→ leçon 30 → ont / on / on n'

questions 12, 14
→ leçon 31 → sont / son

questions 12, 13, 15
→ leçon 32 → c'est / s'est / ces / ses

questions 16, 17
→ leçon 33 → sent / s'en / sans

questions 18, 19, 20
→ leçon 34 → peut / peux / peu

10 min

Test

Difficulté ■□□

1. ***Le vitrier est … ce matin.***
a. passer b. passé c. passait

2. ***Faites attention : la route est … .***
a. verglacer b. verglacé c. verglacée

3. ***On a … … longtemps.***
a. put nager b. pu nagé c. pu nager

4. ***Je n'ai pas encore … mon exercice de géométrie.***
a. fini b. finis c. finit

5. ***Iras-tu … vélo avec ton père ?***
a. a b. as c. à

6. ***Qu' … -tu à nous raconter ce soir ?***
a. a b. as c. à

7. ***Pourquoi cet enfant s'est-il … ?***
a. endormit b. endormi c. endormis

8. ***Le cheval … un animal que l'homme a su domestiquer.***
a. ai b. est c. et

9. ***… -tu d'accord pour nous accompagner ?***
a. Ai b. Es c. Est

10. ***Les élèves de 6e 2 … remporté le tournoi de judo.***
a. on b. ont c. a

11. ***Je ne sais pas si … ira vous voir cet été.***
a. on b. on n' c. ont

12. ***… cartable est ouvert ; il va perdre … affaires.***
a. Son / ses b. Sont / ses c. Son / ces

13. ***Le principal du collège … intéressé à notre projet.***
a. ces b. c'est c. s'est

14. ***Joseph et Axelle … d'accord pour nous aider.***
a. son b. sont c. sons

15. ***Goûtez-moi … belles cerises.***
a. ces b. ses c. c'est

16. ***Audrey ne peut pas te prêter son livre car elle … sert.***
a. sans b. s'en c. sent

17. ***« Ça … les gaufres ! » s'écrie Adeline.***
a. sans b. s'en c. sent

18. ***Il y avait … de monde hier à la répétition.***
a. peu b. peux c. peut

19. ***Martin pourrait … -être la remplacer !***
a. peu b. peux c. peut

20. ***Est-ce que tu … m'apporter mes devoirs demain ?***
a. peu b. peux c. peut

Pour aller plus loin

Difficulté ■■■

1. ***Nous sommes … … sur la plage.***
a. aller marcher b. allés marchés c. allés marcher

2. ***Ils n'ont pas pu … ce roman.***
a. se procurer b. se procuré c. se procurés

3. ***… vous … les pieds !***
a. Veuillez / essuyez b. Veuillez / essuyer c. Veuiller / essuyez

4. ***Est-ce toi qui … la clé du garage ?***
a. a b. as c. à

5. ***Victor … expliqué comment faire.***
a. ma b. m'a c. m'à

6. ***Ces animaux sont sauvages … dangereux.***
a. ai b. est c. et

7. ***C'est moi qui … trouvé la réponse.***
a. ai b. est c. et

8. ***Parlez plus fort car … entend rien du tout !***
a. on b. on n' c. ont

9. ***Le troll est endormi dans … repaire.***
a. sa b. son c. sont

10. ***Je ne sais pas si … Claudine qui s'occupe de ce club.***
a. ces b. s'est c. c'est

11. ***… étoiles filantes sont magnifiques !***
a. Ces b. S'est c. C'est

12. ***… -il bien remis de sa fracture ?***
a. Ces b. S'est c. C'est

13. ***Qu'est-ce que … que cette histoire ?***
a. ses b. s'est c. c'est

14. ***Je voudrais essayer … jeux-là.***
a. ces b. ses c. c'est

15. ***Ce n'est qu'une souris ; il ne faut pas … effrayer.***
a. sans b. s'en c. sent

16. ***Le vampire sort-il par une nuit … lune ?***
a. sans b. s'en c. sent

17. ***Le film est passionnant ; on … monter le suspense.***
a. sans b. s'en c. sent

18. ***Ce poisson ne bouge que très … ses nageoires.***
a. peu b. peux c. peut

19. ***… -tu te pousser, s'il te plaît ?***
a. Peu b. Peux c. Peut

20. ***La pente … être dangereuse.***
a. peux b. peut c. peu

35

La ponctuation et les majuscules

Pour débuter

***Comment s'appellent** les signes en bleu ?*

1 Le parking est pratiquement complet.

a) un point
b) une virgule
c) une majuscule

2 Les élèves de 6e B ont répété la pièce de théâtre.

a) un point d'interrogation
b) une parenthèse
c) une majuscule

3 Trop proche de la rivière, cette maison fut inondée.

a) des guillemets
b) une virgule
c) un point-virgule

4 Julie a repeint son appartement ; ses voisins admirent son travail.

a) un point
b) une virgule
c) un point-virgule

5 La ville de Strasbourg est proche de la frontière allemande.

a) un point
b) un point-virgule
c) une majuscule

À retenir

Les signes de ponctuation donnent des indications pour la lecture et pour la compréhension.
Une ponctuation mal placée peut conduire à des contresens.

• **Le point** marque la fin d'une phrase dont le sens est complet. Il indique une pause très nette et l'intonation est descendante.
Au début d'une phrase, on place toujours **une lettre majuscule**.
Le navire quitte son port d'attache. Il sera à Dakar dans deux semaines.

• **La virgule** indique une courte pause. On l'emploie pour :

- séparer des éléments de même nature dans une proposition ou une phrase
Les lions, les tigres, les léopards sont des fauves impressionnants.

- isoler des mots dans une phrase
Il est temps, maintenant, de se mettre au travail.

- isoler un complément
Sur les trottoirs de l'avenue Pasteur, les vélos ont des emplacements réservés.

• **Le point-virgule** sépare des propositions ou des expressions qui n'ont pas de lien direct. Son emploi est délicat car il est difficile de le distinguer du point et de la virgule.
Ce soir, le feuilleton n'est guère intéressant ; je jouerai avec ma console.
Le point-virgule n'est pas suivi d'une majuscule.

Attention

• Les noms propres commencent toujours par une lettre majuscule.
Paris *Nicole* *la Suisse* *les Alpes* *monsieur Raymond*

• Les noms qui désignent les habitants d'un lieu sont des **noms propres** ; ils prennent une **majuscule**.
Les Anglais disputent un match de rugby contre les Irlandais.

• Les noms qui désignent une langue, un produit d'origine, et l'adjectif qualificatif, sont des **noms communs** qui s'écrivent **sans majuscule**.
L'anglais est une langue parlée dans de nombreux pays.
Les joueurs anglais sont de redoutables plaqueurs.

Remarque :
Les noms de jours et de mois s'écrivent **sans majuscule**.
Le collège est fermé le samedi. *En juin, il fait beau.*

Exercices

1 ***Copiez ces phrases en plaçant correctement les points et les majuscules.*** *Difficulté* ■□□

1. cent grammes de beurre suffiront pour préparer ce gâteau
2. le campeur plante sa tente tout près de la plage
3. monsieur brémond range ses provisions dans le réfrigérateur
4. nathalie passe toutes ses vacances en bretagne
5. myriam téléphone à son amie marjorie
6. ces danseuses sont d'une souplesse peu commune
7. vous devez placer une croix dans la bonne case
8. le gardien de l'immeuble nettoie les escaliers

2 ***Copiez ces phrases en plaçant correctement les virgules.*** *Difficulté* ■■□

1. Le pharmacien sans attendre a préparé les médicaments.
2. Cette église située au cœur du pays vendéen vaut le détour.
3. L'avion à court de carburant doit se poser sur un petit aérodrome.
4. Mandy le frère de Patricia cherche un emploi depuis deux mois.
5. Quito la capitale de l'Équateur attire les touristes du monde entier.
6. Richard pour consulter sa messagerie se connecte sur Internet.
7. Chaque semaine nous sommes nombreux à chanter dans la chorale.

3 ***Copiez chaque phrase en plaçant correctement le point-virgule oublié.*** *Difficulté* ■■■

1. À l'entrée de la ville se dresse une imposante statue elle symbolise la paix. 2. Alex a préparé une tarte aux pommes ses amis se régalent. 3. L'expédition a atteint le pôle Sud elle procède à de nombreuses mesures scientifiques. 4. Irène n'a pas son livre de français à la place, elle a pris celui de mathématiques. 5. Les restaurateurs ont installé des tables en terrasse les clients prennent le frais. 6. Les loups ont fait leur réapparition dans les Alpes on ne sait pas s'ils y demeureront.

4 ***Copiez ces phrases en plaçant les majuscules oubliées.*** *Difficulté* ■■■

1. la rade de toulon est le port d'attache de la marine française en méditerranée. 2. le mont everest, dans l'himalaya, est souvent appelé le toit du monde. 3. saviez-vous que les brésiliens s'expriment en portugais ? 4. de nombreux tableaux du peintre delacroix sont exposés au musée du louvre. 5. léonard de vinci fut un génie de la renaissance ; il vécut quelques années au château de chambord. 6. le lac de gérardmer se trouve au cœur de la forêt vosgienne. 7. préférez-vous les vacances de noël ou celles de pâques ? 8. le camping du village de jarrieu est ouvert dès le mois de mai.

5 ***Copiez ce texte en plaçant correctement la ponctuation. Placez des points et des virgules aux emplacements indiqués. N'oubliez pas les majuscules.*** *Difficulté* ■■■

Sommeils

c'est à la fin d'une fête familiale * ou d'une réunion d'amis * il est tard * tout autour on continue de parler fort * de rire * d'entrechoquer les verres * il peut même y avoir de la musique * rien n'y fait * il s'est endormi sur un coin de sofa* un bras étendu en arrière * la tête renversée * il a deux ans * trois ans *

D'après Philippe Delerm, *Enregistrements pirates*, Éditions du Rocher.

Pour terminer 10 min

Copiez ces phrases en plaçant les signes de ponctuation manquants aux emplacements indiqués. Remplacez les minuscules par des majuscules, si nécessaire.

1. je crois que c'est lydie moreau qui a composé cette chanson *
2. après avoir fait l'appel * le professeur commence son cours *
3. son permis de conduire * laurent l'a enfin réussi *
4. cette année * la toussaint est un dimanche *
5. ce meuble * vieux et patiné * vaut une fortune *
6. les spots publicitaires envahissent nos écrans * ils interrompent même les films *
7. l'orchestre exécute une symphonie de mozart * le public est sous le charme *
8. les caractères chinois sont illisibles pour beaucoup de français *
9. la fusée ariane emporte une sonde qui se posera sur la planète mars *
10. cet après-midi * le moniteur de judo est absent * le cours est reporté *

Expression écrite

Racontez une journée de vacances particulièrement mouvementée.

Vous rédigerez un paragraphe de huit lignes environ. Les verbes seront au passé (imparfait et passé simple de l'indicatif) et le récit sera à la 1re personne.
Vous emploierez deux fois le point-virgule.
Vous veillerez à la ponctuation de votre texte.

36 D'autres signes de ponctuation

Pour débuter

Comment s'appellent les signes de ponctuation en bleu ?

1. Le malade a-t-il pris ses médicaments **?**

   a) un point
   b) un point d'exclamation
   c) un point d'interrogation

2. Les joueurs tricolores ont gagné à la dernière minute. Quel match **!**

   a) un point
   b) un point d'exclamation
   c) un point d'interrogation

3. Le détective examine le contenu de la malle **:** un manteau, un chapeau de brousse et une couverture de laine.

   a) un point
   b) deux points
   c) un point-virgule

4. Le journaliste déclare : **«** C'est le meilleur chanteur du moment ! **»**

   a) des guillemets
   b) une virgule
   c) un point-virgule

5. Quels sont les principaux pays producteurs de diamants **?**

   a) un point d'interrogation
   b) une virgule
   c) un point-virgule

À retenir

• **Le point d'interrogation** se place à la fin d'une phrase qui pose une question. L'intonation est montante.
Quand viendras-tu nous voir ?

• **Le point d'exclamation** s'emploie à la fin d'une phrase ayant un sens injonctif ou exclamatif.
Fais un peu attention à tes vêtements ! *Tu calcules vraiment très vite !*

• **Les guillemets** encadrent une parole rapportée directement. L'ouverture des guillemets est souvent précédée de **deux points**.
Armelle interroge Jules : « Peux-tu me prêter ton stylo ? »

Si plusieurs personnes dialoguent dans le **discours direct**, on place un tiret au début de chaque intervention d'une des personnes (sauf pour la première intervention).
Le téléphone sonne. Mélissa se précipite et Sandra l'interroge :
« Qui est-ce ?
- Ce n'est pas grave, c'est une erreur.
- Me voilà rassurée, je m'inquiétais. »
En fin de phrase, le point est toujours placé à l'intérieur des guillemets.

Parfois, **dans un dialogue**, il faut indiquer la personne qui parle. Dans ce cas, on ne ferme pas les guillemets après ses paroles ; on place simplement une courte proposition (appelée **incise**) entre deux virgules.
« Voilà une splendide paire de baskets, déclare Deborah, je l'achèterais volontiers. »
La proposition incise n'est jamais précédée d'un point et ne commence jamais par une majuscule.

Attention

À la forme interrogative, ou lorsque le sujet pronom suit le verbe, on place un **trait d'union** et non une apostrophe.
Voulez-vous boire un verre de lait ?
« Ce disque est formidable », affirmes-tu.

Il faut parfois ajouter la lettre « **t** » entre le verbe et le pronom.
« Ce disque est formidable », affirme-t-elle.

Exercices

Les * indiquent l'emplacement où vous devez ajouter un signe de ponctuation.

1 *À la fin de ces phrases, placez un point, un point d'interrogation ou un point d'exclamation.* *Difficulté* ■□□

1. Pourquoi marchez-vous lentement
2. Karine m'offre des chocolats
3. Une semaine compte sept jours
4. Faites moins de bruit
5. Que ce film est amusant
6. Le vent souffle-t-il du nord
7. Comme cette rose sent bon
8. Aimes-tu les pruneaux

2 *Copiez ces phrases en plaçant correctement les signes de ponctuation : virgules, points d'interrogation ou points d'exclamation.* *Difficulté* ■■□

1. Traverser le fleuve à la nage * c'est une épreuve redoutable *
2. Le cours de dessin dure plus longtemps que prévu * quelle chance *
3. Tous les visiteurs se perdent * car ce couloir est un vrai labyrinthe *
4. Pour remonter ce casse-tête * voulez-vous de l'aide *
5. Au Moyen Âge * les paysans possédaient-ils des tracteurs *
6. Ce matin * Paule porte un nouvel ensemble ; elle est superbe *
7. Est-il plus facile de jouer du violon * du piano ou du saxophone *

3 *Copiez ces phrases en plaçant correctement les signes de ponctuation : virgules, points-virgules, points d'interrogation ou points d'exclamation.* *Difficulté* ■■■

1. Dans la nuit * les fusées explosent au-dessus de nos têtes : quel spectacle*
2. Si nous empruntons l'autoroute * gagnerons-nous du temps *
3. Ce poème * l'as-tu appris par cœur *
4. Depuis trois heures * ce chanteur est sur scène * quelle performance *
5. De nombreux modèles sont exposés * comment choisir *
6. Attendre l'ouverture des portes sous la pluie * en êtes-vous capables *

4 *Copiez ces phrases en plaçant correctement les guillemets et les traits d'union.* *Difficulté* ■■■

1. Le caissier me demande aimablement : Voulez vous un reçu ? 2. Le vent se lève : Croyez moi, il n'y a pas une minute à perdre pour rentrer au port. 3. Ce guitariste se lamente : J'ai cassé une corde de mon instrument. 4. Embarrassée, tu tentes de t'expliquer : L'autobus avait vingt minutes de retard. 5. Attiré par le bruit d'une assiette, le chien bondit dans la cuisine : Fido est un gourmand, affirme Grégory. 6. Manipulez ces appareils avec précaution, recommande le professeur de physique, ils sont fragiles.

5 *Copiez ces phrases en plaçant correctement les signes de ponctuation : virgules, traits d'union, points, points d'exclamation ou points d'interrogation.* *Difficulté* ■■■

1. Lorsque j'aurai choisi mon métier * j'irai peut * être m'établir au Brésil *
2. Après cette entrée * une escalope panée vous ferait * elle plaisir *
3. Lilian est encore au lit et sa sœur le secoue * * Debout * paresseux * *
4. Le gel a * t * il compromis la récolte de pêches *
5. Ces pneus sont * ils adaptés à la conduite sur sol verglacé *
6. Aujourd'hui on peut utiliser un téléphone portable * un ordinateur * un baladeur *

Pour terminer

10 min

Copiez ces phrases en plaçant les signes de ponctuation manquants aux endroits indiqués.

1. Avant de partir * nettoyez le pare-brise *
2. Cette émission te plaît * elle *
3. Cette année * le jour de Noël est-il un dimanche ou un lundi *
4. * Si l'alarme incendie retentit * surtout ne restez pas en classe * *
5. Denis réfléchit * * Ai * je bien compris la question * *
6. Julien avoue * * J'aurais pu faire un effort * *
7. Le terrain favorisera * t * il l'équipe de France *
8. Le maître nageur crie * * Faites attention * *
9. Le piéton interroge l'agent * * Où se trouve la rue Carnot * *
10. * Le professeur d'anglais est absent * annonce le CPE * vous pouvez aller en permanence * *

Expression écrite

Monsieur Hermel, désireux d'acheter un appareil photo numérique, demande conseil à un vendeur spécialisé.

Vous écrirez un dialogue comprenant huit répliques, introduit par une phrase de récit au présent de l'indicatif. Vous veillerez à la ponctuation des paroles rapportées. Vous emploierez, en proposition incise, les verbes suivants : affirmer - demander - proposer.

37 Les accents Le tréma

Pour débuter

Trouvez le mot qui convient pour compléter chaque phrase.

1. Une petite pause serait … .

   a) nécessaire
   b) necessaire
   c) nécésaire

2. Sur la Lune, il n'y a pas d'… .

   a) atmopherre
   b) atmosphèrre
   c) atmosphère

3. Pouvez-vous fermer la … ?

   a) fenétre
   b) fenêtre
   c) fenèttre

4. D'un bond, le chien franchit la … .

   a) clôture
   b) clotûrre
   c) clôtture

5. Le crocodile d'Amérique se nomme le … .

   a) caimane
   b) caîmman
   c) caïman

À retenir

• **L'accent aigu** (´) se place seulement sur la lettre « **e** » qui se prononce alors **(é)**.
Le récepteur de télévision est en panne ; José a décidé de le réparer.

• **L'accent grave** (`) se place souvent sur la lettre « **e** » qui se prononce alors **(è)**.
Mon frère achève son problème.

On trouve parfois un accent grave sur les lettres « **a** » et « **u** ».
Je vais à Paris où se trouve l'Arc de Triomphe.

• **L'accent circonflexe** (^) se place sur la lettre « **e** » qui se prononce alors **(è)**.
être honnête *s'arrêter devant une boutique de vêtements*

- Il est parfois difficile de choisir entre l'accent grave et l'accent circonflexe ; en cas de doute, il faut consulter un dictionnaire.
lancer une flèche *aller à la pêche*

- On trouve aussi un accent circonflexe sur les autres voyelles.
un château ; une chaîne ; un rôle ; le mois d'août

Remarque :
Selon les régions, cet accent circonflexe peut légèrement modifier la prononciation.

• **Le tréma** (¨), généralement placé sur la lettre « **i** », indique que deux voyelles qui se suivent doivent être prononcées séparément.
être naïf ; un combat héroïque ; un plat en faïence

Attention

• Lorsqu'une **consonne est doublée**, il n'y a jamais d'accent sur la voyelle qui précède.
une recette ; une pierre ; la paille ; un ballon
Inversement, la consonne qui suit une voyelle accentuée n'est jamais doublée.
parallèle ; la mêlée ; un père ; un bâton

Exception : *le châssis* (et les mots de la même famille)

• Lorsque le « **e** » se trouve **entre deux sons consonnes**, au milieu d'une syllabe, il se prononce **(è)** mais n'a pas d'accent.
un bec ; quel bel insecte ; en hiver ; un bonnet

Exceptions, en fin de mot, devant la lettre « **s** » : *le procès ; le succès ; après*

Exercices

Pour tous ces exercices, vous pouvez utiliser un dictionnaire.

1 *Complétez ces mots avec un accent aigu ou un accent grave.* *Difficulté* ■□□

1. le metre 2. le cheque 3. une pedale 4. le regne 5. le metro 6. le recit 7. meriter 8. reflechir 9. la societe 10. eclatant 11. preferer 12. la fougere 13. la regle 14. une parenthese 15. en general 16. un piege 17. un zebre 18. guere 19. un deces 20. le beton 21. la colere 22. un eleve

2 *Complétez ces mots avec un accent aigu ou un accent circonflexe.* *Difficulté* ■■□

1. la foret 2. meme 3. le melange 4. une seance 5. un vehicule 6. se vetir 7. le bapteme 8. decrocher 9. un musee 10. la defense 11. honnete 12. l'epreuve 13. benevole 14. malgre 15. executer 16. un reve 17. le controle 18. la betise 19. un detour 20. un pieton 21. le pole 22. le gateau 23. lacher

3 *Donnez le féminin de ces noms.* *Difficulté* ■■□

Ex : le maître → la maîtresse

1. l'ouvrier 2. le comédien 3. le comte 4. le chien 5. le roi 6. un musicien 7. un gardien 8. un écolier 9. le prince 10. un neveu 11. un dieu

4 *Copiez ces phrases en plaçant correctement les accents oubliés.* *Difficulté* ■■■

1. Pour la fete de la musique, vous avez joue une grande partie de la soiree. 2. Il n'est pas sur que cette peche soit mure ; attendez avant de la manger. 3. L'illusionniste presente un numero dont le stratageme doit rester un secret. 4. Au moment ou elle gresille dans la poele, la sole doit etre salee et poivree. 5. Des que tu seras a la gare, dirige-toi vers le guichet et achete ton billet. 6. Les maçons ont acheve ce batiment en quelques semaines.

5 *Complétez les mots en bleu avec un accent circonflexe ou un tréma.* *Difficulté* ■■■

1. offrir un bouquet de glaieuls 2. un fusil à baionnette 3. du paté de sanglier 4. naitre au mois d'aout 5. une mosaique romaine 6. un champ de mais 7. une boite d'allumettes 8. faire apparaitre une coincidence 9. avoir l'ouie extremement fine 10. une réponse ambigue

6 *Copiez ces phrases en plaçant correctement les accents et les trémas.* *Difficulté* ■■■

1. Le medecin observe les symptomes de la maladie avant de prescrire des remedes. 2. L'espion a du recevoir un coup sur le crane car il est reste inanime pres d'une heure. 3. Le succes obtenu par cet acteur de theatre est vraiment sans precedent. 4. Avant de diner, vous devrez mettre les fourchettes, les cuilleres et les couteaux sur la table. 5. Leo a franchi ces gorges encaissees sur un petit canoe ; c'est un exploit inoui ! 6. Le racisme est un sentiment haissable ; il faut le combattre sans relache.

Pour terminer — 10 min

Copiez les phrases en plaçant les accents et les trémas oubliés.

1. L'ile se detache a l'horizon.
2. Cet ete, Penelope s'est baignee dans l'ocean Atlantique.
3. Cedric nous a raconte sa mesaventure en detail.
4. Dans la nuit etoilee, on a pu apercevoir un etrange phenomene.
5. Regine est inquiete ; elle attend un appel telephonique.
6. Jean-Noel possede une memoire exceptionnelle.
7. Le pylone electrique se detache sur la cime de la colline.
8. Avec de l'entrainement, Remi a ameliore ses resultats.
9. Le demenageur a conserve les meubles de Rene en depot.
10. La Petite Sirene est l'heroine d'un conte d'Andersen.

Dictée préparée

Gavroche est un gamin parisien en 1832.

Comme un moineau dans la forêt, Gavroche est un petit être joyeux. Il ne mange pas tous les jours et n'a pas de toit sur la tête ; il va au spectacle si bon lui semble, connaît les voleurs, parle argot. Mais il a dans son âme une perle, l'innocence.

D'après Victor Hugo, *Les Misérables*, 1862.

A *Relevez les mots qui contiennent le son (è) et soulignez la ou les lettres qui l'expriment.*

B *Recopiez les mots qui comportent un accent circonflexe.*

C *Relevez les verbes conjugués ; donnez leur infinitif et leur sujet.*

38 Le son (je) : ge, gi, gy / j / gea, geo

Pour débuter

Trouvez les mots qui conviennent pour compléter ces phrases.

1 Le soleil disparaît derrière les … .

a) nuajes
b) nuagues
c) nuages

2 Ceux qui ont de grandes … courent-ils plus vite ?

a) jambes
b) geambes
c) gambes

3 Les élèves sortent du … .

a) guymnase
b) jymnase
c) gymnase

4 Au printemps, on voit poindre les premiers … .

a) bourgons
b) bourgeons
c) bourjons

5 En …, tu as fait tomber le vase.

a) bougeant
b) boujant
c) bougant

À retenir

• Devant les voyelles « **i** » et « **y** », le son (**je**) s'écrit « **g** ».
un gitan ; agiter ; la gymnastique ; digitale ; le givre

• Devant la voyelle « **e** », le son (**je**) peut s'écrire avec un « **g** » ou avec un « **j** ».
le genou ; la sagesse ; génial ; général ; légère
jeune ; un jeton ; rejeter ; le sujet ; majeur

• À la fin d'un mot, le son (**je**) s'écrit toujours « **ge** ».
le linge ; rouge ; un ange ; une orange ; un mariage

• Devant la voyelle « **u** », le son (**je**) s'écrit toujours « **j** ».
une jupe ; juteux ; une injure

• Devant les voyelles « **a** » et « **o** », le son (**je**) s'écrit assez souvent « **j** ».
jaune ; joli ; ajouter ; japper ; la jambe ; jongler

• Devant le « **a** » et le « **o** », il faut placer un « **e** » après le « **g** » pour obtenir le son (**je**).
la vengeance ; en voyageant ; Georges ; un cageot

Astuce

Pour savoir s'il faut placer « **j** » ou « **ge** » devant les lettres « **a** » et « **o** », on peut penser à un mot de la même famille. Si, dans ce mot, la lettre « **g** » se prononce (**je**), on écrit « **ge** ».

venger → *la vengeance* *voyager* → *en voyageant*
plonger → *le plongeon* *rouge* → *la rougeole*

Attention

• On place toujours un point sur la lettre « **j** ».

• On trouve la lettre « **j** » dans un certain nombre de noms d'origine étrangère ; la prononciation étrangère est souvent conservée.
le jazz ; un jean ; un fjord ; un juke-box ; un job ; une jeep...

Exercices

Pour tous ces exercices, vous pouvez utiliser un dictionnaire.

1 *Écrivez les verbes en bleu aux temps demandés.* Difficulté ■□□

1. Nous envisager (présent de l'indicatif) un voyage en Auvergne. 2. Ce travail exiger (imparfait de l'indicatif) beaucoup de précision. 3. Clotilde échanger (futur simple de l'indicatif) ce vêtement qui ne lui plaît pas. 4. Dès que tu t'en aperçus, tu corriger (passé simple de l'indicatif) ton erreur. 5. Avant la construction de la digue, les inondations ravager (imparfait de l'indicatif) les cultures. 6. Je partager (imparfait de l'indicatif) mon goûter. 7. Ce médicament soulager (imparfait de l'indicatif) les maux de tête. 8. Vous encourager (présent de l'indicatif) votre équipe favorite.

2 *Dans ces mots, on entend le son (je) ; complétez-les avec g ou j.* Difficulté ■■□

1. le …eudi	2. un …enre	3. le visa…e	4. la …eunesse
5. allon…er	6. la …ustice	7. le …enou	8. le …el
9. ména…er	10. le …yrophare	11. un …énie	12. …êner
13. une lin…ette	14. …uin	15. le …endre	16. le corsa…e
17. un …uron	18. une …ifle	19. les …eux	20. ré…ional

3 *Dans ces mots, on entend le son (je) ; complétez-les avec g ou ge.* Difficulté ■■□

1. J'allume une bou…ie. 2. Ce bou…oir est en cuivre. 3. La fraise rou…it au soleil. 4. La fée sort sa baguette ma…ique. 5. Quel magnifique plon…on ! 6. Il y a des erreurs ; sois vi…ilant. 7. Le pi…on roucoule sur le toit. 8. Nous ran…ons nos affaires. 9. À quelle heure man…es-tu ? 10. Adèle boit une oran…ade fraîche. 11. Olivier enga…ait la conversation.

4 *Complétez ces phrases avec des mots dans lesquels on entend le son (je).* Difficulté ■■■

1. Le principal du coll… reçoit les parents d'élèves. 2. On dit que la ven… est un plat qui se mange froid. 3. La …rouette placée en haut du clocher indique la direction du vent. 4. Casimir a une an… ; il a mal à la gorge et il a de la fièvre. 5. Mme Duchêne a cent ans, mais elle ne fait pas son â… . 6. Pour maigrir, certaines personnes suivent des ré… . 7. Les noms propres commencent tous par une lettre ma… . 8. Le camembert est un from… d'origine normande. 9. Dix millions d'habitants vivent en ré… parisienne.

5 *Trouvez les mots – qui commencent tous par le son (je) – dont nous vous donnons une définition.* Difficulté ■■■

1. L'animal qui a le plus long cou. ➔ la … (6 lettres)
2. Le contraire de *faux*. ➔ … (5 lettres)
3. On y lit les nouvelles quotidiennes. ➔ le … (7 lettres)
4. La femelle du cheval. ➔ la … (6 lettres)
5. Le premier mois de l'année. ➔ … (7 lettres)
6. Lorsqu'on est heureux, on l'exprime. ➔ la … (4 lettres)

Pour terminer — 10 min

Complétez ces mots dans lesquels on entend le son (je).

1. L'horlo…e de l'hôtel de ville a sonné midi.
2. Tu t'a…enouilles pour cueillir des …onquilles.
3. Un petit-dé…euner peut être accompagné d'un …us d'oran…e.
4. Au printemps, éclosent les bour…ons.
5. Le ragoût mi…ote lentement sur le feu.
6. Les piqûres de moustiques provoquent des déman…aisons.
7. Il ne faut …amais …ouer avec des allumettes.
8. Cette famille a trouvé un lo…ement de cinq pièces, entièrement améné…é.
9. La baleine possède une puissante na…oire caudale.
10. Le …aguar vit en Amérique ; il ressemble au léopard.

Expression écrite

Écrivez un dialogue humoristique entre deux animaux du zoo.

Vous composerez huit répliques dans lesquelles vous emploierez, au présent de l'indicatif, à la 1re personne du pluriel, les verbes suivants :
manger - nager - plonger - voltiger.
Vous utiliserez un nom contenant un « **j** » et deux contenant un « **g** ».

39 Le son [f] : f / ff / ph

Pour débuter

Trouvez le mot qui convient pour compléter chaque phrase.

1 Une belle … peut être une véritable œuvre d'art.

a) foto
b) photo
c) foteau

2 En été, les broussailles s'… facilement.

a) enflamment
b) emphlamment
c) enfflamme

3 Le … vend des médicaments.

a) farmacien
b) pharmassien
c) pharmacien

4 Vous buvez votre … noir.

a) café
b) caphé
c) caffé

5 Le coureur franchit la ligne d'arrivée à bout de … .

a) souffle
b) souphle
c) soûfle

À retenir

• Le son [**f**] peut s'écrire :

- « **f** »
une fraise ; enfin ; la définition ; sacrifier

- « **ff** »
suffire ; souffler ; le coffre ; siffler

- « **ph** »
la phrase ; la physique ; la catastrophe ; un éléphant

• Quelques préfixes et suffixes, d'origine grecque, s'écrivent avec « **ph** ».

amphi- (autour) ➔ *un amphithéâtre ; amphibie*

photo- (la lumière) ➔ *la photographie ; la photocopie ; photogénique*

-graphe (qui écrit) ➔ *l'orthographe ; le paragraphe ; le télégraphe ; un autographe*

-phone (le son) ➔ *le téléphone ; le magnétophone ; un interphone ; aphone*

-phage (qui mange) ➔ *un sarcophage ; un œsophage ; un anthropophage*

Les mots ainsi formés sont souvent difficiles à orthographier.

Attention

• Les mots commençant par **af-**, **ef-**, **of-**, s'écrivent tous avec deux « **f** ».
Exceptions : *afin* ; *l'Afrique* ; *africain*

• On peut trouver la lettre « **f** » en fin de mot.
le chef ; vif ; un œuf ; un canif ; un tarif

Mais pour les mots se terminant par le son [**f**], il existe d'autres terminaisons.
la coiffe ; la greffe ; la girafe ; amorphe

Il est toujours difficile de choisir une orthographe plutôt qu'une autre ; il faut donc, en cas de doute, consulter un dictionnaire.

Exercices

Pour tous ces exercices, vous pouvez utiliser un dictionnaire.

1 *Écrivez les adjectifs en bleu au masculin.* *Difficulté* ■□□

Ex : une punition collective → un jeu collectif

1. une lecture instructive → un documentaire …
2. une voiture neuve → un cyclomoteur …
3. une personne sportive → un garçon …
4. la forme active → un verbe …
5. une bête craintive → un animal …
6. une réaction positive → un résultat …

2 *Complétez les mots avec f, ff ou ph.* *Difficulté* ■■□

1. une ra…inerie 2. le pro…esseur 3. un co…re 4. o…iciel
5. une ra…ale 6. les …élicitations 7. un élé…ant 8. un …iloso…e
9. e…acer 10. une mou…le 11. un …élin 12. un ty…on
13. pro…ond 14. un …énomène 15. le bu…et 16. a…icher
17. le chau…age 18. la sym…onie 19. le …oc 20. le …oque
21. un béné…ice 22. le re…rain 23. un dé…i 24. une bou…ée

3 *À la fin de tous ces noms, on entend le son [f] ; complétez-les avec f, fe, phe ou ffe.* *Difficulté* ■■□

1. le capti… 2. l'éto… 3. la tru… 4. une ga…
5. la tou… 6. le massi… 7. le relie… 8. la soi…
9. le moti… 10. un bœu… 11. la gri… 12. une gira…
13. la cara… 14. une stro… 15. le négati… 16. le rosbi…
17. un cali… 18. l'agra… 19. le triom… 20. le photogra…

4 *Copiez les phrases en complétant les mots avec f, ff ou ph.* *Difficulté* ■■□

1. Le dau…in est un mammi…ère aquatique intelligent et très a…ectueux. 2. À la sur…ace de cet étang, on admire de magni…iques nénu…ars. 3. Avant d'a…irmer quelque chose, il …aut ré…léchir longuement. 4. A…in d'avoir les meilleures places, les spectateurs s'engou…rent dans le couloir. 5. Le patineur a e…ectué un saut …antastique ; son exhibition …ut par…aite. 6. Le chau…eur doit régler ses …ares dans les plus bre…s délais.

5 *Trouvez les mots – dans lesquels on entend le son [f] – dont nous vous donnons une définition.* *Difficulté* ■■■

1. Dans le nombre 825, il y en a trois. → des ch… (8 lettres)
2. C'est un rocher à fleur d'eau, dans la mer. → un réc… (5 lettres)
3. En français, il compte vingt-six lettres. → l'al… (8 lettres)
4. C'est l'accessoire indispensable de l'arbitre. → le si… (7 lettres)
5. On le vaporise pour sentir bon. → le pa… (6 lettres)

6 *Donnez le contraire de ces mots dans lesquels on entend le son [f].* *Difficulté* ■■■

Ex : la qualité → le défaut

1. faible 2. chaud 3. reposé 4. facile 5. rassurant 6. rare 7. attaquer 8. pareil 9. accepter 10. ouvrir 11. supérieur 12. le début

Pour terminer (10 min)

Copiez ces phrases en complétant les mots avec f, ff ou ph.

1. Pour e…rayer ses amis, Antonio se déguise avec de vieux chi…ons.
2. Pré…érez-vous les gau…res ou les crêpes ?
3. Gaëlle révise sa leçon de géogra…ie.
4. Autour d'eux, les rois de …rance avaient de nombreux bou…ons.
5. Le pouce n'est …ormé que de deux …alanges.
6. L'atmos…ère de cette salle est étou…ante, le chau…age est déréglé.
7. Il …aut que tu télé…ones au principal a…in de régler cette a…aire.
8. Avec ce tari…, je calculerai …acilement toutes les di…érences de prix.
9. Ce …auteuil est con…ortable ; j'y trouve re…uge quand je suis …atigué.
10. Tu ne re…uses pas de …aire un e…ort, mais l'objecti… est di…icile à atteindre.

Expression écrite

7 *Complétez chacun des mots suivants avec une écriture du son [f] et utilisez-les dans une phrase qui en éclaire le sens :* di…usion - catastro…e - dé…richer.

8 *Vous écrivez une lettre à un acteur (ou à une actrice) pour lui exprimer votre admiration.* Vous composerez un paragraphe de huit lignes environ. Les verbes pourront être au présent de l'indicatif, au passé composé ou au futur simple. Vous emploierez trois mots qui contiennent le son [f]. Vous pourrez utiliser des mots de la leçon.

40 Le son [s] : s / ss / c / ç / sc / t

Pour débuter

Trouvez le mot qui convient pour compléter chaque phrase.

1 Pour ton téléphone, tu as le choix entre plusieurs … .

a) çonneries
b) sonneries
c) sconneries

2 Lorsque vous entrez, essuyez vos pieds sur le … .

a) paillason
b) paillasson
c) pailaçon

3 Avant de démarrer, pensez à boucler votre … de sécurité.

a) seinture
b) ceinture
c) scinture

4 Dans le jardin d'enfants, il y a une … .

a) balanssoire
b) balancoire
c) balançoire

5 Pour achever cette maquette, il faudra faire preuve de … .

a) patience
b) pascience
c) pasience

À retenir

• Le son [s] peut s'écrire :

- « **s** »
la salade ; sauter ; solide ; la réponse ; le sucre

- « **ss** »
la crevasse ; la graisse ; une assiette ; pousser

- « **c** », seulement devant « **e** », « **i** » et « **y** »
un cerceau ; l'urgence ; un citron ; un cygne

- « **ç** », devant « **a** », « **o** » et « **u** »
une façade ; un glaçon ; un reçu

- « **t** », seulement devant la lettre « **i** »
la condition ; la sélection ; balbutier ; un quotient

• Beaucoup de ces mots se terminent par **-tion**, mais tous les mots terminés par ce son ne s'écrivent pas **-tion**.
la passion ; la pension ; la suspicion

• « **sc** » se rencontre dans quelques mots.
la science ; la discipline ; la piscine

Comme le choix entre ces écritures est difficile, il faut apprendre **par cœur l'orthographe des mots les plus courants** et consulter un dictionnaire en cas de doute.

Attention

• Entre deux voyelles, la lettre « **s** » se prononce [**z**]. Pour obtenir le son [**s**], il faut donc doubler le « **s** ».
déjouer une ruse → *parler le russe*
téléphoner à son cousin → *s'asseoir sur un coussin*

• Néanmoins, dans les noms formés de deux mots qui sont soudés, le son [**s**] peut s'écrire exceptionnellement avec un seul « **s** ».
un parasol ; un tournesol ; un contresens ; vraisemblable

• Dans les nombres **dix** et **six**, le « **x** » se prononce [s].

• N'oubliez pas que la lettre « **s** » marque **le pluriel** de beaucoup de noms et d'adjectifs ; dans ce cas, elle est **muette**.

Exercices

Pour tous ces exercices, vous pouvez utiliser un dictionnaire.

1 ***Dans ces mots on entend le son [s] ; complétez-les avec s, ss ou c.*** Difficulté ■■□

1. un bi…cuit	2. une …itrouille	3. une ra…ine	4. effa…er
5. une care…e	6. po…ible	7. sur…auter	8. repa…er
9. …oulever	10. di…puter	11. une cai…e	12. renon…er
13. le ti…u	14. une ca…erole	15. …ertain	16. remer…ier
17. éclabou…er	18. effica…e	19. l'auda…e	20. un pou…in

2 ***Dans ces mots, on entend le son [s] ; complétez-les avec s, ss, c, ç, t ou sc.*** Difficulté ■■□

1. avoir bonne con…ien…e 2. être ambi…ieux 3. une trou…e de …ecours 4. un cri per…ant 5. un nouveau commer…ant 6. une …auci…e chaude 7. un résultat par…iel 8. une fau…e adre…e 9. un animal pare…eux 10. une boi…on fraîche 11. une noti…e de montage 12. un tron…on d'autoroute 13. un hame…on pour la pêche 14. un ge…te gra…ieux 15. une solu…ion …imple 16. une excur…ion en montagne

3 ***À la fin de tous ces noms, on entend le son [s] ; complétez-les avec s, se, sse ou ce.*** Difficulté ■■□

1. le couscou…	2. une épi…	3. la défen…	4. un prospectu…
5. une secou…	6. un tournevi…	7. la présen…	8. un autobu…
9. le pou…	10. la récompen…	11. l'essen…	12. une pu…
13. la brou…	14. la vi…	15. la dan…	16. la cour…
17. un our…	18. le tenni…	19. la chan…	20. un pala…
21. la sour…	22. la vite…	23. la tendan…	24. la far…

4 ***Copiez ces phrases en complétant avec des mots dans lesquels on entend le son [s].*** Difficulté ■■■

1. Pour calculer le périmètre de ce polygone, il faudrait connaître ses dim… . 2. Pour effectuer cette opé…, utilisez une calculatri… . 3. Dans quelques années, la pop… mondiale comptera peut-être dix milliards d'habitants. 4. Ce chanteur de rap est l'idole des adol… . 5. Avant de partir, le conducteur vérifie la pre… de ses pneus. 6. Dans le noir, nous avan… avec beaucoup de précau… . 7. Si l'a…eur est en panne, nous emprunterons l'e…lier. 8. Le metteur en …ne dirige les acteurs.

5 ***Écrivez les noms (terminés par -sion, -tion, -ssion) dérivés de ces verbes.*** Difficulté ■■■

Ex : corriger → la correction

1. émettre 2. louer 3. aérer 4. évoluer 5. éduquer 6. fabriquer 7. occuper 8. suspendre 9. succéder 10. résoudre 11. isoler 12. réduire 13. agresser 14. varier 15. exprimer 16. imprimer

Pour terminer

10 min

Copiez ces phrases en complétant les mots avec s, ss, c, ç, t ou sc.

1. Pour faire ses commi…ions, Dany prend un caddie.
2. Dans l'armoire, le manteau est …uspendu à un …intre.
3. Après un bon ma…age, le …kieur ne re…entira plus aucune douleur.
4. Fatigué, l'alpini…te rede…end dans la vallée.
5. Dimanche, les …itoyens fran…ais sont appelés à voter.
6. La di…cu…ion est vive, chacun veut avoir raison.
7. …imon …urveille la cui…on des …paghettis.
8. Quand le moteur tourne, il ne faut pas s'approcher de l'héli…e d'un bateau.
9. Le feu pa…e au vert, au…itôt les pa…ants en profitent pour traver…er.
10. C'est à la pi…ine que s'entraînent les champions de nata…ion.

Dictée préparée

Le narrateur et ses compagnons sont prisonniers dans un sous-marin, le « Nautilus ».

À peine levé de cette couchette passablement dure, je commençai un examen minutieux de notre cellule. Je me demandai si nous étions destinés à vivre indéfiniment dans cette pièce. Je me sentais la poitrine singulièrement oppressée et ma respiration se faisait difficilement.

D'après Jules Verne, *Vingt mille lieues sous les mers*, 1869.

A ***Recopiez les mots qui contiennent le son [s] et soulignez la ou les lettres qui l'expriment.***

B ***Indiquez les temps des verbes conjugués.***

41 Le son [k] : c / qu / k / ch / ck

Pour débuter

Trouvez le mot qui convient pour compléter chaque phrase.

1 Devant le supermarché, il n'y a plus une seule place de … .

a) parquingue
b) parcquing
c) parking

2 Flavien offre un … de fleurs à sa sœur.

a) bouket
b) bouquet
c) boucquet

3 Ce … disparaît sous les géraniums.

a) balcon
b) balkon
c) balquon

4 Katy dispute une compétition de … .

a) karaté
b) quaranté
c) carathé

5 Pour jouer au … sur glace, il faut d'abord savoir patiner.

a) auquet
b) hockey
c) ocquait

À retenir

Le son [**k**] peut s'écrire :

- « **c** », devant les lettres « **a** », « **o** » ou « **u** » et devant les consonnes
un cachet ; une colline ; récupérer ; un tracteur ; l'acné

Un certain nombre de mots s'écrivent avec **deux** « **c** ».
une occasion ; accompagner ; une accusation

- « **qu** »
quatre ; une quille ; un quotient ; un masque

- « **k** »
un kangourou ; ankylosé ; le smoking

- « **ch** »
la chorale ; la chlorophylle ; la psychologie

- « **ck** »
un jockey ; le nickel ; un teckel
Ces mots sont très souvent d'origine étrangère.

Astuce

Devant « **e** », « **i** » et « **y** », le son [**k**] ne s'écrit jamais avec un seul « **c** ». Sinon, le « **c** » donnerait le son [**s**].
une kermesse ; un kilo ; un kyste
la question ; quitter ; lorsque
stocker ; l'orchestre ; une orchidée

On peut trouver **deux** « **c** » pour obtenir les sons [**k**] et [**s**] qui se suivent.
un accident ; une coccinelle ; accélérer

Attention

• Les lettres « **qua** » peuvent se prononcer (**kwa**) dans des mots d'origine latine.
un aquarium ; l'équateur ; l'aquarelle ; le quartz

• Retenez l'orthographe du nom *piqûre*, alors que le verbe **piquer** ne prend pas de « **û** ».

• Le son [**k**] s'écrit « **cqu** », dans quelques mots.
acquitter ; Jacques ; Jacqueline

Exercices

Pour tous ces exercices, vous pouvez utiliser un dictionnaire.

1 *Copiez chaque couple de phrases en complétant avec les mots en bleu.* Difficulté ■□□

1. roc - rock
   Savez-vous danser le … ?
   Cet homme est si fort qu'on dit qu'il est solide comme un … .
2. chœur - cœur
   Le … de cette cathédrale est superbe.
   Aujourd'hui, les chirurgiens réussissent parfaitement les greffes du … .
3. camp - quand
   J'irai voir mes grands-parents … je serai en vacances.
   Vercingétorix avait transformé Alésia en … retranché.
4. car - quart
   Savez-vous calculer mentalement le … de 100 ?
   Pour partir en voyage scolaire à Londres, le principal a loué un … .

2 *À la fin de tous ces mots, on entend le son [k] ; complétez-les avec c, que, k ou ck.* Difficulté ■■□

1. un chè… 2. un pi… 3. le par… 4. une cla… 5. le du… 6. une pi… 7. l'évê… 8. la pla… 9. un blo… 10. le tra… 11. la tra… 12. une bar… 13. le sto… 14. un éche… 15. un viadu… 16. le be… 17. la politi… 18. don… 19. un hama… 20. la musi… 21. un anora… 22. lors…

3 *Complétez les mots avec c, ch, qu ou k.* Difficulté ■■□

1. la te…nique 2. un …ronomètre 3. un …arillon 4. la vod…a 5. une cas…ette 6. cin…ante 7. l'é…o 8. un …anot 9. un …ilomètre 10. le s…i 11. un …iwi 12. le li…ide 13. le …oléra 14. la …orégraphie 15. un judo…a 16. un or…estre 17. la …orrection 18. pour…oi 19. in…iet 20. l'é…ipe

4 *Complétez les mots avec c ou cc.* Difficulté ■■■

1. un a…ent 2. é…onomiser 3. le ba…alauréat 4. une sa…oche 5. a…user 6. un a…ord 7. un é…ureuil 8. a…omplir 9. le su…ès 10. un a…robate 11. un a…ompte 12. su…omber 13. l'a…ueil 14. un mo…assin 15. é…arter 16. une o…asion 17. l'a…adémie 18. la lo…ation 19. un a…ordéon

5 *Copiez les phrases en complétant avec des mots dans lesquels on entend le son [k].* Difficulté ■■■

1. Pour tracer des angles droits, on utilise une é… .
2. Manuel a reçu une convocation pour passer son permis de … .
3. L'olé… est le terme français qui correspond au mot anglais pipeline.
4. Mes parents suivent l'a…lité en regardant les journaux télévisés.
5. Le car a heurté le mur ; le cho… fut violent, mais il n'y a pas de dégâts.
6. Le débar… allié eut lieu le 6 juin 1944, en Normandie.
7. Pour installer ce meuble, tu suis les instr… de la notice de montage.
8. Le concert a duré deux heures, le pub… est sorti enchanté.

Pour terminer (10 min)

Copiez ces phrases en complétant les mots avec c, ch, qu, k ou ck.

1. Mes amis habitent le …artier des A…acias.
2. …onnais-tu l'album de Tintin intitulé « Co…e en sto… » ?
3. Deux élèves se …erellent dans la …our du …ollège.
4. Tanguy dévore un bifte… …uit à point ; il avait faim !
5. L'eau minérale est mise dans des bouteilles en plasti…e.
6. Le sa… de sport d'un ho…eyeur est immense ; il doit y placer sa …rosse.
7. Le …atholicisme est une religion …rétienne.
8. La joueuse de tennis a …assé une …orde de sa ra…ette.
9. À cy…lomoteur, rouler sans …as…e, c'est prendre des ris…es.
10. On espère bientôt dé…ouvrir un va…in qui vain…ra le SIDA.

Expression écrite

Le professeur de musique de votre classe organise, avec les élèves, une représentation destinée aux parents.

Vous composerez un paragraphe de huit lignes en respectant les consignes suivantes :
- Les verbes seront au passé (imparfait ou passé simple de l'indicatif).
- Vous emploierez quatre mots contenant le son **[k]** ; vous utiliserez des mots de la leçon.

42 La lettre « h »

Pour débuter

Trouvez le mot qui convient pour compléter chaque phrase.

1 Le soleil disparaît à l'… .

a) horizon
b) orizont
c) aurisson

2 L'… est apparu il y a plusieurs millions d'années.

a) omme
b) homme
c) home

3 Ce mot doit être placé entre … .

a) parenthèses
b) parrentèze
c) parentaisse

4 Voulez-vous du thé à la … ?

a) mantte
b) mentent
c) menthe

5 Le cœur et les poumons se trouvent à l'intérieur du … .

a) teauraxe
b) taurax
c) thorax

À retenir

• Comme la lettre « **h** » ne se prononce pas, il est souvent difficile, lorsqu'on orthographie un mot, de savoir si cette lettre est présente.
Seules la **mémorisation** ou la **consultation d'un dictionnaire** permettent de savoir **si un mot commence par la lettre « h », ou s'il y a un « h » muet à l'intérieur du mot**.

• En début de mot, lorsque le « **h** » est **muet**, on place **l'apostrophe après l'article défini** et on fait **la liaison au pluriel**.
l'huître ; les (s)huîtres — *l'heureux gagnant ; les (s)heureux gagnants*
Il habite en banlieue. — *Ils (s)habitent en banlieue.*

• En début de mot, lorsque le « **h** » est **aspiré**, il n'y a **ni apostrophe, ni liaison**.
la hache ; les / haches — *le huit ; les / huit derniers jours*

• À l'intérieur des mots, on peut trouver la lettre « **h** » entre de nombreuses lettres.
le théâtre ; l'athlète ; la méthode ; un souhait ; un menhir

• **Entre deux voyelles, le « h » les sépare** et peut tenir le rôle d'un tréma, empêchant qu'elles forment un seul son.
ahuri ; la cohue ; envahir ; le bahut ; le chahut ; trahir

Remarques :

• La lettre « **h** » se combine aussi avec d'autres lettres pour former des sons consonnes.
- « **ch** »
la chaise ; percher ; un match
- « **ph** »
un phare ; un phénomène ; le triomphe

• Lorsqu'il suit la lettre « **c** », le « **h** » est parfois muet et on prononce [**k**].
la chorale ; un chronomètre ; un chrysanthème

Attention

On trouve parfois la lettre « **h** » à la fin d'interjections ou de mots d'origine étrangère.
pouah ! euh ! ah ! eh !
un mammouth ; le varech ; le zénith ; un flash ; l'almanach

Exercices

1 ***Écrivez** les verbes en bleu **à la 1re personne du singulier au** présent de l'indicatif.* *Difficulté ■□□*
Attention, pour certains verbes, le « h » est aspiré.

1. hisser les voiles 2. habiter en ville 3. hocher la tête 4. hausser les épaules 5. hurler très fort 6. héberger un chat abandonné 7. habiller une poupée

2 ***Complétez chaque famille de mots en bleu par un verbe à l'infinitif.*** *Difficulté ■■□*

Ex : l'**huile** d'olive	un corps **huileux**	➔	**huiler** un engrenage
1. un climat humide	l'humidité d'un terrain	➔	… l'air trop sec
2. une part d'héritage	une riche héritière	➔	… d'une maison
3. des pas hésitants	répondre sans hésitation	➔	… à entrer
4. un heureux hasard	un pari hasardeux	➔	… une réponse
5. rentrer à la hâte	une réponse hâtive	➔	… son retour

3 ***Écrivez ces noms au singulier. Attention, pour certains le « h » est aspiré.*** *Difficulté ■■□*

Ex : les horloges ➔ l'horloge

1. les habits 2. les hectares 3. les habitants 4. les hachures 5. les haies 6. les hangars 7. les habitudes 8. les hôpitaux 9. les handicapés 10. les herbes

4 ***Complétez, si nécessaire, ces mots avec la lettre h. Vous pouvez utiliser un dictionnaire.*** *Difficulté ■■■*

1. L' …exagone a six côtés et l' …octogone en a huit. 2. Le …oublon entre dans la préparation de la bière. 3. On ne peut accéder à cette région qu'en …élicoptère. 4. Les magiciens ont longtemps cherché la composition de l' …élixir de longue vie. 5. Au t…erme d'une partie …aletante, l'équipe …allemande a gagné. 6. Aix-les-Bains est une station t…ermale réputée. 7. En consultant son …oroscope, Catherine connaîtra peut-être son avenir ! 8. Les …orties, ça pique !

5 ***Complétez, si nécessaire, ces mots avec la lettre h. Vous pouvez utiliser un dictionnaire.*** *Difficulté ■■■*

1. un t…ermostat	2. un …aricot	3. un r…inocéros
4. l'ad…érent	5. un …oraire	6. la diarr…ée
7. les mat…ématiques	8. appré…ender	9. une t…éorie
10. les mat…ériaux	11. un labyrint…e	12. un co…équipier
13. un …ématome	14. la sympat…ie	15. co…érent
16. une …émotion	17. la dynast…ie	18. une …omoplate
19. …omogène	20. l'…istoire	21. une …issue

6 ***Cherchez les mots – dans lesquels on trouve la lettre h – dont nous vous donnons une définition.*** *Difficulté ■■■*

1. une voiture, un camion, un autobus	➔ un vé…	(8 lettres)
2. Au Moyen Âge, elles étaient romanes ou gothiques.	➔ les ca…	(11 lettres)
3. Il n'a plus ni père, ni mère.	➔ un or…	(8 lettres)
4. Avec lui, on connaît la température.	➔ le t…	(11 lettres)
5. La boisson favorite des Anglais.	➔ le t…	(3 lettres)
6. Dans un orchestre, c'est le batteur qui le donne.	➔ le ry…	(6 lettres)
7. S'il est des foins, vous éternuez.	➔ le r…	(5 lettres)

Pour terminer

10 min

Complétez, si nécessaire, les mots avec la lettre h.

1. Le médecin fait …ospitaliser le patient pour soigner une maladie …osseuse.
2. Choisissez entre une boîte de t…on à l'…uile d' …olive ou au naturel.
3. Une bonne …ygiène de vie …assure une bonne santé.
4. Dans une discot…èque, le bruit est souvent …insupportable.
5. Les journaux …ebdomadaires paraissent chaque semaine.
6. Une …explosion accompagne la rencontre de l' …ydrogène et de l' …oxygène.
7. Le …urlement du loup fait …ennir les chevaux.
8. En …iver, il vaut mieux ne pas se …asarder dans ce …ameau …abandonné.
9. La course du tiercé se déroule sur l' …ippodrome de Vincennes.
10. Ulysse est un …éros de la myt…ologie grecque.

Expression écrite

Invité(e) par des spécialistes de l'Égypte ancienne, vous avez l'occasion de participer à des fouilles dans les environs du Caire.

Vous raconterez cette expérience en une dizaine de lignes.
Les verbes seront au passé composé de l'indicatif. Vous emploierez, après les avoir complétés avec le son [**f**], les mots …araon et sarco…age.
Vous utiliserez deux autres mots comprenant un « **h** » ; vous pourrez choisir des mots de la leçon.

43 La lettre « x »

Pour débuter

Trouvez le mot qui convient pour compléter chaque phrase.

1. En posant le pied sur la Lune, Armstrong a vécu une aventure … .

   a) ecstraordinaire
   b) extraordinaire
   c) ekstraordinaire

2. L'Arabie Saoudite … beaucoup de pétrole.

   a) esporte
   b) escporte
   c) exporte

3. Aujourd'hui, toutes les écoles françaises sont … .

   a) mistes
   b) mixtes
   c) misctes

4. Le brevet est un … que l'on passe en fin de 3e.

   a) egzamen
   b) examen
   c) exsamen

5. Ces deux propositions sont … .

   a) juxtaposées
   b) juctaposées
   c) justaposées

À retenir

• La lettre « **x** » se prononce :

- [**ks**]
l'expédition ; un lexique ; l'extérieur ; toxique

- [**gz**], dans les mots commençant par **ex**-, si le « **x** » est suivi d'une voyelle ou d'un « **h** ».
exact ; l'exercice ; exister ; exotique ; exhiber

• Si l'on veut que le « **x** » se prononce [**k**] dans les mots commençant par **ex**-, il faut ajouter un « **c** ».
excellent ; exciter ; excepter ; excéder ; excessif

• En fin de mot, le son [**ks**] peut s'écrire « **x** » ou « **xe** ».
le thorax ; l'index ; le luxe

• Très peu de mots commencent par la lettre « **x** ».
un xylophone ; la xénophobie ; le vin de xérès ; Xavier

Le « e » qui précède la lettre « x » n'a jamais d'accent.

Attention

• Pour certains noms et adjectifs, la lettre « **x** » marque le **pluriel**. Elle est bien entendu **muette**.
les panneaux ; les cheveux ; les genoux ; des jeux brutaux

• Certains mots se terminent par un « **x** » muet, même au **singulier**.
la paix ; le prix ; heureux ; doux

• La lettre « **x** » peut éventuellement se prononcer [**s**] ou [**z**].
dix ; six ; deuxième ; sixième ; dixième

Exercices

1 *Complétez les phrases avec les mots de la liste suivante.* *Difficulté* ■□□

exquis - dextérité - larynx - exceptions - texte - excuses - luxueuses

1. Ce … compte quatre paragraphes.
2. Certaines actrices de cinéma vivent dans des villas … .
3. Le prestidigitateur a fait disparaître les colombes : quelle … !
4. Vous êtes en retard et vous présentez vos … au professeur.
5. Ce dessert est vraiment … .
6. Beaucoup de règles d'orthographe ont des … .
7. Un rétrécissement du … peut modifier la voix.

2 *Prononcez ces mots à haute voix et, si nécessaire, placez un c.* *Difficulté* ■■□

1. l'ex…ercice	2. l'ex…ursion	3. l'ex…écution	4. ex…iter
5. ex…iler	6. l'ex…plosion	7. un ex…édent	8. ex…essif
9. ex…aspérer	10. ex…act	11. l'ex…ode	12. l'ex…hibition
13. ex…ubérant	14. ex…agérer	15. un ex…ès	16. ex…entrique

3 *Complétez les mots par x ou xe. Vous pouvez utiliser un dictionnaire.* *Difficulté* ■■■

1. payer une ta… 2. un œil de lyn… 3. envoyer un fa… 4. le bo… des accusés 5. une surface conve… 6. l'anne… du collège 7. une douleur au thora… 8. chercher un sile… 9. un suffi… latin 10. rester perple… 11. respecter la synta… 12. habiter un duple… 13. une question comple… 14. l'inde… des auteurs 15. l'équino… d'automne

4 *Copiez ces phrases en complétant avec des mots dans lesquels on trouve la lettre x.* *Difficulté* ■■■

1. Victime d'un coup au ple…, le bo… s'écroule au tapis. 2. Si vous ne voulez pas grossir, ne faites pas d'e… à table. 3. Pour réaliser ce travail en si peu de temps, tu vas faire le ma… . 4. Ne dis pas à Gautier qu'il est trop grand, tu vas le ve… . 5. Dans les orchestres de jazz, il y a souvent un joueur de sa… . 6. En français, il y a deux au… : *être* et *avoir*. 7. L'e… va nous dire si ce tableau est bien de Picasso. 8. Pour aller plus vite, n'utilisez pas votre voiture, appelez un ta… .

5 *Complétez ces mots avec cc ou x. Vous pouvez utiliser un dictionnaire.* *Difficulté* ■■■

1. la gala…ie	2. l'o…ygène	3. l'a…ident	4. une ve…ation
5. l'a…élérateur	6. ine…orable	7. e…emplaire	8. l'o…ident
9. kla…onner	10. un o…yde	11. un a…essoire	12. e…otique
13. fle…ible	14. e…igu	15. l'a…ent	16. va…iner
17. l'a…ès	18. su…inct	19. into…iquer	20. un a…e

Pour terminer (10 min)

Copiez les phrases en complétant les mots par x ou xe.

1. Le conducteur a fait preuve d'un réfle… étonnant et a évité l'obstacle.
2. Il paraît que le sauna rela… .
3. Chez l'homme, seul le ma…illaire inférieur est mobile.
4. La station de métro se trouve à pro…imité de la place Jean Moulin.
5. Nous avons visité une e…position de tableaux modernes.
6. Un train e…press régional relie Besançon à Belfort.
7. Le joueur coupable d'une brutalité est e…clu par l'arbitre.
8. Obtenir vingt sur vingt en rédaction, c'est e…ceptionnel !
9. Le prix de ce téléviseur est e…orbitant.
10. Jouer pour la première fois en concert est e…altant.

Expression écrite

Vous êtes un entraîneur sportif et vous donnez des conseils à votre équipe avant une compétition ou un match décisif.

Rédigez, en huit lignes environ, le discours que vous tiendriez. Les verbes seront au présent de l'indicatif, au passé composé ou au futur simple. Vous utiliserez cinq mots parmi ceux de la liste suivante :
choix - complexe - excellent - exceptionnel - excessif - exemplaire - exténué - extérieur.

44 Les consonnes doubles

Pour débuter

Trouvez le mot qui convient pour compléter chaque phrase.

1. Des lignes … ne se coupent jamais.

   a) parallèles
   b) parralèlles
   c) paralêlles

2. David glisse sa lettre dans une … .

   a) henvelope
   b) envelloppe
   c) enveloppe

3. Judith a aperçu un objet … dans la nuit étoilée.

   a) bisard
   b) bizarre
   c) biszare

4. Patrice porte un … dentaire.

   a) aparreille
   b) happarreil
   c) appareil

5. Les élèves se rangent en deux … .

   a) colonnes
   b) caulonnes
   c) quolones

À retenir

• Une **consonne peut être doublée** :

- entre deux voyelles
la balle ; suffire ; une pomme ; une raquette ; le terrain

- entre une voyelle et les consonnes « **l** » et « **r** »
le souffle ; s'appliquer ; mettre ; approuver ; accrocher

• **Précédée** d'une autre consonne, une **consonne n'est jamais doublée**.
une perle ; une lampe ; un enfant ; admis

• Lorsqu'une **consonne est doublée**, il n'y a jamais d'accent sur la voyelle qui précède.
une assiette ; une échelle ; la guerre ; les étrennes

• La consonne qui suit une voyelle accentuée **n'est jamais doublée**.
une île ; râper ; la fête ; la crème
Exception : *le châssis* (et les mots de la même famille)
En cas de doute, il faut consulter un dictionnaire.

Attention

• Les mots commençant par **ab-**, **ad-** et **am-** ne **doublent jamais** le « **b** », le « **d** » et le « **m** ».
une abréviation ; abattre ; un abus ; s'abonner
s'adosser ; adorer ; une adresse ; adoucir
l'amour ; amasser ; amical ; s'amuser
Exceptions : *un abbé ; une abbaye / une addition ; additionner / l'ammoniaque*

• Les mots commençant par **ap-** prennent souvent deux « **p** ».
apparaître ; apprivoiser ; l'appartement ; l'appareil ; apprendre
Principales exceptions : *l'apéritif ; apercevoir ; apaiser ; aplatir ; l'apostrophe*

• Les mots formés avec les préfixes **il-**, **im-**, **in-**, **ir-**, doublent la consonne quand le radical commence par « **l** », « **m** », « **n** », « **r** ».
il-lisible ; im-mobile ; in-nombrable ; ir-régulier

• Les consonnes « **h** », « **j** », « **q** », « **x** », et « **v** » ne sont jamais doublées.

Remarque :
Entre deux voyelles, la consonne « **s** » doit être doublée pour obtenir le son [s] : *le bassin ; une trousse ; casser ; plissé.*

Exercices

Pour tous ces exercices, vous pouvez utiliser un dictionnaire.

1 *Complétez ces mots avec une consonne simple ou une consonne double.* *Difficulté* ■■□

f - ff

1. une ra…ale 2. di…érent 3. une gira…e 4. un chi…re 5. une ra…inerie 6. si…ler 7. un gou…re 8. une éto…e 9. sou…rir

p - pp

1. l'a…étit 2. un resca…é 3. attra…er 4. a…uyer 5. l'a…éritif 6. une écha…ée 7. une gra…e 8. l'antilo…e 9. un su…lice

r - rr

1. nou…ir 2. cou…ir 3. pa…eil 4. a…oser 5. mou…ir 6. atte…ir 7. le pa…ain 8. le ma…on 9. la baga…e

n - nn

1. un ma…equin 2. une colo…e 3. i…opérant 4. un pa…eau 5. une ma…ivelle 6. une colli…e 7. i…ocent 8. une a…otation

l - ll

1. une i…usion 2. un bu…etin 3. a…ourdir 4. une poube…e 5. un î…ot 6. déco…er 7. une a…umette 8. exce…ent 9. l'a…ure

2 *Écrivez les verbes de la même famille que les noms suivants. Attention, certaines consonnes sont doublées, d'autres pas.* *Difficulté* ■■□

Ex : le flot → flotter

1. le trot 2. le chagrin 3. le tricot 4. l'espion 5. le début 6. le parfum 7. le ballot 8. l'abandon 9. le téléphone 10. le jardin 11. le vaccin

3 *Écrivez les contraires de ces mots en utilisant des préfixes.* *Difficulté* ■■■

Ex : limité → illimité

1. légal 2. acceptable 3. légitime 4. logique 5. achevé 6. matériel 7. moral 8. expérimenté 9. mortel 10. actif 11. occupé 12. admissible

4 *Écrivez les contraires des mots suivants ; ils ont tous une consonne double.* *Difficulté* ■■■

Ex : un ami → un ennemi

1. facile 2. la paix 3. finir 4. disparaître 5. devant 6. refroidir 7. minuscule 8. éteindre 9. salir 10. coupable 11. refuser 12. s'éloigner

5 *Copiez ces phrases en les complétant par des mots dans lesquels il y a une consonne double.* *Difficulté* ■■■

1. Yves ne peut se coi… , il a une mèche de cheveux rebe… .
2. Saviez-vous que le dauphin est un ma… et non un poi… ?
3. La princ… porte une cou… de pie… précieuses.
4. L'hiver, de nombreuses pers… sou… de la gri… .
5. L'achat de ce bu…et ancien est une o…asion excepti… .
6. Si vous a…ez faire des co….issions, pensez à acheter des caro… .

Pour terminer (10 min)

Copiez ces phrases en complétant les mots par une consonne double ou une consonne simple.

1. Diane a…artient au corps de ba…et de l'Opéra de Paris depuis deux ans.
2. Les ingénieurs a…istent au déco…age de la nave…e spa…iale.
3. Tous les é…èves du co…ège ont leur moye…e en SVT.
4. Les chevaux ont sau…é la ba…iè…e sans di…iculté.
5. Le to…ent cha…ie d'é…ormes troncs d'arbres.
6. Comme la so…erie ne fonctio…e pas, je fra…e à la por…e.
7. On n'i…agine pas un orchestre de rock sans un ba…eur.
8. Le soigneur a…lique un peu de po…ade sur la ble…u…e.
9. Les spéléologues explo…ent une gro…e sou…e…aine.
10. Une noise…e de beu…e sur les po…es de terre, c'est su…ulent.

Dictée préparée

Robinson Crusoé, un naufragé, raconte les premiers instants qui ont suivi son arrivée sur l'île déserte.

Je n'avais alors qu'une seule préoccupation : chercher les moyens de me mettre en sûreté, soit contre les sauvages qui pourraient survenir, soit contre les bêtes féroces. Je me demandais si je devais m'installer dans une grotte ou dresser une tente.

D'après Daniel Defoe, *Robinson Crusoé*, 1719.

A *Recopiez les mots qui contiennent une consonne double.*

B *Relevez les verbes ; indiquez leur temps et leur sujet.*

C *Relevez les adjectifs qualificatifs et précisez le nom auquel chacun se rapporte.*

Bilan n°7

35. La ponctuation et les majuscules
36. D'autres signes de ponctuation 37. Les accents - Le tréma
38. Le son (je) 39. Le son [f] 40. Le son [s] 41. Le son [k]
42. La lettre « h » 43. La lettre « x » 44. Les consonnes doubles

Exercices

1 ***Copiez le texte en ajoutant les points et les virgules aux emplacements indiqués. N'oubliez pas les majuscules.***

Dédale est un architecte qui a construit un labyrinthe pour le roi de crète* minos* ce roi ne veut pas que l'on connaisse le plan du labyrinthe et il y fait enfermer dédale et son fils icare* l'architecte cherche alors un moyen pour s'enfuir* avec des plumes et de la cire* il confectionne des ailes* il les installe sur son dos et sur celui de son fils* dédale pense ainsi pouvoir voler et s'élever au-dessus du labyrinthe*

2 ***Copiez les phrases suivantes en ajoutant les signes de ponctuation (guillemets, tirets, deux points, virgules) aux emplacements indiqués.***

L'architecte Dédale dit à son fils*
*Nous allons nous échapper de ce labyrinthe.
*Comment ? demande Icare.
Avec ces ailes que j'ai confectionnées explique Dédale.
*Crois-tu que nous allons réussir ? interroge le jeune homme.
Oui assure l'architecte* nous réussirons si nous ne nous approchons pas trop près du soleil car une grande chaleur ferait fondre la cire qui maintient les plumes ensemble.*

3 ***Dans les phrases suivantes, complétez les mots en bleu avec la ou les deux lettres qui conviennent.***

1. Icare, le fils de l'archite…te Dédale, oublie qu'il ne faut pas s'approcher trop pr…s du soleil et il tombe dans la mer. 2. Pourquoi as-tu cassé ce superbe plat en fa…ence ? On dirait que tu l'as fait e…près ! Il te suffisait de faire un peu plus atten…ion ! 3. Ne jouez pas à c…té des ruches ! Les piq…res d'abeilles sont particuli…rement douloureuses. 4. Dans *Le Fant…me de Canterville* d'Oscar Wilde, deux …umeaux endiablés dé…ident d'…ffrayer un malheureux revenant. 5. Dans *La Po…ion magique de Georges Bouillon*, roman écrit par Roald Dahl, le petit gar…on prépare une boi…on destinée à sa cruelle grand-mère. 6. Aujourd'hui, Marc a fait preuve de plus de concentra…ion ; il a réussi à se di…ipliner et son travail a été beaucoup plus effica…e.

Dictée préparée

Les parents de Delphine et de Marinette les félicitent pour leur sagesse.
Nous sommes vraiment fiers de vous. C'est un plaisir d'avoir des petites si obéissantes et si travailleuses. Mais vous allez être récompensées. Vous pensez bien que notre intention n'a jamais été de vous priver de vos boîtes de peinture. […]
Nous voilà satisfaits. Donc, permission de peindre tout l'après-midi.

D'après Marcel Aymé, « Les boîtes de peinture », dans *Les Contes rouges du chat perché*, Gallimard, 1963.

A ***Relevez les mots qui comportent le son [s] et soulignez la ou les lettres qui l'expriment.***

B ***Recopiez les mots qui portent un accent.***

Expression écrite

4 ***Deux objets différents (un couteau et une fourchette, un crayon et une gomme…) discutent : chacun veut montrer qu'il est indispensable.***

Imaginez la scène en composant un dialogue humoristique comprenant au moins dix répliques. Vous veillerez à bien employer la ponctuation et les majuscules.

5 ***Un(e) scientifique, spécialiste de la mer, a fait une découverte exceptionnelle et un journaliste vient l'interroger.***

Vous écrirez, dans un paragraphe d'une dizaine de lignes, cet entretien. Vous veillerez à la ponctuation du dialogue. Vous utiliserez deux mots qui comportent le son [**k**], trois mots qui ont une consonne double, un mot qui commence par la lettre « **h** » et un mot qui contient un « **x** ». Vous pourrez choisir des mots étudiés dans les leçons.

6 ***Un(e) élève demande au CPE l'autorisation de quitter le collège entre deux cours pour aller acheter des cartouches pour son stylo. Le CPE lui explique que ce n'est pas possible.***

En un paragraphe de huit lignes, vous écrirez les paroles du CPE.
Vous emploierez trois mots qui comportent le son [**f**], trois qui contiennent le son [**s**], et deux le son (**je**). Vous utiliserez également les noms : collectivité - exemple - habitude.
Vous pourrez choisir des mots étudiés dans les leçons.

Exploitation du test →

Repérez les numéros des questions sur lesquelles vous avez fait des fautes.

Révisez les leçons correspondantes et assurez-vous que vous avez bien compris en refaisant les exercices de ces leçons :

questions 1, 3, 11
→ leçon 35 → La ponctuation et les majuscules

questions 2, 9
→ leçon 36 → D'autres signes de ponctuation

questions 4, 6
→ leçon 37 → Les accents - Le tréma

questions 11, 12, 13, 15
→ leçon 38 → Le son (je)

questions 14, 15, 16, 17
→ leçon 39 → Le son [f]

questions 7, 8, 9, 10, 16
→ leçon 40 → Le son [s]

questions 18, 19
→ leçon 41 → Le son [k]

questions 14, 15
→ leçon 42 → La lettre « h »

questions 5, 20
→ leçon 43 → La lettre « x »

question 10
→ leçon 44 → Les consonnes doubles

10 min

Test

Difficulté ■□□

1 ***La nuit … les oiseaux nocturnes sont très actifs.***
a. . b. , c. ;

2 ***Que faites-vous mercredi après-midi …***
a. ? b. ! c. .

3 ***« Parles-tu … ? » … Pablo.***
a. Espagnol / Demande b. Espagnol / demande
c. espagnol / demande

4 ***Tu es trop … ; ne crois pas tout ce qu'on te raconte.***
a. naif b. naîf c. naïf

5 ***Regardez bien l'… pour comprendre la leçon.***
a. exemple b. excemple c. èxemple

6 ***Vous organisez une … pour votre anniversaire.***
a. féte b. fète c. fête

7 ***Le … a oublié sa truelle au pied du mur.***
a. masson b. macon c. maçon

8 ***Les … européennes adoptent des projets communs.***
a. nassions b. nations c. nacions

9 ***Est-ce que tu veux un … dans ton orangeade …***
a. glaçon / ! b. glasson / ? c. glaçon / ?

10 ***Le professeur … le tableau quand le CPE est entré.***
a. effaçait b. effassait c. ephacait

11 ***Pour résoudre ce problème … il faut se montrer … .***
a. ; / logique b. , / logeique c. , / logique

12 ***Cette solution n'est pas … pour l'instant.***
a. envisajable b. envisagable c. envisageable

13 ***L'an dernier, les élèves de 6e … le lundi de 15 heures à 17 heures.***
a. najaient b. nageaient c. nagaient

14 ***Cet appareil … numérique est très perfectionné.***
a. foto b. photo c. phôto

15 ***La … permet de mieux connaître notre planète.***
a. jéografie b. géografie c. géographie

16 ***Les études que vous envisagez nécessitent de solides connaissances … .***
a. sientifiques b. scientifiques c. scientiphiques

17 ***Ces vapeurs de soufre près des volcans sont un … naturel.***
a. fénomène b. phénomène c. phénoméne

18 ***La gentillesse est une … appréciée.***
a. calité b. qualité c. kalité

19 ***On vous propose de faire partie d'un … de jazz.***
a. orchestre b. orkestre c. orchèstre

20 ***Nous avons deux … à faire pour jeudi.***
a. exercices b. éxercices c. excercices

Pour aller plus loin

Difficulté ■■■

1 ***Je me demande où j'ai bien pu ranger mon classeur de français …***
a. ? b. ; c. .

2 ***En relisant … Luc s'aperçoit qu'il s'est trompé.***
a. , b. ; c. :

3 ***Les … ne connaissent pas tous la langue … .***
a. Anglais / française b. anglais / française
c. Anglais / Française

4 ***Vous devez faire la … d'un paysage sous la neige.***
a. déscripssion b. dèscription c. description

5 ***Un … a décollé pour porter secours aux alpinistes.***
a. hélicoptaire b. hélicoptère c. éllicoptèr

6 ***Les diabétiques doivent se faire des … d'insuline.***
a. pikures b. piqures c. piqûres

7 ***Pendant les vacances, la famille Siby a loué un … rural.***
a. jite b. gite c. gîte

8 ***En colonie, les enfants s'initient au … .***
a. canoé b. canoë c. canoê

9 ***Les … se font souvent écraser par les voitures.***
a. hériçons b. hérissons c. hérisons

10 ***Cette … pour violoncelle est difficile.***
a. partission b. partision c. partition

11 ***La … est toujours préférable à la violence.***
a. discussion b. discusion c. discution

12 ***En terminale, les élèves découvrent la … .***
a. philosophie b. filosofie c. philosofie

13 ***Ne dis pas que Thomas est ton … .***
a. énnemi b. ennemi c. hainemi

14 ***Chaque année, nous utilisons de nouvelles … technologiques.***
a. innovations b. inovassions c. innovasions

15 ***Je fais une … de cette lettre.***
a. photocopie b. fotocopie c. phottocoppie

16 ***Avez-vous visité les grands … d'Océanopolis?***
a. acouariums b. aquariums c. achouariums

17 ***En haut du toit, la … indique le sens du vent.***
a. geirouette b. jirouette c. girouette

18 ***Au musée du Caire, on admire de splendides … .***
a. sarkophages b. sarchophages c. sarcophages

19 ***Je vous … un très bon anniversaire.***
a. shouaite b. souhaite c. souaite

20 ***L'animal marin qui ressemble à un petit cheval est un … .***
a. hipocampe b. hippocampe c. ipocampe

45

Les noms terminés par -eur, -eure, -eurre

Pour débuter

Trouvez les noms qui conviennent pour compléter ces phrases.

1. La … du four est intenable ; éloignez-vous.

a) challeure
b) chaleur
c) chaleurre

2. Le métier de … était très pénible.

a) minneure
b) mineurt
c) mineur

3. Les yeux d'un bon … sautent très vite d'un mot à l'autre.

a) lecteure
b) lecteur
c) lecteurt

4. Plusieurs … attendent le TGV pour Bordeaux.

a) voyageurs
b) voyageurt
c) voyageures

5. Puis-je vous demander une … ? Baissez le son de votre radio.

a) faveuret
b) faveurre
c) faveur

À retenir

• La grande majorité des noms – **masculins** et **féminins** – terminés par le son (**eur**) s'écrivent **-eur**.
le chauffeur ; un baladeur ; un ascenseur ; la douceur ; la longueur ; la douleur ; la fraîcheur

Exceptions :
le beurre ; la demeure ; l'heure ; un heurt (heurter) ; un leurre (leurrer)

• Certains noms terminés par (**eur**) s'écrivent avec un « **o** » et un « **e** » liés.
le cœur ; la sœur ; la rancœur ; un chœur

Attention

• Quelques noms empruntés à des langues étrangères se terminent par le son (**eur**), mais ils gardent leur orthographe d'origine.
un leader ➔ celui qui est en tête d'une course
un speaker ➔ celui qui présente une émission
un flipper ➔ mécanisme qui renvoie la bille dans un billard électrique
un dealer ➔ celui qui procède à un échange (souvent malhonnête…)
*un manager** ➔ celui qui encadre une équipe
*un cutter** ➔ un instrument pour couper le carton ou la moquette
* *Certains peuvent aussi se prononcer (èr).*

• Quelques adjectifs qualificatifs masculins se terminent également par **-eur**.
le meilleur résultat ; un classement flatteur ; le règlement intérieur ; un caractère joueur ; un oiseau migrateur

Exercices

1 ***Comment appelle-t-on ceux qui accomplissent ces actions ?*** *Difficulté* ■□□

Ex : Celui qui jongle ? → le jongl**eur**

1. Celui qui patine ?
2. Celui qui pêche ?
3. Celui qui skie ?
4. Celui qui joue au football ?
5. Celui qui campe ?
6. Celui qui visite les lieux ?
7. Celui qui court ?
8. Celui qui livre des colis ?
9. Celui qui entraîne une équipe?
10. Celui qui accuse ?

2 ***Donnez les noms (qualités ou défauts) de la même famille que ces adjectifs. Ils se terminent tous par le son (eur).*** *Difficulté* ■■□

Ex : raide → la raid**eur**

1. ardent 2. pâle 3. mince 4. laid 5. gros 6. furieux 7. tiède 8. rond 9. lent 10. vigoureux 11. effrayant 12. maigre 13. frais 14. blanc

3 ***Complétez les noms de ces expressions terminés par le son (eur). Vous pouvez utiliser un dictionnaire.*** *Difficulté* ■■□

1. remplir les extinct…
2. visiter le ch… d'une église
3. suivre à contrec…
4. rouler à cyclomot…
5. en voir de toutes les coul…
6. une od… entêtante
7. offrir un bouquet de fl…
8. un amat… de vases chinois
9. la p… des vipères
10. être en su…
11. déplacer un meuble sans h…
12. Il y a péril en la dem… .

4 ***Complétez avec des noms terminés par le son (eur).*** *Difficulté* ■■■

1. À la vente aux enchères, ce tableau de val… a trouvé un riche acqué… .
2. Le direct… de l'usine a des collab… qui le secondent parfaitement.
3. Le domp… fait claquer son fouet, les fauves s'alignent.
4. Les greffes du c… sont désormais des opérations qui réussissent.
5. Tu as commis une er… ; reprends tous les calculs.
6. Le supermarché ferme ses portes à vingt h… .
7. Avec un ordi…, on peut se connecter à Internet.
8. La s… de Gaétan est en pl… ; son chat a disparu.
9. Le ven… présente divers modèles de télév… à des ache… indécis.
10. Le trapp… dispose un l… pour attirer les renards.

5 ***Cherchez les noms terminés par le son (eur) dont nous vous donnons une définition.*** *Difficulté* ■■■

1. Ceux de votre classe dispensent des cours. → les pro… (11 lettres)
2. Il double les acteurs pour les scènes dangereuses. → le cas… (9 lettres)
3. En notre absence, il prend les messages. → un rép… (9 lettres)
4. Ils votent pour choisir les députés. → les éle… (9 lettres)
5. Ceux d'un avion lui permettent de décoller. → les réa… (9 lettres)
6. Ils peuvent être de ski ou de plongée. → les mon… (9 lettres)
7. Ils éclairent la scène. → les pro… (11 lettres)
8. Ligne qui partage la Terre. → l'équa… (8 lettres)

Pour terminer (10 min)

Complétez ces phrases avec des noms terminés par le son (eur).

1. Un bon brico… peut monter cette cloison en quelques h… .
2. Quel est l'au… de l'*Odyssée* ?
3. L'ora… parle si bien que le public est suspendu à ses lèvres.
4. Le capitaine de l'équipe du collège a eu l'hon… de soulever la coupe.
5. Connaissez-vous le nom de l'avia… qui a traversé la Manche pour la première fois ?
6. Dans la pâte à crêpes, tu peux verser une cuillère de liq… de fl… d'oranger.
7. L'explo… n'a pas p… de s'aventurer seul dans la forêt amazonienne.
8. Les locomotives à vap… ont presque disparu en France.
9. L'apic… s'occupe de ses ruches tout au long de l'année.
10. Je n'apprécie pas du tout les films d'hor… .

Expression écrite

Composez quatre paragraphes. Vous utiliserez, pour chacun, les noms ou expressions proposés, après les avoir complétés, si nécessaire. Les lettres manquantes correspondent au son (eur).

1. été - grande chal… - plage bondée - éclats de rire
2. une bonne od… - la cuisine - des invités - de grandes marmites
3. mal au c… - un bateau - une traversée mouvementée
4. un objet de val… - un musée - un gardien attentif - des touristes

46

Les noms masculins terminés par -é, -er, -ée

Pour débuter

Trouvez les noms qui conviennent pour compléter ces phrases.

1 Sauriez-vous calculer la mesure du … de ce carré ?

a) côté
b) côtté
c) côtée

2 Il n'y a plus une seule feuille de … dans l'imprimante.

a) papié
b) papier
c) papiée

3 Léon habite dans le … du bois des Charmes.

a) quartié
b) quartiez
c) quartier

4 Un gigantesque … est à quai dans le port du Havre.

a) pétroliet
b) pétrolier
c) pétroliée

5 Effrayée, la biche se réfugie dans un … .

a) fourré
b) foûrrée
c) foûrrer

À retenir

• Beaucoup de noms masculins terminés par le son (**é**) s'écrivent **-er**.
l'escalier ; le pilier ; le panier ; un rocher

- des noms de métiers :
un ouvrier ; un boulanger ; un pâtissier ; un charcutier

- des noms d'arbres :
un pommier ; un prunier ; un pêcher ; un poirier

• Un certain nombre de noms masculins terminés par le son (**é**) s'écrivent **-é**.
le café ; le degré ; le fossé ; le carré

• Quelques noms terminés par le son (**é**) ont des terminaisons particulières.
le pied ; le trépied ; le marchepied ; le nez

Attention

• Quelques noms masculins terminés par le son (**é**) s'écrivent **-ée**. Retenez l'orthographe des plus courants.
le lycée ; le musée ; le scarabée ; un mausolée ; un trophée ; un rez-de-chaussée

• Certains participes passés de verbes du 1er groupe sont employés comme noms. Ils s'écrivent **-é**.
un résumé ; un tracé ; un employé ; un habitué

Mais certains infinitifs de verbes du 1er groupe sont aussi employés comme noms. Ils s'écrivent **-er**.
le dîner ; le coucher ; le goûter

Comme il n'existe pas de règle précise, il faut **retenir l'orthographe** de ces noms, ou **consulter un dictionnaire** en cas de doute.

Exercices

Pour tous ces exercices, vous pouvez utiliser un dictionnaire.

1 *Complétez ces noms masculins terminés par le son (é).* *Difficulté* ■□□

1. une écriture de gauch…
2. le pédali… d'un VTT
3. un scarab… doré
4. un chimpanz… intelligent
5. le dossi… d'un fauteuil
6. un sorci… africain
7. le délégu… de la classe
8. le chanti… d'un immeuble
9. un n… en carton
10. un cahi… de français
11. de la farine de bl…
12. un cir… pour la pluie
13. un casi… individuel
14. un méti… manuel
15. un défil… de majorettes
16. un fichi… d'exercices

2 *Donnez le nom des arbres ou des arbustes sur lesquels poussent ces fruits ou ces fleurs. Ils se terminent par le son (é).* *Difficulté* ■■□

Ex : les châtaignes → un châtaign**ier**

1. les amandes 2. les cerises 3. les abricots 4. les noisettes 5. les noix 6. les olives 7. les mûres 8. les figues 9. les oranges 10. les citrons 11. les roses 12. les groseilles 13. les pêches

3 *Complétez les noms masculins de ces plats. Tous ces noms se terminent par le son (é).* *Difficulté* ■■□

1. un velout… aux asperges 2. un feuillet… au jambon 3. des canap… au saumon 4. un éminc… de poireaux 5. un petit sal… aux lentilles 6. des pi… de porc 7. un souffl… au fromage 8. un pav… de bœuf 9. un saut… de veau 10. un roul… au chocolat 11. du pât… en croûte

4 *Donnez le nom du métier de ces personnes. Tous ces noms se terminent par le son (é).* *Difficulté* ■■■

Ex : Autrefois, il vendait des épices. → l'épic**ier**

1. Il répare les chaussures et les objets en cuir. → le cor… (10 lettres)
2. Il cultive des légumes. → le maraî… (9 lettres)
3. Il vend des vis, des clous, des outils. → le quin… (12 lettres)
4. Il fabrique des violons. → le luth… (7 lettres)
5. Il installe les lavabos et les baignoires. → le pl… (8 lettres)
6. Il loue des chambres pour les voyageurs. → l'hôt… (8 lettres)
7. Il fabrique des meubles et des sièges. → le menu… (9 lettres)
8. Il éteint les incendies. → le pom… (7 lettres)

5 *Complétez les phrases avec des noms masculins terminés par -é, -er ou -ée.* *Difficulté* ■■■

1. La voiture a dérapé sur le gra… ; heureusement, il n'y a pas de bless… .
2. Le vainqueur du tournoi de Roland-Garros brandit fièrement le tro… .
3. Chaque matin, le prépo… de la poste distribue le cou… .
4. Les vaches et les veaux sont dans le p…, été comme hiver.
5. L'énon… du problème est simple ; la solution plus compliquée !
6. Vous remplissez l'impri… au stylo à bille.
7. Après la classe de 3e, nous entrerons au ly… .
8. Les rout… doivent se reposer toutes les deux heures.

Pour terminer (10 min)

Complétez ces phrases avec des noms masculins terminés par -é, -er ou -ée.

1. Nous sommes bien installés sur les coussins du canap… .
2. Au petit-déjeu…, prends-tu du th… ou du caf… ?
3. J'habite sur le même pal… que Nancy.
4. Tu n'achètes tes légumes qu'au mar… .
5. Combien y a-t-il de touches sur un clav… de piano ?
6. Le verg… de M. Ricco produit des tonnes d'abricots.
7. Pour cette opération, trois infir… assistent le chirurgien.
8. Cette association vend des calen… à l'occasion de la nouvelle année.
9. Savez-vous conjuguer les verbes du 3e groupe au pass… simple ?
10. Elle porte un splendide coll… de fleurs.

Expression écrite

Un professeur d'EPS a organisé une journée en forêt pour sa classe de 6e.

Vous raconterez cette journée en un paragraphe de huit lignes.
Vous écrirez à la 3e personne et vous mettrez les verbes au passé (imparfait ou passé simple de l'indicatif).
Vous emploierez quatre noms terminés par le son (**é**).
Vous pourrez utiliser les noms de la leçon.

47

Les noms féminins terminés par -ée, -té, -tié

Pour débuter

Trouvez les noms qui conviennent pour compléter ces phrases.

1 La … Ariane décolle de la base de Kourou.

a) fussée
b) fuser
c) fusée

2 En fin de …, le principal du collège recevra les parents d'élèves.

a) journée
b) journer
c) journé

3 64 est bien la … de 128.

a) moittié
b) moitié
c) moitier

4 Tracy obtient la médaille du 400 mètres : quelle … !

a) foullé
b) fouler
c) foulée

5 Dans la … du col du Tourmalet, les coureurs peinent.

a) montté
b) monter
c) montée

À retenir

• Les noms féminins terminés par le son (**é**) s'écrivent **-ée**.
une année ; la rangée ; la soirée ; une traversée

Exceptions :
- *la clé* (qui peut aussi s'écrire *la clef*) ; *l'acné*
- la plupart des noms féminins terminés par **-té** ou **-tié**
la cité ; la faculté ; la moitié ; la pitié

• Les noms féminins terminés par **-té** ou **-tié** s'écrivent donc sans « **e** ».

Exceptions :
- *la dictée ; la montée ; la remontée ; la jetée ; la portée ; la butée ; la pâtée*
- les noms qui indiquent un contenu
une assiettée de soupe ; une platée de pâtes

Attention

Il ne faut pas confondre :
la pâtée (du chien), **nom féminin** qui prend un « **e** » ; il fait partie des exceptions à la règle des noms féminins en **-té** ou **-tié**.
et *le pâté*, **nom masculin**, qui ne prend pas de « **e** ».

Certains participes passés sont employés comme des noms ; ils prennent tous un « **e** » au féminin singulier.
une blessée ; une invitée ; une fiancée ; une déportée

Exercices

1 *Complétez ces noms féminins terminés par -ée ou -é.* *Difficulté* ■□□

1. la mar… d'équinoxe
2. l'all… du parc
3. une chauss… déformée
4. la jet… du port
5. de la pur… de légumes
6. la sévérit… d'un jugement
7. la cl… des champs
8. de la gel… de groseilles
9. la rivalit… des adversaires
10. une unit… de mesure
11. une donn… du problème
12. un feu de chemin…
13. des jeux de sociét…
14. une pellet… de sable
15. des gouttes de ros…
16. la pât… du caniche

2 *Transformez ces groupes nominaux selon le modèle.* *Difficulté* ■■□

Ex : un chanteur célèbre → la célébrit**é** d'un chanteur

1. un animal cruel 2. un lieu propre 3. un garçon naïf 4. un fruit acide 5. une eau pure 6. une chanson gaie 7. une place gratuite 8. un mur solide 9. une ville active 10. un tunnel obscur 11. un acteur renommé

3 *Écrivez le nom féminin correspondant à chaque verbe. Vous ajouterez un adjectif ou un complément.* *Difficulté* ■■□

Ex : mêler → une mêl**ée** confuse *ou* une mêl**ée** de rugby

1. entrer → …
2. pincer → …
3. envoler → …
4. se marier → …
5. plonger → …
6. dicter → …
7. employer → …
8. monter → …
9. blesser → …
10. arriver → …
11. trancher → …
12. tourner → …

4 *Complétez chaque phrase avec un nom féminin, terminé par -ée ou -é, de la même famille que le mot en bleu.* *Difficulté* ■■■

1. vrai — Certains prétendent que toute … n'est pas bonne à dire.
2. porter — Savez-vous combien de lignes compte une … musicale ?
3. sain — Fumer n'est pas bon pour la … .
4. cru — À la cafétéria, je me contente d'une assiette de … .
5. poing — Steve répare la … de frein de son cyclomoteur.
6. un an — Combien y a-t-il de jours dans une … bissextile ?
7. utile — Quelle peut être l'… de cet appareil bizarre ?
8. à travers — La … de cette ville est interdite aux poids lourds.
9. réel — Quelquefois la fiction dépasse la … .

5 *Complétez chaque phrase avec un nom féminin terminé par -ée ou -é.* *Difficulté* ■■■

1. À la vue d'une ar… aux pattes velues, Maryline est prise de panique.
2. La cor… d'alpinistes approche lentement du sommet.
3. En voiture, il faut boucler sa ceinture de séc… .
4. Le parrain de Léa distribue des dra… à l'occasion du baptême de sa filleule.
5. Dans cette usine, on ne fabrique que des produits de qual… .
6. Les paysans du Moyen Âge effectuaient des cor… pour le seigneur.
7. Le chasseur a pit… de cet animal blessé ; il le laisse en lib… .
8. Les fleurs préférées de Pascale sont les orch… .
9. La pub… envahit chaque jour un peu plus les écrans de télévision.
10. L'élec… a transformé la vie de tous les jours.

Pour terminer (10 min)

Complétez ces phrases avec des noms féminins terminés par -ée ou -é.

1. En automne, les moutons redescendent dans la va… .
2. Le maître nageur lance une bo… à l'enfant en difficul… .
3. Pour réussir, il faut du travail et de la vol… .
4. Ces journaux présentent l'actu… en France et dans le monde.
5. La dur… de la réparation est bien trop longue.
6. Le gâteau était si bon que tu n'en as fait qu'une bou… .
7. Lorsqu'ils pénètrent dans la mos…, les musulmans se déchaussent.
8. Albert n'a pas mesuré la grav… de son acte.
9. Avez-vous déjà visité la salle des ant… égyptiennes au musée du Louvre ?
10. La devise de la République est « Li…, Ég…, Fr… ».

Expression écrite

Imaginez un pays encore inconnu où les habitants mènent une vie particulièrement heureuse.

En un paragraphe d'une dizaine de lignes, vous évoquerez ce lieu idéal. Les verbes seront au présent de l'indicatif.
Vous emploierez cinq noms féminins parmi ceux de la liste suivante : amitié - collectivité - idée - journée - liberté - qualité - société - vérité - volonté.

48 Les noms terminés par le son [o] : -o / -eau / -au

Pour débuter

Trouvez les noms qui conviennent pour compléter ces phrases.

1. Tristan joue du … depuis l'âge de quatre ans.

   a) piano
   b) pianeau
   c) pianau

2. Pour réussir l'attestation de sécurité routière, il faut connaître les … .

   a) pannots
   b) panneaux
   c) pannaux

3. La paresse est un vilain … .

   a) défot
   b) défeau
   c) défaut

4. Les petits … font les grandes rivières.

   a) ruisaux
   b) ruissots
   c) ruisseaux

5. Aujourd'hui, les … effectuent de nombreuses tâches à notre place.

   a) robeaux
   b) robaus
   c) robots

À retenir

• Beaucoup de noms terminés par le son [**o**] s'écrivent **-eau**. Ce sont des noms masculins.
un tonneau ; le cerveau ; un pinceau

• Seuls deux noms terminés par **-eau** sont du genre féminin.
la peau ; l'eau

• Il n'y a jamais de lettre muette après la terminaison **-eau**, sauf lorsque le nom est au pluriel.
des tableaux ; des bureaux ; des chapeaux

• Il existe deux autres terminaisons pour les noms terminés par le son [**o**].
-au
le préau ; le tuyau ; le boyau
-o
un lavabo ; un studio ; le loto

Attention

• À la fin des noms terminés par **-o** ou **-au**, il y a assez souvent une lettre muette.
un lot ; le propos ; le galop ; un escroc
un assaut ; le réchaud ; le taux

• Devant la lettre « **t** », on place parfois un accent circonflexe sur le « **o** ».
un impôt ; le dépôt

• Beaucoup de noms terminés par **-o** sont des noms formés en abrégeant d'autres noms.
la photographie ➔ *la photo*
un microphone ➔ *un micro*
une automobile ➔ *une auto*

• Les noms terminés par **-eau** et **-au** (sauf *landaus*) prennent un « **x** » au pluriel.

Astuce

Il est parfois possible de trouver la consonne finale d'un nom terminé par **-au** ou **-o** en cherchant un mot de la même famille dans lequel on entend cette consonne.
un abricot ➔ *un abricotier ; le repos* ➔ *se reposer*

Mais il y a des exceptions : *numéroter* ➔ *le numéro*.
Il faut donc consulter un dictionnaire en cas de doute.

Exercices

Pour tous ces exercices, vous pouvez utiliser un dictionnaire.

❶ *Complétez les noms terminés par le son [o].* *Difficulté* ■□□

1. une promenade en pédal… 2. écrire rect… vers…
3. jouer au casin… 4. effacer le tab…
5. pousser un chari… 6. porter un tric… de laine
7. se déplacer en traîn… 8. des feuilles d'artich…
9. un scénari… de film 10. le maill… de ton équipe

❷ *Complétez les phrases avec des noms terminés par le son [o].* *Difficulté* ■■□

1. La colombe de la paix a un ram… d'olivier dans son bec. 2. Le cham… a deux bosses et le dromadaire une seule. 3. La nourrice pousse le land… du bébé qu'elle promène dans le parc. 4. Au Mali, les sauterelles sont un véritable flé… pour les cultures. 5. Grégory a fait un accr… à son blouson. 6. Dès qu'on le touche, l'escarg… rentre dans sa coquille. 7. Steve n'a pas de chance, son tir s'est écrasé sur le pot… . 8. « Le ros… plie, mais ne rompt pas », écrivait La Fontaine.

❸ *Complétez les noms terminés par le son [o]. Vous consulterez un dictionnaire pour donner le nom qui est à l'origine de ce nom raccourci.* *Difficulté* ■■□

Ex : une dactyl**o** → une dactylographe

1. le métr… 2. un chron… 3. une diap… 4. la radi…
5. un vél… 6. un styl… 7. un sax… 8. la mété…
9. un kil… 10. un mél… 11. la son… 12. une mot…

❹ *Complétez les noms terminés par le son [o]. Vous ajouterez un complément ou un adjectif.* *Difficulté* ■■□

Ex : un cage**ot** → un cageot de pommes

1. le hubl… 2. un matéri… 3. le mus… 4. un réch…
5. un noy… 6. un morc… 7. un még… 8. un taur…
9. le chapit… 10. le pré… 11. un roul… 12. un haric…
13. un dép… 14. un cad… 15. un troup… 16. un barr…
17. un tuy… 18. le cach… 19. le cap… 20. un gig…

❺ *Complétez chaque phrase par un nom homonyme du mot en bleu dont vous chercherez la signification.* *Difficulté* ■■■

1. tôt — À quel … cette banque prête-t-elle de l'argent ?
2. sot — Le … à la perche est une épreuve très spectaculaire.
3. vaut — Comme viande, j'ai choisi une escalope de … .
4. maux — Ma grand-mère adore faire les … croisés.
5. lot — Olga prend tous les risques, elle se jette à … .
6. pot — Laure a acheté une veste en … de mouton.
7. écot — Bastien crie et l'… lui répond !
8. canaux — Les marins se sont réfugiés dans les … de sauvetage.
9. do — M. Drevet a mal au … ; il ne peut pas se baisser.

Pour terminer (10 min)

Complétez ces phrases avec des noms terminés par le son [o].

❶ Autrefois, les paysans coupaient les épis de blé à la f… .

❷ La Belle au bois dormant s'est endormie dans son chậ… .

❸ Ce cou… n'est pas aiguisé.

❹ Pour attiser le feu, Eddy jette un fag… dans la cheminée.

❺ Ce jeune chi… porte un petit grel… au cou.

❻ L'armée ennemie s'est lancée à l'a… de la forteresse.

❼ Le corb… est un oi… au plumage noir.

❽ Le tang… est une danse née en Argentine.

❾ La chèvre de M. Seguin n'a pas voulu rester dans son enc… .

❿ Les judokas portent un kim… .

Dictée préparée

Cosette venait de remplir son seau à la fontaine ; elle fit une dizaine de pas et s'arrêta car le seau était plein jusqu'en haut et il était trop lourd. Elle prit de nouveau l'anse et se remit à marcher. Il faisait nuit ; elle avait froid et peur. On n'entendait que l'eau du ruisseau et la voix effrayante des crapauds.

D'après Victor Hugo, *Les Misérables*, 1862.

Ⓐ *Recopiez les mots qui se terminent par le son [o] et soulignez les lettres qui l'expriment.*

Ⓑ *Recopiez les mots qui comportent une consonne double.*

49 Les noms terminés par -oir, -oire

Pour débuter

Trouvez les noms qui conviennent pour compléter ces phrases.

1 Les draps sont rangés dans l'… .

a) armoire
b) harmoir
c) armoirre

2 Harry Potter s'aventure dans un étrange … .

a) manoir
b) mannoire
c) manoird

3 Pour remplir cette bouteille, utilisez un … .

a) enthonnoire
b) entonnoir
c) entonoirs

4 La … a pris fin lorsque les hommes ont su écrire.

a) préistoire
b) préhistoir
c) préhistoire

5 Nous avons laissé un gros … au serveur.

a) pouboir
b) pourboirre
c) pourboire

À retenir

• Les noms féminins terminés par (**oir**) s'écrivent tous **-oire**.
une histoire ; la gloire ; une baignoire ; la victoire

• Les noms masculins terminés par (**oir**) s'écrivent généralement **-oir**.
un trottoir ; le désespoir ; le pouvoir ; le devoir

Mais il y a des exceptions et il faut connaître les noms les plus courants.
le laboratoire ; le répertoire ; un interrogatoire ; un observatoire ; un territoire

• On hésite souvent sur le genre de quelques noms terminés par **-oire**.
- noms masculins : *un ivoire ; un accessoire*
- noms féminins : *une écritoire ; une échappatoire*

• Le nom **mémoire** peut être féminin
avoir une bonne mémoire
ou masculin
rédiger un mémoire (exposé écrit) *sur les insectes*

Attention

• Les verbes terminés par (**oir**) s'écrivent **-oir** à l'infinitif.
voir ; s'asseoir ; vouloir ; falloir ; devoir ; pouvoir
Exceptions :
boire et *croire*

• Les adjectifs masculins terminés par (**oir**) s'écrivent **-oire**.
un emploi provisoire ; un prix dérisoire ; un effort méritoire
Exception :
un tableau noir

• Retenez l'orthographe du nom d'origine anglaise « un **square** » (un petit jardin public).

Exercices

1 *Complétez les phrases avec des noms en -oir ou -oire.* *Difficulté* ■□□

1. L'audi… est attentif car l'exposé de l'écrivain est intéressant. 2. Ce chanteur possède un réper… étendu ; il peut rester des heures en scène. 3. La chasse est interdite sur tout le terri… de cette commune. 4. Au sortir de l'eau, la nageuse enfile un peig… de bain. 5. On est toujours heureux quand on a fait son dev… . 6. Des centaines d'articles sont à la disposition des clients sur ce présen… . 7. De ce promon…, vous pouvez apercevoir l'île de Noirmoutier. 8. L'arro… est un acces… essentiel pour un jardinier.

2 *Aidez-vous du verbe en bleu pour compléter les phrases avec des noms en -oir ou -oire.* *Difficulté* ■■□

1. interroger	L'… du suspect s'est poursuivi toute la soirée.
2. observer	L'… du Pic du Midi possède un puissant télescope.
3. manger	Tu remplis la … de ton canari.
4. sécher	Avant d'être emballés, les saucissons sont placés au … .
5. s'accouder	Ce siège n'a pas d'… ; quel dommage !
6. conserver	Léonard étudie la harpe au … de musique.
7. raser	Vous n'utilisez que des … mécaniques.
8. égoutter	Après les avoir lavées, tu places les assiettes sur l'… .

3 *Complétez les phrases avec des noms terminés par -oir ou -oire.* *Difficulté* ■■□

1. En colonie, nous dormions dans un dor… de huit lits. 2. La fusée a dévié de sa traj… ; elle est désormais incontrôlable. 3. Rien ne vaut en qualité les produits du ter… . 4. Savez-vous que le taman… adore les fourmis ? 5. De quelqu'un qui dort beaucoup, on dit qu'il dort comme un l… . 6. Le carnet était caché au fond d'un tir… du bureau. 7. Combien peut-on verser de litres d'essence dans ce rés… ? 8. Les chevaux sont épuisés ; ils se dirigent vers l'abreu… . 9. Un abat… de volailles est installé à Trambly. 10. Le lamin… de cette forge est capable de produire des tôles très minces.

4 *Placez l'article qui convient (un ou une) devant ces noms. Vous pouvez chercher leur sens dans un dictionnaire.* *Difficulté* ■■■

1. … réfectoire	2. … rôtissoire	3. … écumoire
4. … réquisitoire	5. … mâchoire	6. … purgatoire
7. … patinoire	8. … suppositoire	9. … pétoire
10. … écritoire	11. … éliminatoire	12. … échappatoire

5 *Complétez ces proverbes avec des noms terminés par -oir ou -oire.* *Difficulté* ■■■

1. Araignée du s…, esp… ; araignée du matin, chagrin. 2. Il faut toujours garder une p… pour la soif. 3. Pour une pass…, ce n'est pas un défaut que d'avoir des trous. 4. Il y a des mir… pour le visage, il n'y en a pas pour l'esprit. 5. L'hist… n'est qu'à moitié dite quand une seule personne la raconte. 6. Il ne faut jamais triompher avant d'avoir la vic… .

Pour terminer — 10 min

Complétez les phrases avec un nom en -oir ou -oire.

1. Ce film est très triste, chacun sort son mou… .
2. Dans la cour de la maternelle, il y a une petite balan… .
3. Le savant travaille dans un labo… secret.
4. La nag… dorsale de ce requin est impressionnante.
5. Autrefois, les femmes rinçaient le linge au lav… communal.
6. Avant de déposer son bulletin dans l'urne, l'électeur doit passer dans l'iso… .
7. Vous laissez vos vêtements au portemanteau dans le cou… .
8. Valérie fera tout ce qui est en son pou… pour t'aider.
9. Le sorcier cherche une formule magique dans un vieux grim… .
10. Le gagnant de ce jeu a une excellente mém… .

Expression écrite

6 *En quelques lignes, évoquez les moyens de transport en l'an 3 000.*

Vous utiliserez le futur de l'indicatif. Vous emploierez, après les avoir complétés, les noms suivants terminés par le son **(oir)** :
la traject… - le trott… - le coul…

7 *Dans les souterrains d'un château, vous découvrez un étrange parchemin.*

Vous raconterez cette découverte au passé (passé simple et imparfait de l'indicatif) dans un paragraphe d'une dizaine de lignes.
Vous emploierez quatre noms se terminant par le son **(oir)**.

50

Les lettres muettes en fin de mot

Pour débuter

Trouvez le mot de la même famille que le mot en bleu.

1 L'infirmière lui fait une prise de sang.

a) sanguin
b) sans
c) la santé

2 Au printemps, le champ de colza prend une belle couleur jaune.

a) la chambre
b) champêtre
c) le chamois

3 Ce jouet en bois est fabriqué dans le Jura.

a) une boiserie
b) boire
c) la boisson

4 Vous ne buvez que du lait écrémé.

a) la laine
b) la laideur
c) la laiterie

5 Mon petit frère est au lit à huit heures.

a) lire
b) la literie
c) le liseron

À retenir

• À la fin de certains noms ou adjectifs, il y a une ou des **consonnes muettes**.
le paradis ; un doigt ; un monsieur ; un prix ; un suspect ; profond ; brumeux ; brûlant ; confus

• Pour trouver la **consonne finale**, on peut essayer de :

- former le féminin de l'adjectif masculin
profond → *profonde* ; *brûlant* → *brûlante*
long → *longue* ; *grand* → *grande*

- chercher un mot de la même famille
le paradis → *paradisiaque* ; *l'éclat* → *éclater*
l'accord → *accorder* ; *un suspect* → *suspecter*

On entend alors la (ou les) consonne(s).

• Mais il n'est pas toujours possible d'utiliser ces procédés parce qu'on ne trouve pas de mots de la même famille, ou bien parce que ceux-ci peuvent entraîner une erreur.
le brouillard ; le lilas ; un escargot ; le secours
un bijoutier mais *un bijou ; favoriser* mais *le favori*

En cas de doute, il faut toujours consulter un dictionnaire.

Attention

• Lorsqu'on accorde les mots ou lorsqu'on conjugue les verbes, on place aussi des **lettres muettes**.
des tomates mûres ; de larges morceaux
je fais ; ils montent ; tu réussis ; elle dort

• Certains noms ont une **consonne finale sonore**.
un ours ; le thorax ; un bouc ; un poil ; un album ; un test

Exercices

1 ***Écrivez les adjectifs au masculin selon le modèle proposé.*** Difficulté ■□□

Ex : une mauvaise réponse → un mauvais point

1. une sauce blanche → un vin …
2. une ligne droite → un trait …
3. une veste grise → un pantalon …
4. la crème fraîche → un fruit …
5. une gentille amie → un … ami
6. une phrase confuse → un propos …
7. une douche chaude → un bain …
8. une rue étroite → un sentier …
9. une tâche précise → un travail …
10. une balle ronde → un ballon …
11. une valise lourde → un bagage …
12. une tranche épaisse → un steak …

2 ***Donnez un nom (dans lequel il y a une lettre finale muette) de la même famille que ces mots.*** Difficulté ■■□

Ex : le tronçon → le tronc

1. la toiture → un …
2. un piédestal → un …
3. la jointure → un …
4. venté → le …
5. un crochet → un …
6. le chanteur → un …
7. la flotte → le …
8. la galopade → le …
9. confortable → le …
10. le quartier → un …
11. la rizière → le …
12. l'outillage → un …
13. des lardons → du …
14. border → le …
15. un drapeau → un …

3 ***Donnez un nom (dans lequel il y a une lettre finale muette) de la même famille que ces verbes.*** Difficulté ■■□

Ex : bondir → un bond

1. farder
2. comploter
3. aviser
4. blanchir
5. débuter
6. serpenter
7. poignarder
8. suspecter
9. mépriser
10. fracasser
11. retarder
12. ranger
13. progresser
14. tricoter
15. réciter
16. refuser
17. arrêter
18. marchander
19. abuser
20. combattre

4 ***Copiez ces phrases en complétant les noms avec une consonne muette. Vous pouvez utiliser un dictionnaire.*** Difficulté ■■■

1. Aurore et Samuel assistent à un concer… du groupe des *Stars*.
2. Que serait un ordinateur sans sa souri… ?
3. Camille porte un nœu… rouge dans les cheveux.
4. La voiture est garée le lon… du talu… .
5. Bien qu'il ait un aspe… repoussan…, le crapau… est un animal utile.
6. Ce pui… de pétrole est relié à un oléoduc.
7. Le roquefor… est préparé exclusivement avec du lai… de brebi… .

5 ***Complétez éventuellement ces mots par une lettre muette. Vous pouvez utiliser un dictionnaire.*** Difficulté ■■■

1. boire du siro… de menthe
2. un concour… de dessin
3. un numéro… gagnan…
4. un permi… de conduire
5. fixer la ligne d'horizon…
6. tracer un croqui…
7. avoir du camboui… sur les mains
8. avoir un poi… sur l'estoma…
9. se préparer un ju… d'abrico…
10. un circui… de Formule 1
11. résoudre un rébu…
12. placer une croi… au bon endroit
13. une perdri… des neiges
14. prendre le relai…
15. manger un haren… fumé
16. donner un cou… de balai…

Pour terminer

10 min

Complétez ces mots qui se terminent par une lettre muette au singulier.

1. En hiver, il faut se méfier du vergl… .
2. Le stand… téléphonique est saturé ; il y a dix minutes d'attente.
3. On doit le resp… à ses parents.
4. Certaines étoiles de l'uni… brillent encore, alors qu'elles n'existent plus.
5. Cet étan… est poissonneux ; les pêcheurs sont nombreu… .
6. Le peti… cano… quitte le por… à la nui… tombée.
7. Le directeur refuse d'exposer un tableau aussi lai… .
8. La sentinelle veille sur le rempar… du for… Boyard.
9. Les vieux objets s'entassent dans le débarr… près du garage.
10. Dans cette liste de verbes, il y a un intr… .

Expression écrite

6 ***En sport, un élève s'est fait mal ; il explique ce qu'il ressent en quelques phrases.***

Les verbes seront au présent de l'indicatif. Vous emploierez, après les avoir complétés, les noms suivants : bra… - estoma… - fron… - pie… - san… .

7 ***En un paragraphe de huit lignes environ, évoquez un jardin au printemps.***

Les verbes seront au présent de l'indicatif. Vous emploierez cinq des noms ou expressions de la liste suivante : un banc - du bois - une cabane à outils - un fouillis de mauvaises herbes - lumineux - un massif - un scarabée.

51 Les mots invariables

Pour débuter

Trouvez les mots qui conviennent pour compléter ces phrases.

1. Ségolène n'achètera pas son pain … la boulangerie est fermée.

   a) car
   b) quart
   c) kart

2. Je n'ai pas attendu … à la caisse.

   a) lontant
   b) longtant
   c) longtemps

3. Morat se rend … le coiffeur.

   a) chez
   b) chès
   c) chet

4. … n'êtes-vous plus abonné à ce journal ?

   a) Pourquois
   b) Pourcois
   c) Pourquoi

5. Le car de ramassage n'est pas … en retard.

   a) souvant
   b) souvens
   c) souvent

A retenir

Certains mots ne s'accordent ni en genre ni en nombre ; ils sont **invariables**.

On distingue :

• les **adverbes**
Ils modifient le sens d'un verbe, d'un adjectif ou d'un autre adverbe.
Tu cours vite. *Tu es très rapide.* *Tu cours trop vite.*

• les **prépositions**
Elles permettent d'introduire un élément.
Tu cours dans la forêt. *Tu cours depuis une heure.*

• les **conjonctions**
Elles unissent deux propositions, ou deux parties semblables d'une même proposition.
- conjonction de **subordination**
Quand tu cours, tu te fatigues. *Si tu cours, tu me rattraperas.*
Pendant que tu cours, je me repose. *Puisque tu cours, tu arriveras à l'heure.*
- conjonction de **coordination**
Tu cours mais tu n'iras pas loin. *Tu cours ou tu marches ?*
Tu cours et tu me rattrapes. *Tu cours car tu es en retard.*

• les **interjections**
Ces mots correspondent à des cris, à des appels, des exclamations.
Quoi ! Tu cours encore ! *Eh bien ! Tu cours vite !*

Astuce

Certains adjectifs qualificatifs peuvent être employés comme adverbes. Dans ce cas, ils demeurent **invariables**.
Pour faire la différence entre l'adjectif qualificatif et l'adverbe, on essaie de remplacer par un adjectif qui entraîne une modification orale.
Ces hommes parlent fort. Ces femmes parlent fort. (adverbe, donc invariable)
Ces hommes sont forts. Ces femmes sont fortes. (adjectif, donc accord)

Attention

Certains mots invariables peuvent être employés ensemble ; ils forment alors une **locution**.
- locutions adverbiales : *au fur et à mesure ; tout à coup ; de temps en temps*
- locutions prépositives : *à la merci de ; par rapport à ; en faveur de*
- locutions conjonctives : *de même que ; tandis que ; d'autant que*

Exercices

1 *Complétez ces phrases avec une préposition.* *Difficulté* ■□□

1. Bénédicte n'a pas vu sa cousine de… au moins trois mois. 2. Le skieur dévale la pente en… les piquets. 3. Je mangerai mes spaghettis av… de la sauce tomate. 4. Ne cueillez pas ces cerises, elles ne sont pas as… mûres. 5. Nous resterons au collège ju…'à dix-huit heures. 6. Mal… tous tes efforts, tu n'es pas parvenu à résoudre ce problème. 7. Pressés, les voyageurs se dirigent ve… la sortie. 8. Il fait froid, ne sors pas sa… ton anorak.

2 *Complétez ces phrases avec une conjonction.* *Difficulté* ■■□

1. Les joueurs rentreront au vestiaire, pu… ils se doucheront. 2. Je n'ai pas pu te téléphoner c… mon forfait est épuisé. 3. Le professeur de français est absent, ma… il sera remplacé demain. 4. Je me suis servi de mon stylo tout à l'heure, do… il ne doit pas être loin. 5. D… que le téléphone sonnera, répondez immédiatement. 6. Ne remplis pas le seau à ras bord af… de ne pas le renverser. 7. Nous allons partir en randonnée, pour… qu'il ne pleuve pas. 8. Al… qu'elle arrivait devant le supermarché, Amélie aperçut son amie.

3 *Complétez ces phrases avec une interjection.* *Difficulté* ■■□

1. Att… ! la peinture n'est pas sèche. 2. Le bruit des machines cesse enfin : ou… ! 3. Nous avons passé des vacances de rêve ; hé…, elles sont finies ! 4. Le tournage va débuter ; si… ! 5. Aï… ! Je me suis pincé le doigt. 6. Bra… ! Tu as atteint la cible. 7. Hal… ! crie la sentinelle en entendant du bruit. 8. Ch… ! Je ne comprends pas les paroles de cette chanson.

4 *Copiez ces phrases en remplaçant les mots en bleu par leur contraire.* *Difficulté* ■■■

1. Le livre que je cherchais était sur la pile de cahiers. 2. Francis mange peu de fruits. 3. La personne qui se trouve devant nous n'aura pas de place assise. 4. Avec ses cousins, Rose ne parle jamais espagnol. 5. Je ferai mon exercice de français après mon goûter. 6. Pour aller à Versailles, il y a plus de dix kilomètres. 7. Loin des côtes, la mer est calme. 8. L'avion se déplace au-dessous des nuages. 9. Nous nous arrêterons ici. 10. Par cette chaleur, il fait meilleur dehors. 11. Dans ce pré, des champignons il n'y en a nulle part.

5 *Écrivez les noms en bleu au pluriel et accordez si nécessaire. Distinguez bien les adverbes des adjectifs.* *Difficulté* ■■■

1. Le camion s'arrête net. 2. Le prix d'achat de cet appareil est net. 3. Ce téléviseur est cher. 4. Ce lecteur de DVD coûte cher. 5. Le chanteur chante juste. 6. Le calcul est juste. 7. Cet homme marche droit. 8. Cet angle est droit. 9. Ce tambour sonne clair. 10. Ce ton est clair. 11. Cet athlète est fort. 12. L'acteur parle fort. 13. Le professeur coupe court à la discussion. 14. Romuald a le cheveu court.

Pour terminer

10 min

Complétez ces phrases avec des mots invariables.

1 Mourad est obligé de monter à pied pui… l'ascenseur est en panne.

2 Lors… tu cherches un renseignement, tu te connectes à Internet.

3 Dans la classe, tout le monde sait nager, sa… Dimitri.

4 La construction de cet immeuble sera bie… terminée.

5 Av… de monter dans le TGV, il faut d'ab… composter son billet.

6 Po… lutter con… la canicule, on doit boire beau… .

7 Al… qu'il ne fait jam… d'erreur, Valentin s'est trompé.

8 Roxane est restée aup… de sa grand-mère malade.

9 Horm… les navets, Henriette adore tous les légumes.

10 Jérôme a grandi, il est désor… aus… grand que son frère.

Dictée préparée

Harry se pencha davantage, la tête dans l'armoire. La substance était devenue transparente. On aurait dit du verre. Il regarda de plus près mais, au lieu de voir le fond de la bassine, il distingua sous la surface une vaste salle qu'il avait l'impression d'observer à travers une fenêtre circulaire aménagée au plafond.

J. K. Rowling, *Harry Potter et la Coupe de Feu*, traduction Jean-François Ménard, Gallimard, 2000.

A *Recopiez les mots invariables.*

B *Expliquez la terminaison de « devenue » et de « aménagée ».*

52 Les adverbes en -ment

Pour débuter

Trouvez les mots qui conviennent pour remplacer les mots en bleu.

1 La question n'était pas simple, pourtant Lisa répond juste.

a) erreur
b) comment
c) correctement

2 Cette chaîne de télévision n'est captable que dans la région.

a) régionalement
b) appartement
c) fréquent

3 Le temps s'est écoulé sans qu'on s'en aperçoive.

a) un bon moment
b) dans la soirée
c) rapidement

4 Le patineur a exécuté sa figure à la perfection.

a) parfaitement
b) perdu
c) glissement

5 Les élèves ont choisi leurs délégués en toute liberté.

a) libérés
b) librement
c) libraire

À retenir

• Les **adverbes** sont des mots **invariables** qui modifient le sens d'un verbe, d'un adjectif ou d'un autre adverbe.

Marc aide volontiers ses amis. *Marc aide souvent ses amis.*
Marc aide parfois ses amis. *Marc aide rarement ses amis.*

Ce chocolat est très chaud. *Ce chocolat est assez chaud.*
Ce chocolat est plutôt chaud. *Ce chocolat est extrêmement chaud.*

Ces voyages coûtent trop cher. *Ces voyages coûtent finalement cher.*

• Beaucoup d'adverbes sont formés à partir d'un adjectif qualificatif au féminin ; ils se terminent par **-ment**.

rare → rarement *adroite → adroitement*
vive → vivement *cruelle → cruellement*

• Quelques-uns sont formés sur l'adjectif masculin.

absolu → absolument *poli → poliment*

Astuce

Pour ne pas confondre les adverbes (invariables), les noms et les adjectifs (variables) terminés par **-ment**, on essaie de remplacer l'adverbe par l'expression « de manière … », le nom par un autre nom, et l'adjectif par un autre adjectif.

Robin s'avance timidement vers le public.
→ Robin s'avance de manière timide vers le public.

Pour franchir le col en voiture, des équipements spéciaux sont indispensables.
→ Pour franchir le col en voiture, des pneus spéciaux sont indispensables.

Nous partirons lorsque le ciel sera plus clément.
→ Nous partirons lorsque le ciel sera plus dégagé.

Attention

Les adverbes formés à partir d'adjectifs terminés par **-ent** s'écrivent **-emment**.

violent → violemment *différent → différemment*

Les adverbes formés à partir d'adjectifs terminés par **-ant** s'écrivent **-amment**.

vaillant → vaillamment *indépendant → indépendamment*

Mais ils se prononcent tous de la même manière : (**ament**).

Exercices

1 Classez ces mots dans un tableau, selon le modèle proposé. Pour les noms, vous ajouterez un article. Difficulté ■□□

traitement - habilement - longuement - logement - piment - joliment - justement - moment - segment - clairement - fermement - aliment - ciment - richement - paiement - bâtiment - compartiment - sèchement - tristement

noms	adverbes
un traitement	*habilement*

2 Écrivez les noms en bleu au pluriel et faites les accords. Difficulté ■□□

1. Le cours de cet après-midi sera probablement reporté. 2. Un ordinateur neuf devrait être prochainement installé au CDI. 3. Le cycliste a lourdement chuté ; il est profondément blessé au genou. 4. Le pompier a promptement éteint le feu de broussailles. 5. Le musicien a minutieusement accordé son instrument. 6. La porte du magasin est ouverte seulement pour l'employé.

3 Écrivez les adverbes en -ment, formés à partir de ces adjectifs que nous vous donnons au masculin. Vous pouvez consulter un dictionnaire. Difficulté ■■□

1. local 2. lourd 3. joyeux 4. négatif 5. final 6. complet 7. sérieux 8. solide 9. vrai 10. nerveux 11. nul 12. sûr 13. national

4 Complétez chaque phrase avec un adverbe en -ment correspondant à l'adjectif en bleu. Vous le placerez correctement dans la phrase. Difficulté ■■■

1. tranquille — Tu te reposais lorsqu'un bruit assourdissant te réveilla.
2. grave — Le choc fut violent mais personne ne fut blessé.
3. naturel — Ces légumes sont cultivés sans aucun apport d'engrais.
4. doux — Maman berce son bébé pour l'endormir.
5. amer — Joris regrette de ne pas avoir écouté la leçon.
6. fort — Les prix ont augmenté à l'approche des fêtes.
7. chaud — Pour marcher dans la neige, il faut s'habiller.

5 Copiez les phrases en remplaçant les mots en bleu par un adverbe terminé par -ment. Difficulté ■■■

1. Le président de la République s'avance avec dignité vers la tribune. 2. Avec courage, Karl lutte contre une terrible maladie. 3. Le savant parle avec précision de sa découverte. 4. Le sultan de Zanzibar vivait dans le luxe. 5. Sur les routes enneigées, il faut conduire avec prudence. 6. Comme les réductions étaient importantes, le rayon des chaussures est en totalité vide.

6 Copiez les phrases en les complétant par un adverbe en -ment, formé à partir de l'adjectif en bleu. Difficulté ■■■

1. Les Italiens se sont brillant qualifiés pour la finale de la Coupe du monde. 2. Tu n'as que partiel achevé la copie de ton résumé d'histoire. 3. Maud sait pertinent que nous ne pouvons la croire. 4. Comme Pascal ne s'est pas réveillé, il sera évident en retard au collège. 5. Les supporters attendent impatient leur équipe. 6. Bianca parle courant cinq langues ; c'est extraordinaire. 7. Comment veux-tu que je travaille, je suis constant dérangé ?

Pour terminer (10 min)

Copiez les phrases en les complétant par un adverbe en -ment, formé à partir de l'adjectif en bleu.

1. Sophie a bousculé Annick un peu rude.
2. Devant la caisse, les clients attendent calme leur tour.
3. Des éruptions volcaniques, on en voit malheureux trop souvent.
4. Le comte de Monte-Cristo a-t-il réel existé ?
5. Rachel a accueilli gentil ses invités.
6. Le serpent regarde fixe sa proie.
7. Affamé, le lion se jette féroce sur la gazelle.
8. Il a plu énorme et les rivières ont quitté leur lit.
9. La rue de la Gare a été goudronnée récent.
10. L'acteur a suffisant répété la scène ; il la connaît par cœur.

Expression écrite

Composez un paragraphe de huit lignes environ dans lequel vous décrirez des patineurs (rollers ou patins à glace).

Les verbes seront au présent de l'indicatif. Vous utiliserez les adverbes toujours et vite.
À partir des adjectifs qualificatifs suivants, vous formerez les adverbes correspondants et vous en emploierez trois dans votre texte :
audacieux - gracieux - lent - prudent - rapide - vif.

53 Des noms courants d'origine étrangère

Pour débuter

Trouvez le nom qui complète chaque phrase.

1. La famille Legrand a loué un … pour les vacances.

   a) bulletin
   b) bungalow
   c) buisson

2. Votre …, le voulez-vous saignant ou à point ?

   a) steak
   b) steward
   c) stéréo

3. Les garçons disputent un tournoi de … à 7.

   a) football
   b) footing
   c) formation

4. À midi, je me contente d'un … au jambon.

   a) sandwich
   b) sandale
   c) sanglot

5. Le … est désormais un plat familial très apprécié.

   a) couscous
   b) coussin
   c) pousse-pousse

À retenir

• Un certain nombre de noms, très souvent utilisés, sont empruntés à **d'autres langues** que le français.
l'anglais : *le camping ; un puzzle ; le basket*
l'italien : *un confetti ; l'opéra ; une mezzanine*
l'espagnol : *un toréador ; la paella ; le cacao*
l'allemand : *un bivouac ; un blockhaus ; un hamster*
le japonais : *le karaté ; le tatami ; le samouraï*
l'arabe : *le bazar ; le pacha ; la razzia*
le russe : *le mazout ; la steppe ; la vodka*
le bulgare : *un yaourt*
le norvégien : *un fjord*
l'esquimau : *un anorak*
des langues africaines : *le baobab ; le chimpanzé*

• Certains **mots** ou **expressions latines** sont encore employés aujourd'hui. Ils sont parfois légèrement déformés ; par exemple, ils peuvent prendre des accents alors qu'il n'y en a pas en latin.
le minimum ; un spécimen ; un référendum ; un junior ; un mémento

Attention

• Les noms d'origine étrangère peuvent conserver le pluriel de leur langue.
un rugbyman ; des rugbymen — *un sandwich ; des sandwiches*
un concerto ; des concerti
Mais le pluriel du français s'impose le plus souvent.
un rugbyman ; des rugbymans — *un sandwich ; des sandwichs*
un concerto ; des concertos

• Pour les noms composés d'origine anglaise, seul le second nom prend la marque du pluriel.
des week-ends — *des skate-boards* — *des cow-boys*

• À l'écrit, il faut penser aux mots français avant d'utiliser certains mots anglo-saxons.
Il est préférable d'écrire *baladeur* plutôt que *walkman*,
présentateur plutôt que *speaker*.

Exercices

1 *Copiez chaque phrase en complétant par un mot d'origine étrangère de la liste suivante.* Difficulté ■□□

shopping - brocoli - rallye - crawl - western - supporter - slalom

1. Les pilotes disputent le … de Monte-Carlo. 2. Après avoir appris la brasse, Jordan souhaite maintenant nager le … . 3. À la fin d'un …, le Bon triomphe le plus souvent du Méchant. 4. Les skieurs se faufilent entre les portes du … tracé par leur entraîneur. 5. Ce … de l'équipe de Brest brandit un fanion et souffle dans une trompette. 6. Ma sœur profite du samedi après-midi pour faire du … ; elle veut acheter une jupe. 7. Le … est un légume qui se prépare en salade ou en gratin.

2 *Écrivez ces noms composés au pluriel. Vous pouvez chercher leur sens dans un dictionnaire si vous ne le connaissez pas.* Difficulté ■■□

1. un pull-over
2. un boy-scout
3. un music-hall
4. un pipe-line
5. un camping-car
6. un tee-shirt
7. un blue-jean
8. un chewing-gum
9. un hot-dog
10. un fox-terrier
11. un hit-parade
12. un self-service
13. un night-club
14. un fast-food
15. un best-seller

3 *Donnez les noms d'origine étrangère correspondant à ces définitions. Vous pouvez utiliser un dictionnaire.* Difficulté ■■□

1. une tarte italienne à la tomate, au fromage ➔ une p… (5 lettres)
2. un produit pour laver les cheveux ➔ un sh… (10 lettres)
3. un tir au but très violent ➔ un sh… (5 lettres)
4. la tenue de combat des judokas ➔ un ki… (6 lettres)
5. un énorme bloc de glace qui dérive ➔ un ic… (7 lettres)
6. des pâtes alimentaires fines et longues ➔ des sp… (10 lettres)
7. une saucisse très épicée ➔ une mer… (7 lettres)
8. affiche destinée à la décoration ➔ un pos… (6 lettres)

4 *Parfois, on emploie un nom d'origine étrangère alors qu'il existe un nom français de sens équivalent. Écrivez les phrases en remplaçant les noms en bleu par des noms français.* Difficulté ■■■

1. Les policiers ont arrêté un gangster. 2. Audrey Tautou est une star du cinéma français. 3. Rue Garibaldi, on construit un building de trente étages. 4. J'ai trouvé un petit job pendant les vacances. 5. Les spots sont braqués sur la scène. 6. Les députés assistent à un meeting politique. 7. Le président accorde une interview à trois journalistes. 8. À la fin du match, le score était de 2 à 0 en notre faveur. 9. Le barman sert les clients attablés à la terrasse.

5 *Copiez ces phrases en les complétant par des mots ou expressions d'origine latine. Vous pouvez consulter un dictionnaire.* Difficulté ■■■

1. Le voyageur a réussi à monter in extre… dans le train de Toulouse.
2. Ces deux concurrents ont terminé ex aequ… ; on ne peut pas les départager.
3. Jasmine ne souhaitait pas, a prio…, venir aux répétitions de la pièce.
4. Au bas d'une lettre, on place un po…-scri… pour ajouter une précision.
5. Cette page est imprimée rec… ver… .
6. Ce coureur fait le max… pour rattraper ses concurrents.

Pour terminer

10 min

Complétez les phrases avec des noms d'origine étrangère couramment utilisés.

1. La musique de ja… est née aux États-Unis.
2. Les tic… de métro peuvent s'acheter au distributeur automatique.
3. Le k… est la tenue traditionnelle des Écossais.
4. Le kan… ne vit qu'en Australie ; la femelle porte ses petits sur son ventre.
5. Les mêlées de ce mat… de rug… ont donné lieu à un terrible affrontement.
6. Le mam… est probablement l'ancêtre de l'éléphant.
7. Recueilli par des singes, Tarzan a survécu dans la ju… .
8. Camille adresse un ma… à son amie Yu-Ling qui vit en Chine.
9. Ce fak… marche sur des braises et dort sur un matelas clouté.
10. Pour ne pas être poursuivi par les photographes, cet acteur se déplace incog… .

Expression écrite

Composez quatre phrases de dix mots environ en employant les mots suivants dont certains sont à compléter. Vous utiliserez les verbes aux temps de l'indicatif indiqués.

1. st…k - frites - déguster (**je**, passé composé)
2. anor… - choisir (**Charlotte**, passé simple)
3. f…tball - pratiquer (**nous**, présent)
4. sand…h - apporter (**Samir**, passé simple)

Bilan n°8

45. Les noms terminés par -eur, -eure, -eurre
46. Les noms masculins terminés par -é, -er, -ée
47. Les noms féminins terminés par -ée, -té, -tié
48. Les noms terminés par le son [o] : -o, -eau, -au
49. Les noms terminés par -oir, -oire 50. Les lettres muettes en fin de mot
51. Les mots invariables 52. Les adverbes en -ment
53. Des noms courants d'origine étrangère

Exercices

1 *Écrivez les phrases suivantes en complétant les noms terminés par -eur, -eure, ou le son (é).*

1. La fraîch… de la soir… invite à la promenade. 2. Lors d'une randonn…, Yves s'est aperçu qu'il ne connaissait pas le nom de la moiti… des arbres qu'il a pu observer ; la diversit… des espèces est remarquable ! 3. Le luthi… choisit avec soin le bois qui lui servira à confectionner ses violons. 4. Le jardini… a mis une pellet… de terre pour reboucher le trou que le chien avait creusé. 5. M. Guyon apprécie la tranquillit… de sa vaste dem… .

2 *Écrivez les phrases suivantes en complétant les noms terminés par -oir, -oire, ou par le son [o]. Attention, certains noms sont au pluriel.*

1. Le l… est un petit mammifère à poils gris qui se niche dans le creux des arbres et qui dort souvent. 2. Le s…, on peut observer les anim… qui viennent boire l'… du ruiss… . 3. Les fourmis n'hésitent pas à transporter de très gros morc… de nourriture. 4. Les sab… des chev… ont laissé des traces dans la boue près de l'abreuv… . 5. Mme Rollet a déniché un bouge… en étain à la f… à la brocante. 6. La famille Denou passe l'été dans un ham… non loin de Saint-Brieuc ; son grand-père y possède un petit man… .

3 *Pour chacun des mots suivants, donnez un mot de la même famille qui permet d'entendre la lettre finale :*

complot - divers - galop - grelot - plat - bruit - repos - sanglot - trot.

4 *Cherchez les adverbes en -ment correspondant aux adjectifs qualificatifs suivants et employez chacun d'eux dans une phrase qui en précise le sens :*

bruyant - différent - léger - pesant - profond - sauvage - solide - vrai.

5 *À côté de chaque nom d'origine étrangère de la liste A, écrivez le nom français correspondant de la liste B.*

A. un challenge - un bivouac - un pipeline - un job - un shoot - un building - un spot - un ticket - un flash - un supporter - une interview - un week-end - un stock - un mail

B. une fin de semaine - un partisan - un tir - un gratte-ciel - un projecteur - un billet - un campement - un courriel - un oléoduc - un défi - une réserve - un travail - un éclair - un entretien

Dictée préparée

Tout à coup, le vent fraîchit. La montagne devint violette ; c'était le soir. En bas, les champs étaient noyés de brume. L'enclos de monsieur Seguin disparaissait dans le brouillard. La petite chèvre écouta les clochettes d'un troupeau qu'on ramenait avant l'heure de la nuit. Un gerfaut* qui rentrait la frôla de ses ailes. Puis elle frémit en entendant le loup.

D'après Alphonse Daudet, « La chèvre de monsieur Seguin », dans *Les Lettres de mon moulin*, 1866.

* gerfaut : oiseau de proie, proche du faucon.

A *Recopiez les noms qui se terminent par le son [o].*

B *Relevez les verbes ; indiquez leur temps et leur sujet.*

C *Relevez un participe passé et expliquez son accord.*

Expression écrite

6 *Sans l'aide du dictionnaire, rédigez un paragraphe, d'au moins cinq phrases, dans lequel vous emploierez les noms suivants que vous aurez complétés :*

le routi… - le dang… - la travers… - la mont… - la sécurit…

7 *Vous êtes décorateur et vous présentez à un de vos clients un projet de salle de bain. Vous rédigerez les propos que vous tenez, en respectant les consignes suivantes.*

Vous composerez un paragraphe d'une dizaine de lignes.

- Les verbes seront au futur simple de l'indicatif.
- Vous emploierez les noms suivants après les avoir complétés :
  la baign… - le carr… - le coul… - le lavab…
  ainsi que les mots invariables suivants :
  toujo… - depu… - souv… - enco…
- Vous utiliserez trois des adverbes correspondant aux adjectifs qualificatifs suivants : fin - joli - pratique - réel

8 *Explorant une île déserte, vous découvrez des espèces animales inconnues.*

En un paragraphe d'une dizaine de lignes, vous évoquerez ces espèces nouvelles.
Vous emploierez les noms suivants après les avoir complétés :
la chauve-souri… - le corb… - le crap… - l'ois… - la nage… - un kiw…
ainsi que les mots invariables suivants :
ensembl… - parm… - volontie…

Exploitation du test →

Repérez les numéros des questions sur lesquelles vous avez fait des fautes.

Révisez les leçons correspondantes et assurez-vous que vous avez bien compris en refaisant les exercices de ces leçons :

questions 1, 2, 3
→ leçon 45 → Les noms terminés par -eur, -eure, -eurre

questions 4, 5
→ leçon 46 → Les noms masculins terminés par -é, -er, -ée

questions 6, 7
→ leçon 47 → Les noms féminins terminés par -ée, -té, -tié

questions 8, 9, 10
→ leçon 48 → Les noms terminés par le son [o]

questions 11, 12, 13
→ leçon 49 → Les noms terminés par -oir, -oire

questions 14, 15
→ leçon 50 → Les lettres muettes en fin de mot

questions 16, 17
→ leçon 51 → Les mots invariables

questions 18, 19
→ leçon 52 → Les adverbes en -ment

question 20
→ leçon 53 → Des noms courants d'origine étrangère

10 min Test

Difficulté ■□□

1. ***En automne, les ... de la forêt sont superbes.***
a. couleurs b. couleures c. couleure

2. ***Dans cette salle, la ... est étouffante.***
a. chaleure b. chalheur c. chaleur

3. ***La galerie marchande ferme à 22 ... .***
a. heure b. heurs c. heures

4. ***Éloi a préparé un gâteau pour le ... .***
a. goûter b. goûté c. gouté

5. ***Tu ignores le ... que tu exerceras plus tard.***
a. métier b. métié c. métyé

6. ***Cette ... n'est vraiment pas difficile.***
a. dicté b. dicter c. dictée

7. ***Le proverbe affirme que la ... sort de la bouche des enfants.***
a. vériter b. vérité c. véritée

8. ***Il paraît que les Français aiment manger les ... .***
a. escargaux b. escargots c. escargeaux

9. ***Je réparerai mon ... avant la prochaine excursion.***
a. véleau b. vélau c. vélo

10. ***Joanne cherche des cartouches pour ce ... .***
a. styleau b. stylau c. stylo

11. ***Le ... est un espace réservé aux piétons.***
a. trottoir b. trottoire c. trottoaurd

12. ***Cette ... n'entrera jamais dans ma chambre.***
a. armoir b. armoire c. armouard

13. ***L'équipe du collège a remporté la ... .***
a. victoir b. victoire c. victouard

14. ***À la récréation, nous nous retrouvons sur un ... .***
a. ban b. banc c. band

15. ***La ... est un petit rongeur.***
a. souri b. sourit c. souris

16. ***Les planètes de notre système tournent ... autour du soleil.***
a. toujour b. toujours c. toujourt

17. ***Nous avons couru ... et je suis essoufflé.***
a. lontemps b. long temps c. longtemps

18. ***J'avance ... sur le sol gelé.***
a. doussement b. doucement c. doucemmant

19. ***Le livreur a déchargé ... son camion.***
a. rapidemment b. rapidement c. rapidamment

20. ***La municipalité fait construire de nouveaux ... .***
a. parcking b. parckings c. parkings

Pour aller plus loin

Difficulté ■■■

1. ***Levez-vous de ... pour ne pas manquer votre train.***
a. bonheur b. bonheure c. bonne heure

2. ***Elle avançait dans la grotte à la ... de sa lampe.***
a. lueure b. lueurt c. lueur

3. ***Avez-vous mesuré la ... de vos actes ?***
a. porté b. portée c. porter

4. ***La cuisine française connaît une ... internationale.***
a. renommer b. renommé c. renommée

5. ***Rempli de ... , Alexandre s'avança vers le podium.***
a. fiertée b. fierter c. fierté

6. ***Tu utilises un ... pour remplir cette bouteille.***
a. entonnoir b. entonnoire c. entonnouard

7. ***M. Dray possède un ... mécanique.***
a. rasoire b. rasoir c. rasoirt

8. ***Ce magazine consacre un article aux ... de mode.***
a. accessoir b. accessoirs c. accessoires

9. ***La ... de La Fontaine n'est pas prêteuse.***
a. fourmis b. fourmit c. fourmi

10. ***Quel est le ... de cette valise ?***
a. poit b. poids c. pois

11. ***Nous avons eu du mal à te retrouver ... cette foule.***
a. parmi b. parmis c. parmit

12. ***Le seau a glissé tout au fond du ... .***
a. puis b. puit c. puits

13. ***Au tribunal, l'avocat général a prononcé son ... .***
a. réquisitoir b. réquisitoire c. réquisitoirt

14. ***Un ... de la poste est venu apporter ce ... urgent.***
a. employer / courrier b. employé / courrié
c. employé / courrier

15. ***« Tout ... vit aux dépens de celui qui l'écoute », dit le renard.***
a. flatteur b. flatteurs c. flatteure

16. ***... n'irions-nous pas à la plage tous ... ?***
a. Pourquois / ensembles b. Pourquoi / ensemble
c. Pourquoi / ensembles

17. ***Les professeurs sont ... ... de votre travail.***
a. fort content b. forts contents c. fort contents

18. ***Michel se fâcha, et claqua ... la porte.***
a. violemment b. violament c. violammant

19. ***Les hommes vivent ..., mais ils doivent s'entendre.***
a. différement b. différemment c. différemments

20. ***Bénédicte n'aura que des leçons à relire ce ... .***
a. wekhend b. weekend c. week-end

54 se (s') / ce (c') / ceux

Pour débuter

Trouvez les mots qui pourraient remplacer les mots en bleu.

1. Je regarde ce film avec beaucoup d'intérêt.

   a) ces films
   b) se filme
   c) te filme

2. Léa se retire sur la pointe des pieds.

   a) Je me retire
   b) Ceux retire
   c) Ce retire

3. On se réunit souvent avec ceux qui partagent nos goûts.

   a) se
   b) ses
   c) celles

4. Les spectateurs se dirigent vers la sortie.

   a) Tu te diriges
   b) On dirige
   c) Celles dirigent

5. La baleine, c'est un mammifère et non un poisson.

   a) elles
   b) me
   c) cela

À retenir

• **se, pronom personnel réfléchi** de la 3e personne, fait partie d'un verbe pronominal. Il peut être remplacé par un autre pronom personnel en conjuguant le verbe.
Jeanne se douche rapidement. ➔ *Je me douche rapidement.*

• **ce, déterminant démonstratif**, est placé devant un nom ou un adjectif. Il peut être remplacé par un autre déterminant démonstratif en changeant le genre ou le nombre du nom.
ce jour pluvieux ➔ *ces jours pluvieux* ➔ *cette journée pluvieuse*
ce triste jour pluvieux ➔ *cette triste journée pluvieuse*

• **ce, pronom démonstratif**, est souvent placé devant le verbe **être**.
Les tigres, ce sont des animaux redoutables.
Le concert de Lio, ce sera un beau spectacle.
Il peut parfois être remplacé par **cela**.
Sortir sous la neige, ce n'est vraiment pas le moment.
➔ *Sortir sous la neige, cela n'est vraiment pas le moment.*

• Devant une **voyelle** ou un « **h** » muet, **se** et **ce** s'écrivent **s'**, **c'**.
Les vacances s'achèvent ; c'est vraiment dommage.

• **ceux, pronom démonstratif**, représente un nom masculin pluriel. Il peut être remplacé par **celui** en mettant le nom au singulier.
Les desserts au chocolat sont ceux que je préfère.
➔ *Le dessert au chocolat est celui que je préfère.*

Astuce

Avant de choisir entre **se** (**s'**) et **ce** (**c'**), il faut essayer de remplacer le mot par **me** ou **m'**, en conjuguant le verbe. Si c'est possible, on écrit **se** ou **s'**.
Odile se lave les mains. ➔ *Je me lave les mains.*

Si ce n'est pas possible, on écrit **ce** ou **c'**.

Attention

Devant **qui**, **que**, **dont**, on écrit toujours **ce**.
Les soldes commencent demain, ce qui me permettra d'acheter un blouson.
Nous réparons ce que vous avez détérioré.
Ce dont vous parlez, je n'en ai pas eu connaissance.

Exercices

1 *Conjuguez* *les verbes en bleu* *au* *présent de l'indicatif.* *Difficulté* ■□□
Pour les 3es personnes, vous choisirez des noms sujets.

1. se sortir de ce mauvais pas
2. ne pas se souvenir du titre de ce film
3. s'asseoir dans ce fauteuil
4. se désaltérer avec ce verre d'eau
5. se couper avec ce couteau
6. s'inscrire à ce concours

2 *Écrivez* *ce* *devant les noms ou* *se* *devant les verbes à l'infinitif.* *Difficulté* ■□□

1. … plancher
2. … déplacer
3. … balancer
4. … passager
5. … maîtriser
6. … danger
7. … verger
8. … plonger
9. … panier
10. … plier
11. … prunier
12. … trottoir
13. … revoir
14. … lavoir
15. … couloir
16. … moquer
17. … sentier
18. … gaucher
19. … sorcier
20. … moucher

3 *Copiez les phrases en remplaçant les pronoms soulignés par* *les noms en bleu*. *Faites les accords nécessaires.* *Difficulté* ■■■

1. Rodrigue	Tu te ronges les ongles ; ce n'est pas acceptable.
2. Le savant	Vous vous intéressez beaucoup à ce travail.
3. la secrétaire	Pour écrire cette lettre, je me sers d'un ordinateur.
4. Les explorateurs	Nous ne nous doutions pas de ce qui nous attendait.
5. le public	Pour voir ce spectacle, je me suis installé au balcon.
6. les invités	Ce potage est délicieux, tu te ressers.
7. Le jardinier	Nous nous épuisons à bêcher ce terrain.

4 *Copiez les phrases en écrivant* *les mots en bleu* *au singulier et faites les accords.* *Difficulté* ■■■

1. Ces hamsters se cachent sous les meubles, mais ce sont des compagnons attachants. 2. Ces jeunes chevaux galopent très vite, ce qui réjouit leur propriétaire. 3. Réchauffés, ces ragoûts seront encore meilleurs. 4. Ces biscuits se conservent pendant plusieurs semaines. 5. Ces coureurs se sont entraînés avec beaucoup de sérieux. 6. Ces travaux seront terminés avant la fin de ce mois. 7. Ces films n'ont pas vieilli, ils se revoient avec plaisir. 8. Ces magasins ouvrent le lundi, mais ceux de notre quartier resteront fermés.

5 *Copiez les phrases en complétant par* *ce*, *c'*, *se*, *s'* *ou* *ceux*. *N'oubliez pas d'essayer de remplacer par « ces », « cela », « me » ou « celui ».* *Difficulté* ■■■

1. Nous consultons le guide touristique pour savoir … qu'il y a à visiter dans … pays.
2. Avec … médicament, Mathilde … sentira rapidement mieux.
3. …'est par une nuit sans lune que Tom …'est perdu dans la forêt.
4. Il y a une distribution de cadeaux publicitaires, … qui provoque … rassemblement.
5. Les lapins …'enfuient au premier coup de feu ; … qui le peuvent filent dans leur terrier.
6. Le maçon ne …'imaginait pas que … bloc de pierre était aussi lourd.
7. L'ouragan …'est abattu sur l'île de Zanzibar ; …'est une véritable catastrophe.

Pour terminer (10 min)

***Copiez les phrases en complétant par* *ce*, *c'*, *se*, *s'* *ou* *ceux*.**

1. … meuble est si volumineux qu'il ne … déplace pas facilement.
2. Le base-ball, …'est un sport pour lequel les Américains … passionnent.
3. Sur … circuit, les bolides roulent à 200 km / h ; ils ne peuvent pas … doubler.
4. … serait une folie de … ruiner pour un si court voyage.
5. Avec … brouillard, il n'est pas question de … risquer en mer.
6. … qui est écrit en gros caractères … lit facilement.
7. … cahier a des petits carreaux ; …-là n'en ont pas.
8. … qui nous étonne, …'est que vous ne puissiez pas résoudre … problème.
9. Devant tout … choix, Sandra ne … décide pas ; on ne sait pas … qu'elle veut.
10. Certains camions … arrêtent, seuls … qui viennent d'Italie continuent.

Dictée préparée

Le baron de Münchhausen se vante d'exploits qu'il n'a jamais accomplis.
L'animal sur le dos duquel j'étais assis ne nageait pas ; il se déplaçait avec une incroyable rapidité au fond de la mer, chassant devant lui des millions de poissons tous différents de ceux qu'on a l'habitude de voir : ce poisson-ci a la tête au milieu du corps ; celui-là au bout d'une patte ; ceux-là, rangés en cercle, entonnent des chants d'une beauté inimaginable.

D'après August Bürger, *Aventures et mésaventures du baron de Münchhausen*, 1788.

A *Justifiez l'orthographe de « se déplaçait », de « ceux qu'on a l'habitude » et de « ce poisson-ci ».*

B *Relevez les verbes conjugués et indiquez leur sujet.*

55 ou / où

Pour débuter

Trouvez les mots qui pourraient remplacer les mots en bleu.

1. Où vivent les lions et les gazelles ?

   a) Ou bien
   b) Dans quel endroit
   c) Par quel

2. As-tu des frères ou des sœurs ?

   a) ou bien
   b) par ici
   c) pour

3. Je peux me rendre au collège en autobus ou à vélo.

   a) par
   b) avec
   c) ou bien

4. Voici le village où est né le peintre Monet.

   a) ou bien
   b) dans lequel
   c) pour qui

5. Viviane peut s'exprimer en français ou en anglais.

   a) dans
   b) ou bien
   c) sur

À retenir

• **ou**, **conjonction de coordination**, relie deux éléments d'une même phrase.
Prendrez-vous un thé ou une tisane ?
À dix heures, les élèves sortiront ou ils resteront en salle d'études.

Cette conjonction peut être remplacée par **ou bien**.
➔ *Prendrez-vous un thé ou bien une tisane ?*
➔ *À dix heures, les élèves sortiront ou bien ils resteront en salle d'études.*

• **où**, **pronom** ou **adverbe**, indique le lieu, le temps, la situation.
Le quartier où Thibault a passé son enfance va être démoli. (lieu)
Te souviens-tu de l'époque où tu étais à l'école maternelle ? (temps)
Où se trouve la statue de la Liberté ? (situation)

On peut parfois remplacer **où** par **dans lequel**, **à quel endroit**.
➔ *Le quartier dans lequel Thibault a passé son enfance va être démoli.*
➔ *À quel endroit se trouve la statue de la Liberté ?*

Attention

• Lorsque deux groupes sujets sont coordonnés par **ou**, le verbe se met au pluriel seulement si les deux groupes sujets peuvent faire l'action.
Est-ce Farid ou Marco qui remportera le concours d'orthographe ?
➔ verbe au singulier ; il ne peut y avoir qu'un vainqueur.
Un mail ou un message peuvent parfois remplacer l'absence d'un ami.
➔ verbe au pluriel ; les deux sujets (**mail** et **message**) peuvent remplacer l'absence d'un **ami**.

• Retenez l'orthographe de quelques expressions :

aller n'importe où	*pour un oui ou pour un non*
par où commencer	*ici ou là*
au cas où	*l'un ou l'autre*

Exercices

1 *Copiez ces phrases en remplaçant ou par « ou bien ».* *Difficulté* ■□□

1. Cet après-midi, je ferai du vélo ou j'irai au cinéma. 2. Les dessins animés ou les films comiques font la joie des enfants. 3. Les zèbres sont des ruminants ; est-ce vrai ou faux ? 4. Sur ce lac, vous pouvez faire de la planche à voile ou du pédalo. 5. Quelle est ta couleur préférée ? le bleu ou le rouge ? 6. Corinne lira une bande dessinée ou un roman d'épouvante. 7. Monteras-tu par l'escalier ou prendras-tu l'ascenseur ?

2 *Copiez les phrases en complétant par ou - où. N'oubliez pas d'essayer de remplacer par « ou bien ».* *Difficulté* ■■□

1. Nous allons souvent au CDI … nous pouvons consulter Internet. 2. Pour se rendre en Angleterre, on peut prendre l'avion … le train à grande vitesse. 3. Les pays … il ne pleut guère ont du mal à nourrir leurs habitants. 4. De l'endroit … nous sommes, nous avons une vue sur la baie. 5. … se dirigent ces manifestants ? 6. Tu ne nous avais pas prévenus de ta visite, d'… notre étonnement à ton arrivée. 7. Ce chien sait toujours … se trouve son maître. 8. Joris offre à sa maman un bouquet … les marguerites et les œillets s'harmonisent.

3 *Copiez les phrases en complétant par ou - où. N'oubliez pas d'essayer de remplacer par « ou bien ».* *Difficulté* ■■□

1. Dimitri … Ivan ? Les professeurs confondent parfois ces deux frères jumeaux. 2. Jusqu'… les hommes vont-ils pousser leur folie de consommation ? 3. Dans un jour … deux, le malade sera guéri ; ce sont les médecins qui l'assurent. 4. Au self, nous pouvons prendre un fruit … un yaourt. 5. Dans l'état … se trouve cette voiture, il n'est pas normal qu'elle roule encore. 6. … que vous soyez, vous pourrez toujours nous appeler. 7. La salle … se déroulent les cours de physique … de SVT est bien équipée.

4 *Complétez les questions par ou - où. Écrivez ensuite la réponse.* *Difficulté* ■■□

1. Par … allez-vous passer puisque la rue est barrée ? 2. … séjournerez-vous pendant les vacances ? 3. Iras-tu au théâtre avec Angéla … Rachel ? 4. Jules Verne était-il un écrivain … un peintre ? 5. … as-tu noté mon numéro de téléphone ? 6. La spécialité alsacienne, est-ce la choucroute … la bouillabaisse ? 7. Plus tard, seras-tu pilote … infirmier ?

5 *Copiez les phrases en complétant par ou - où. N'oubliez pas d'essayer de remplacer par « ou bien ». Accordez les verbes en bleu au présent de l'indicatif.* *Difficulté* ■■■

1. M. Carillo … Mme Jacquet être élu député du département du Jura.
2. Le musée du Louvre … la tour Eiffel assurer la renommée de Paris.
3. Valentin découvrir un étang … nager des centaines de carpes.
4. Qui du lièvre … de la tortue arriver le premier au but ?
5. Tout est à refaire ; voilà … conduire la précipitation … l'insouciance.
6. L'Islande est une île … les volcans se réveiller de temps en temps.

Pour terminer (10 min)

Copiez les phrases en complétant par ou - où.

1. Cette offre est séduisante ; elle est à prendre … à laisser.
2. Je vous attendais … nous avions fixé le rendez-vous.
3. Nous traverserons la rivière là … elle est la moins profonde.
4. … le *Titanic* a-t-il coulé ? en Méditerranée … dans l'océan Atlantique ?
5. L'arbre des régions tropicales, est-ce le mélèze … le baobab ?
6. Mais … mon baladeur peut-il bien être rangé ?
7. Au cas … vous vous perdriez, emportez une boussole … une carte de la région.
8. Avec Internet, on est pratiquement joignable n'importe … .
9. Avec son café, Charles déguste un chocolat … un biscuit.
10. Carla gare sa voiture … le responsable du parking le lui a indiqué.

Expression écrite

Un enfant d'une douzaine d'années écrit à ses grands-parents et leur explique qu'il ne sait pas encore ce qu'il veut faire plus tard.

Vous rédigerez une lettre de huit lignes dans laquelle l'enfant présentera les différents métiers qui pourraient l'intéresser.
Vous emploierez deux fois la conjonction de coordination ou et une fois le pronom où.

56 quel(s) / quelle(s) / qu'elle(s)

Pour débuter

Trouvez les mots qui complètent ces phrases.

1 Dans quelle … joue ton cousin Anthony ?

a) sport
b) équipe
c) stade

2 Sur quels … avez-vous misé ?

a) numéros
b) cheval
c) place

3 … a retrouvé la bague qu'elle avait perdue.

a) Antonio
b) Sonia
c) François

4 Quel … ! On ne mettrait pas un chat dehors.

a) tempête
b) temps
c) pluie

5 … donnent des signes de faiblesse ; il faudra qu'elles soient renforcées.

a) Les barrages
b) Les digues
c) La jetée

À retenir

• **quel**, **adjectif interrogatif** ou **exclamatif**, s'accorde avec le nom qu'il accompagne.
Le gardien a arrêté un penalty ; quel exploit !
Quels sont les chanteurs que vous aimez ?
Dites-moi quelle est la destination de cet avion.
Quelles belles maisons !

• **qu'elle(s)**, peut se décomposer en « **que elle(s)** ».
La voiture, je crois qu'elle est garée sur le parking.
Les motos, je crois qu'elles sont garées sur le parking.

En remplaçant le pronom personnel **féminin** par le pronom personnel **masculin**, on comprend qu'il s'agit de la forme **qu'elle(s)** ou de l'adjectif **quelle(s)**.
La voiture, je crois qu'elle est garée sur le parking.
➔ *Le camion, je crois qu'il est garé sur le parking.*
Les motos, je crois qu'elles sont garées sur le parking.
➔ *Les autobus, je crois qu'ils sont garés sur le parking.*

Attention

Il ne faut pas confondre **quelque(s)**, **déterminant indéfini**, qui s'écrit en un seul mot :
Le chat s'est caché quelque part. *Il a monté quelques marches.*

et **quel que**, qui s'écrit en deux mots.
Quel que soit le dessert, j'en prendrai volontiers.

Dans ce cas, **quel** s'accorde avec le sujet qui se trouve après le verbe **être** au présent du subjonctif.
Quelle que soit l'entrée, j'en prendrai volontiers.
Quels que soient les légumes, j'en prendrai volontiers.
Quelles que soient les entrées, j'en prendrai volontiers.

Exercices

1 *Complétez avec quel, quels, quelle, quelles.* *Difficulté ■□□*

1. … sont vos goûts musicaux ? 2. Cette gymnaste, … championne ! 3. … chaleur étouffante ! 4. Sous … signe êtes-vous né ? 5. Les Mongols, … cavaliers ! 6. Dans … classe es-tu ? 7. … étranges apparitions ! 8. Vous n'avez pas peur ; … calme ! 9. Ces pivoines, … fleurs ! 10. … seront les vainqueurs ? 11. … actrices jouent dans ce film ? 12. … tenue porteras-tu ? 13. Les Anglais ont perdu ; … déroute !

2 *Transformez les phrases selon le modèle.* *Difficulté ■■□*

Ex : Les serrures fonctionnent. ➔ Il est préférable **qu'elles** fonctionnent.

1. La mer se calme. — Il est temps …
2. Les caissières savent compter. — Il est indispensable …
3. L'avion décolle à l'heure. — Il est souhaitable …
4. Les pompiers arrivent vite. — Il faut …
5. Les voitures ralentissent. — Il est heureux …
6. La prévision se réalise. — Il se peut …

3 *Copiez les phrases en complétant avec quel(s), quelle(s), qu'elle(s). N'oubliez pas d'essayer de remplacer par « qu'il(s) ».* *Difficulté ■■□*

1. Ce soir, vous recevez vos amies ; vous êtes sûre … seront contentes.
2. S'il y a des bouchons sur l'autoroute, à … heure comptez-vous rentrer ?
3. Marguerite est prête à donner tout ce … possède pour aider les enfants malheureux.
4. Le chasse-neige passera … que soit le niveau de la couche neigeuse.
5. Les parents de Léonie voudraient … soit chanteuse, elle est douée.
6. Louise remplace les ampoules … a cassées.
7. Amélie, je suis bien certain … adore les caramels !
8. … que soient les conditions, l'éleveur acceptera la vente de son taureau.

4 *Copiez les phrases en écrivant les noms en bleu au pluriel et accordez.* *Difficulté ■■■*

1. Le champ est inondé : quelle sera la conséquence pour les cultures ? 2. De quel pays ce fruit est-il importé ? 3. Ne mangez pas cette glace, il est possible qu'elle ne soit pas consommable. 4. Comme la voiture est arrêtée au bord de la route, il faut qu'elle soit remorquée. 5. Jasmine essuie la casserole qu'elle vient de laver. 6. Quel que soit le journaliste, il rapportera les circonstances de l'accident d'avion.

5 *Copiez les phrases en complétant avec quelque ou quelques.* *Difficulté ■■■*

1. Les caddies sont rangés, seuls …-uns ont été abandonnés sur le parking.
2. Avec … amis, vous projetez un séjour en Suisse.
3. Parmi les … vêtements mis sur les cintres, vous choisirez les plus colorés.
4. Aucun de ces objets ne présente … intérêt.
5. La mer est … peu agitée, il vaut mieux éviter de se baigner.
6. Les élèves de 3e passeront leur brevet dans … temps.
7. Ce ne sont pas … petites vagues qui vont empêcher le départ de la régate.
8. … cartons suffiront pour emballer toute la vaisselle.
9. Prendre l'escalier, c'est en … sorte un moyen de faire sa gymnastique quotidienne.

Pour terminer (10 min)

Complétez les phrases avec quel(s), quelle(s), qu'elle(s) ou quelque(s).

1. Les parents de Jessy voudraient … prenne un peu d'assurance.
2. … clients sont encore assis à la terrasse du restaurant.
3. … est la saison des moissons ?
4. Ce cascadeur parvient à réaliser … acrobaties exceptionnelles.
5. Les clientes paient les articles … ont choisis.
6. Avec … outil le mécanicien va-t-il serrer les boulons ?
7. … sont les départements de la région Bourgogne ?
8. … que soient les difficultés, Henri en viendra à bout.
9. Roxane a mal aux dents ; le dentiste constate … a deux molaires cariées.
10. J'ai eu … peine à vous joindre par téléphone.

Expression écrite

Un(e) élève a vécu pendant une année au Sénégal. Deux de ses camarades lui demandent quelle est la vie quotidienne d'un enfant en Afrique.

Vous écrirez un dialogue comprenant huit répliques environ. Ce dialogue sera introduit par une phrase au présent de l'indicatif.
Vous emploierez quatre des mots suivants :
quel - quels - quelle - quelles - qu'elle - qu'elles.

57 ni - n'y / si - s'y

Pour débuter

Trouvez les mots qui complètent ces phrases.

1 Tu viendras me voir … tu as un moment de libre.

a) si
b) ni
c) n'y

2 C'est du chinois, je … comprends rien.

a) si
b) s'y
c) n'y

3 Cette forêt est épaisse, les explorateurs ne … risquent pas.

a) n'y
b) ni
c) s'y

4 Vous n'avez placé … les fourchettes … les couteaux.

a) s'y
b) si
c) ni

5 Cet acteur est … bien maquillé qu'il est méconnaissable.

a) ni
b) si
c) n'y

À retenir

• **si**, **adverbe** ou **conjonction de subordination**, peut être remplacé par un autre adverbe ou une autre conjonction.
La température est si basse que l'eau gèle.
→ *La température est tellement basse que l'eau gèle.*

Nous sortirons si la sonnerie retentit.
→ *Nous sortirons parce que la sonnerie retentit.*

• **s'y** peut se décomposer en « **se y** ».
Le lac est peu profond, on s'y baigne volontiers.
Le collège est proche, Martial s'y rend à pied.

On peut remplacer **s'y** par **m'y** ou **t'y** en conjuguant le verbe.
→ *Le lac est peu profond, je m'y baigne volontiers.*
→ *Le collège est proche, tu t'y rends à pied.*

• **ni** est une **conjonction de coordination négative** qui relie deux éléments (noms ou propositions).
La poule n'a ni dents ni oreilles.
M. Bourdon ne sait pas ce qui s'est passé ni qui a appelé les pompiers.

On peut parfois remplacer **ni** par **et**
→ *M. Bourdon ne sait pas ce qui s'est passé et qui a appelé les pompiers.*
ou par **pas**
→ *La poule n'a pas de dents et pas d'oreilles.*

• **n'y** peut se décomposer en « **ne y** ».
Les routes sont verglacées ; les conducteurs n'y roulent que très lentement.
Sans ses lunettes, grand-père n'y voit rien.

Remarque :
Parfois, la première conjonction **ni** est remplacée par une autre conjonction négative.
Cette chanson n'est ni originale ni mélodieuse.
→ *Cette chanson n'a rien d'original ni de mélodieux.*

Je n'irai certainement ni sur la Lune ni sur Mars.
→ *Je n'irai certainement jamais sur la Lune ni sur Mars.*

Exercices

1 ***Copiez ces phrases en complétant par si ou s'y.*** Difficulté ■■□

1. Cette proposition d'emploi est … intéressante qu'il serait dommage de ne pas en profiter.
2. Les bateaux s'approchent du port et … réfugient.
3. Le pont sera ouvert à la circulation en juin … les travaux progressent normalement.
4. La télécommande ne fonctionnera que … tu changes les piles.
5. Le désert est immense, il est difficile de … orienter.
6. Le décor imite … bien l'intérieur d'une navette spatiale qu'on … croirait réellement.

2 ***Copiez ces phrases en complétant par ni ou n'y.*** Difficulté ■■□

1. L'acteur n'a … stylo … crayon ; il ne peut pas signer d'autographes.
2. La fumée est si dense qu'on … voit pas à dix mètres.
3. … le metteur en scène … l'actrice principale n'étaient présents pour recevoir leur prix.
4. Avant le contrôle, Flavien n'est … anxieux … inquiet.
5. Au volant, il ne faut … oublier de boucler sa ceinture … téléphoner.
6. Si vous n'utilisez pas un couteau électrique pour couper le gigot, vous … arriverez pas.

3 ***Observez le modèle et répondez négativement aux questions.*** Difficulté ■■■

Ex : Penses-tu à tes dernières vacances ? Non, je **n'y** pense pas.

1. Le délégué songe-t-il à démissionner ?
2. Es-tu déjà allé à un concert ?
3. Retournerez-vous au centre aéré ?
4. Mangez-vous parfois au self ?
5. M. Duval travaille-t-il toujours à la banque ?
6. Aimes-tu les épinards et les carottes ?

4 ***Observez le modèle et supprimez les répétitions de ces phrases.*** Difficulté ■■■

Ex : Le labyrinthe est complexe, il ne faut pas se risquer dans le labyrinthe.
➔ Le labyrinthe est complexe, il ne faut pas **s'y** risquer.

1. Le Japon reste une exception, les pêcheurs se livrent encore à la chasse à la baleine au Japon. 2. Aurore n'est pas surprise par votre refus, elle s'attendait à votre refus. 3. Mathieu a fait une promesse et il se tiendra à cette promesse. 4. M. Walter s'intéresse à la culture inca et à tout ce qui se rattache à la culture inca. 5. Mme Delorme apprécie beaucoup l'Ardèche, elle se repose tous les étés en Ardèche.

5 ***Observez le modèle et supprimez les répétitions de ces phrases.*** Difficulté ■■■

Ex : Cette route est barrée, les voitures ne passent plus sur cette route.
➔ Cette route est barrée, les voitures **n'y** passent plus.

1. Prendre un apprenti ? Le pâtissier n'est pas opposé à prendre un apprenti. 2. Rester au fond de l'eau plus d'une heure, ce plongeur n'arrivera pas à rester au fond de l'eau plus d'une heure. 3. Une boulangerie vend du pain, on ne trouve pas de viande dans une boulangerie. 4. Atteindre la cible, l'archer n'arrive pas souvent à atteindre la cible. 5. Habiter au rez-de-chaussée, Mme Rey ne voit que des avantages à habiter au rez-de-chaussée.

Pour terminer (10 min)

Complétez les phrases avec ni, n'y ou si, s'y.

1. … le vent souffle fort, vous fermerez les fenêtres.
2. Ce fruit est … amer que je ne peux en manger un seul morceau.
3. Le dauphin ne peut … voler … courir ; il nage.
4. Cette usine est importante, il … fabrique des milliers de chaussures.
5. Nous regarderons cette émission … elle n'est pas diffusée trop tard.
6. Gaétan n'ouvre presque plus sa boîte aux lettres, car il … trouve que des publicités.
7. M. Parly n'a vérifié … la pression des pneus … le niveau d'huile.
8. Dans ce village abandonné, il … a plus … école … mairie.
9. … tu n'utilises pas un marteau pour planter ce clou, tu … arriveras pas.
10. … Julie savait où trouver du pain à cette heure, elle … rendrait tout de suite.

Expression écrite

Une mère (ou un père) fait ses recommandations à son petit garçon (ou sa petite fille) qu'elle (il) laisse seul(e) à la maison pour une heure.

Vous rédigerez, au futur simple, un paragraphe de huit lignes. Vous emploierez quatre fois ni et une fois n'y.

58

la / là / l'a

Pour débuter

Trouvez les mots qui pourraient remplacer les mots en bleu. Cela peut entraîner des modifications de la phrase.

1. Le vendeur nous garantit la qualité de ces produits.
   a) l'avait
   b) ici
   c) les

2. Le résumé de géographie, Vincent l'a recopié hier soir.
   a) le
   b) ici
   c) l'avait

3. Dans les Landes, c'est là que se trouve la plus vaste forêt de pins de France.
   a) l'avait
   b) une
   c) ici

4. Pedro a acheté une pizza et il la place dans le four à micro-ondes.
   a) les
   b) avait
   c) ici

5. Tu choisis un pantalon noir ; moi je préfère celui-là, avec des rayures.
   a) ci
   b) les
   c) un

À retenir

• **la**, **article défini**, est placé devant un nom ou un adjectif féminin. Il peut être remplacé par un autre article, **le**, **une**.
Pour son mariage, la reine porte la couronne royale.
➔ *Pour son mariage, le roi porte le costume royal.*

• **la**, **pronom personnel complément**, est placé devant un verbe. Il peut être remplacé par d'autres pronoms personnels, **le**, **les**.
La reine, tout le monde la voit à la sortie de l'église.
➔ *Le roi, tout le monde le voit à la sortie de l'église.*

• **l'a** peut se décomposer en « **la a** » ou « **le a** ». (On place l'apostrophe par euphonie.) On peut remplacer **l'a** par **l'avait** en conjuguant le verbe à l'imparfait de l'indicatif.
La reine, tout le monde l'a admirée à la sortie de l'église.
➔ *La reine, tout le monde l'avait admirée à la sortie de l'église.*

• **là**, **adverbe de lieu**, peut souvent être remplacé par **ici**.
Nous pouvons planter notre tente là ; il n'y a pas de danger.
➔ *Nous pouvons planter notre tente ici ; il n'y a pas de danger.*

Dans les pronoms démonstratifs, **celui-là**, **celle-là**, **ceux-là**, **là** prend toujours un accent grave et peut être remplacé par **ci**.
Cet arbre est sain, celui-là dépérit.
➔ *Cet arbre est sain, celui-ci dépérit.*
Cette plante est saine, celle-là dépérit.
➔ *Cette plante est saine, celle-ci dépérit.*

Astuce

Ne pas confondre le pronom personnel **la**, placé devant le verbe conjugué à un temps simple, et la forme **l'a**, placée devant un participe passé.
Si on peut remplacer par **l'avait**, il s'agit de la forme **l'a**.
La finale, il l'a disputée hier. ➔ *La finale, il l'avait disputée hier.*
Si on peut remplacer par **le**, il s'agit du pronom personnel **la**.
La finale, ce champion la disputera demain.
➔ *Le tournoi, ce champion le disputera demain.*

Attention

Lorsque le verbe **avoir** est conjugué à la 2e personne du singulier du présent de l'indicatif, la forme est **as**.
Cette ligne, tu ne l'as pas tracée droite.

Exercices

1 *Copiez les phrases en complétant par la ou là.* *Difficulté* ■□□

1. … leçon d'histoire, Anne … sait par cœur.
2. … principale est-elle … ? Non, elle est allée dans … salle des professeurs.
3. J'attends ma sœur …, ainsi je suis certain de … retrouver.
4. Passez par … et vous trouverez … sortie vers … droite.
5. Comment se fait-il que … navette pour Tignes ne soit pas encore … ?
6. Cet été, Magali a visité … Grèce, … où est née … démocratie.
7. Ce bateau a un puissant moteur, mais celui-… n'a que des voiles.

2 *Copiez les phrases en écrivant les verbes en bleu au passé composé. Attention à l'accord des participes passés employés avec l'auxiliaire « avoir ».* *Difficulté* ■■□

1. Ce film d'aventures, on le voit plusieurs fois. 2. Bastien cherche son sac de sport, mais il ne le trouve pas. 3. Comme la pente est dangereuse, le skieur la descend prudemment. 4. Le saucisson, Théo le mange avec des cornichons. 5. Son argent de poche, Marion ne le dépense qu'avec prudence. 6. L'avenue, le piéton la traverse en empruntant le passage souterrain. 7. Comme cet informaticien est compétent, le directeur de l'usine l'engage immédiatement.

3 *Copiez les phrases en complétant par la, là ou l'a.* *Difficulté* ■■□

1. Avec ce couteau-…, Blandine ne pourra pas couper … tranche de viande.
2. Cet énorme champignon, Richard … trouvé dans … forêt de Seillon.
3. Va à … salle de sport et, une fois …-bas, tu rencontreras ton entraîneur.
4. Nous montons sur … terrasse ; de …-haut, nous apercevrons … cathédrale.
5. Ce train va à Bordeaux et celui-… à Biarritz.
6. L'autobus, Sylvie … attendu pendant un quart d'heure.
7. … veste à carreaux est trop voyante, David ne … pas choisie.

4 *Copiez les phrases en remplaçant le nom sujet souligné par le nom en bleu. Faites les transformations nécessaires.* *Difficulté* ■■□

1. cassette	Ce disque, il faut absolument que tu me le prêtes.
2. ampoule	Le fusible est grillé, il faut le remplacer.
3. balle	Le ballon, le gardien de but n'a pas réussi à le saisir.
4. serrure	Le verrou est bloqué, il faudra le graisser.
5. moto	Le cyclomoteur de Patrick est en panne ; il faut le réparer.
6. voisine	Le nouveau voisin, est-ce que vous le connaissez ?

5 *Transformez les phrases selon le modèle pour supprimer la répétition. Attention à l'accord des participes passés employés avec l'auxiliaire « avoir ».* *Difficulté* ■■■

Ex : Louisa a lu une histoire, puis elle a raconté cette histoire à sa petite sœur.
➔ Louisa a lu une histoire, puis elle **l'a** raconté**e** à sa petite sœur.

1. La sauce tomate était prête et le cuisinier a versé la sauce tomate sur les pâtes. 2. L'obstacle était très haut, mais le cheval a franchi l'obstacle d'un bond prodigieux. 3. Tu as déplié la couverture et tu as étendu la couverture sur le lit. 4. La secrétaire a tapé la lettre, puis elle a relu la lettre trois fois. 5. Le concert de ce soir, la télévision a retransmis le concert de ce soir. 6. Ma tante est absente, je verrai ma tante une prochaine fois.

Pour terminer — 10 min

Copiez les phrases en complétant par la, là ou l'a.

1. Les éléphants iront … où ils auront … possibilité de boire.
2. Tu remplis … fiche de présence et tu … remets au secrétariat.
3. Je m'installerai … où il y aura de … place.
4. … guerre de Cent Ans fut une période douloureuse pour … France.
5. Cette station-service est fermée, mais celle-… reste ouverte toute … nuit.
6. Dès que les élèves eurent quitté … table, … responsable du service … débarrassée.
7. … route était impraticable, le chasse-neige … dégagée.
8. Ce sirop contre la toux, Marianne … avalé d'un trait ; elle … trouvé bien amer.
9. … planète Vénus sera peut-être habitée un jour, mais nous n'en sommes pas … !
10. … cage d'escalier, … gardienne de l'immeuble … balayée.

Dictée préparée

Buck est devenu chien de traîneau.

L'affection, Buck l'a connue là-bas, lorsqu'il vivait à Santa-Clara. Mais la véritable passion, c'est pour son nouveau maître qu'il la ressent car cet homme traite ses chiens comme ses égaux. Le matin, quand il vient voir sa meute avant le départ, il la salue d'un bonjour amical. Il prend la tête de Buck entre ses mains et la secoue rudement, ce qui plonge le chien dans la joie.

D'après Jack London, *L'Appel de la forêt*, 1903.

A *Relevez les mots : l'a, la et là, puis expliquez leur orthographe.*

B *Justifiez la terminaison de « connue ».*

59 prêt(s) / près

Pour débuter

Trouvez les mots qui pourraient remplacer les mots en bleu. Cela peut entraîner des modifications de la phrase.

1. Ne marchez pas si près du bord de la jetée !

   a) loin
   b) prête
   c) prêtes

2. Le témoin est prêt à décrire les circonstances de l'accident.

   a) à côté
   b) prête
   c) loin

3. En salle de sciences, Océane s'assoit près de son amie Justine.

   a) loin
   b) prête
   c) prêtes

4. Les pompiers seront prêts à intervenir dans une minute.

   a) à côté
   b) loin
   c) prêtes

5. Sur la plage, nous nous allongeons près d'un parasol.

   a) prêtes
   b) à côté
   c) prête

À retenir

• **prêt** (**prêts**), **adjectif qualificatif**, s'accorde toujours avec le nom qu'il accompagne.
Si on substitue au nom masculin un nom féminin, **prêt** (**prêts**) peut être remplacé par la forme du féminin **prête** (**prêtes**).

Le chat est prêt à bondir sur la balle.
➔ *La chatte est prête à bondir sur la balle.*
Les chats sont prêts à bondir sur la balle.
➔ *Les chattes sont prêtes à bondir sur la balle.*

prêt est généralement suivi par la préposition **à** (parfois **au**, **pour**).

Tu es prêt à nous suivre.
Le parachutiste est prêt au grand saut.
Le parachutiste est prêt pour le grand saut.

• **près**, **préposition** ou **adverbe de lieu**, peut souvent être remplacé par une autre préposition ou un autre adverbe de lieu, **à côté** ou **loin**.

Les alpinistes sont près du sommet ; encore un effort !
➔ *Les alpinistes sont à côté du sommet ; encore un effort !*
➔ *Les alpinistes sont loin du sommet ; encore un effort !*

près est souvent suivi par la préposition **de** (**du**, **d'**).

La mairie est située près de la poste.
La mairie est située près du bureau de poste.
La mairie est située près d'un bureau de poste.

Attention

Il existe un autre homonyme, le nom **prêt** (action de prêter). Il est généralement précédé d'un déterminant et s'accorde comme un nom.

Pour acheter une nouvelle voiture, M. Sarda sollicite un prêt.
La banque accorde des prêts aux artisans.

Exercices

1 ***Copiez les phrases en complétant par près, prêt ou prêts.*** Difficulté ■■□

1. Le départ est proche, tous les concurrents sont … .
2. Diane porte des lunettes pour lire de … .
3. L'appartement de Fabien est tout … de celui de Raoul.
4. Pour terminer ce travail, tu es … à demander de l'aide.
5. Le déjeuner est …, vous pouvez venir à table.
6. Le banquier regarde le billet de très …, peut-être est-il faux ?
7. … à lutter contre les flots déchaînés, les marins enfilent leur ciré.
8. Le chirurgien se tient … à opérer.

2 ***Écrivez la phrase suivante en remplaçant le sujet en bleu par les sujets proposés.*** Difficulté ■■□

Sujets : *les élèves - vous - Margot - tu - nous*

Il est près de huit heures, je suis prête à partir pour le collège.

3 ***Copiez les phrases en complétant par près, prêt ou prêts.*** Difficulté ■■□

1. Karine habite tout … de la gare TGV ; elle peut voyager facilement.
2. Tu es … à passer une deuxième couche.
3. Ne suivez pas les véhicules qui vous précèdent de trop … .
4. Pascal vit … de ses grands-parents auxquels il rend souvent visite.
5. Le professeur est … à distribuer les devoirs qu'il a corrigés.
6. Comme elle doit rentrer dès la fin du film, Angèle se place … de la sortie.
7. Tenez-vous … à enregistrer ce programme.
8. Cette citerne contient à peu … mille litres de fioul.
9. Ces ouvriers sont … à s'unir pour former un syndicat.

4 ***Copiez les phrases en complétant par près, prêt ou prêts.*** Difficulté ■■■

1. Il serait dangereux de s'avancer trop … du vide.
2. Ces jumeaux sont toujours … l'un de l'autre.
3. Ces légumes sont … à cuire ; placez-les cinq minutes au micro-ondes.
4. Un avare est quelqu'un qui est … de ses sous.
5. Malgré une panne de réacteur, le pilote a posé son avion ; on est passé … d'une catastrophe.
6. Il est … de midi, nous avons faim et nous sommes … à dévorer un énorme sandwich !
7. D'un seul coup d'œil, ce boucher peut vous donner le poids d'un steak à dix grammes … .
8. Le ferry est à quai ; les passagers sont … pour l'embarquement.

5 ***Copiez les phrases en remplaçant les noms soulignés par les noms en bleu. Faites les transformations nécessaires.*** Difficulté ■■■

1. Julien	Julie est prête à se rendre à la bibliothèque du quartier.
2. chauffeur	La conductrice est prête à s'arrêter.
3. aventurières	Ces aventuriers sont prêts à tout quitter.
4. chanteur	La chanteuse est prête à entrer en scène.
5. employés	Ces personnes sont prêtes à changer de métier.
6. Adrien	Apolline se tient prête à tuer le premier moustique.
7. relais	Déployées, ces antennes sont prêtes à émettre.
8. lièvre	La biche est prête à s'enfuir dans le fourré.

Pour terminer 10 min

Copiez les phrases en complétant par près, prêt ou prêts.

1. Ce chien se tient toujours … de son maître.
2. Le boulanger a travaillé toute la nuit ; le pain devrait être … au petit matin.
3. Les pêcheurs quittent une zone poissonneuse et ils sont … à remonter le chalut.
4. Tu as terminé … de la moitié de ton devoir de français.
5. M. Chardon se dit … à réduire sa consommation de cigarettes.
6. Les organisateurs de cette régate sont … à accueillir des centaines de bateaux.
7. La famille Paulin déménage ; elle s'installe … d'une grande ville.
8. Le parking Rambuteau se trouve … de la place Carnot.
9. Ne vous inquiétez pas, nous serons … dans un instant.
10. La plate-forme de forage se trouve tout … des côtes norvégiennes.

Expression écrite

6 ***Décrivez la salle informatique de votre collège.***

Vous composerez un paragraphe de six lignes environ. Les verbes seront au présent de l'indicatif et vous emploierez deux fois près de.

7 ***Deux acteurs discutent pendant le tournage d'un film à propos des attitudes à adopter.***

Vous rédigerez un dialogue comptant huit répliques. Vous utiliserez deux fois près de et deux fois prêt, une fois au singulier et une fois au pluriel.

60 quand / quant / qu'en

Pour débuter

Trouvez les mots qui pourraient remplacer les mots en bleu.

1 Nous partirons quand la pluie aura cessé.

a) que
b) lorsque
c) en ce qui concerne

2 Les cerises sont mûres ; quant aux prunes, il faudra attendre.

a) lorsque
b) que
c) en ce qui concerne les

3 De ce résultat, qu'en dites-vous ?

a) que
b) lorsque
c) en ce qui concerne

4 Ces logiciels sont d'un emploi facile, quant à ceux-là, ils sont réservés aux spécialistes.

a) en ce qui concerne
b) que
c) lorsque

5 Quand la barrière de péage se lèvera, nous pourrons passer.

a) En ce qui concerne
b) Lorsque
c) Pour ma part

À retenir

• **quand**, **conjonction de subordination** ou **adverbe**, peut se remplacer par **lorsque** ou **à quel moment**.

Quand nous serons en vacances, nous jouerons avec notre console.
➔ *Lorsque nous serons en vacances, nous jouerons avec notre console.*
Quand serez-vous en vacances ?
➔ *À quel moment serez-vous en vacances ?*

• **quant**, **préposition**, peut se remplacer par **en ce qui concerne** ou **pour ma part**.

L'autobus arrivera à dix heures ; quant au train, je l'ignore.
➔ *L'autobus arrivera à dix heures ; en ce qui concerne le train, je l'ignore.*

Philippe apprendra l'espagnol ; quant à moi, je choisirai l'allemand.
➔ *Philippe apprendra l'espagnol ; pour ma part, je choisirai l'allemand.*

• **qu'en** peut se décomposer en « **que en** ». (On place l'apostrophe par euphonie.) Le « **en** » est un pronom adverbial, un pronom personnel ou une préposition.

Les historiens consultent des documents ; qu'en pensent-ils ?
Ce problème n'est simple qu'en apparence.
Ce n'est qu'en s'exerçant qu'on peut devenir un virtuose du piano.

Attention

Lorsqu'il faut choisir entre **quand** et **quant**, la liaison peut nous induire en erreur.
En effet, avec **quand** suivi d'une voyelle, la liaison est en « **t** ».
Il faut se souvenir : **quant** est toujours suivi de la préposition **à**.

Quand (t)il court, Richard baisse la tête.
Quant (t)à Richard, il baisse la tête.

Exercices

1 *Copiez les phrases en complétant avec quand ou quant.* *Difficulté* ■□□

1. Tu es parti depuis trois heures ; … rentreras-tu ?
2. … je pense que vous vouliez sortir sans parapluie ; quelle folie !
3. Ce téléphone a un écran couleur ; … à celui-ci, il prend des photos.
4. … le chat n'est pas là, les souris dansent.
5. Les acteurs sont prêts ; … aux actrices, elles sont au maquillage.
6. Les endives, je les mange en salade ; … à toi, tu les cuisines en gratin.
7. Ce chanteur n'est pas en forme, mais il participera … même au concert.

2 *Copiez les phrases en complétant avec quand ou qu'en.* *Difficulté* ■□□

1. … les pharaons régnaient sur l'Égypte, ils construisaient des temples somptueux.
2. Ce n'est … l'apercevant que je me suis souvenu de son prénom.
3. Les marmottes sortiront … le printemps arrivera.
4. Tu ne pourras retrouver ton chemin … consultant une carte.
5. … on est dans la lune, on pense à tout autre chose !
6. Émile ne maigrira … diminuant sa consommation de soda.
7. … je reçois un SMS, je réponds presque sur-le-champ.

3 *Copiez les phrases en complétant avec quand, qu'en ou quant.* *Difficulté* ■■□

1. Paul veut habiter au centre-ville, alors … banlieue il y a de belles maisons.
2. Les Espagnols adorent la corrida ; … aux Anglais, c'est plutôt le cricket.
3. Je pense … apprenant la nouvelle, tu seras fou de joie.
4. Laure n'écoute jamais de musique … elle travaille.
5. … à choisir un livre, autant prendre une bande dessinée.
6. Dans un train, il ne faut tirer le signal d'alarme … cas de danger immédiat.
7. M. Garrier prend connaissance de son courrier ; … à la publicité, il ne la lit même pas.

4 *Copiez ces phrases en remplaçant les mots en bleu par un participe présent introduit par « en ».* *Difficulté* ■■■

1. Ce n'est que lorsque tu te laisseras porter par le courant que tu parviendras à bon port. 2. Je ne gonflerai mes poumons que si je respire très longuement. 3. Il est probable que si vous changez de lunettes vous y verrez mieux. 4. Vous ne pourrez percer ce mur que si vous utilisez une perceuse électrique. 5. Tu n'obtiendras le standard de cette station de radio que si tu composes le bon numéro. 6. Les touristes n'apercevront les chamois que s'ils sont silencieux.

5 *Copiez les phrases en complétant avec quand, qu'en ou quant.* *Difficulté* ■■■

1. En dix minutes, j'ai fini, alors … une heure tu n'y es pas parvenu.
2. J'aime la chimie depuis … classe nous faisons des expériences.
3. … le peintre est devant sa toile, rien ne peut le distraire.
4. Je n'imagine pas … si peu de temps, il puisse changer dix fois de costume.
5. … vous êtes interrogées, vous répondez généralement bien.
6. On annonce la fermeture du cinéma du quartier ; … pensent les passionnés du grand écran ?
7. Tu as trouvé un fossile ; … à affirmer qu'il s'agit d'un os de mammouth, il y a une marge.
8. Les Vikings se sont aventurés au Groenland ainsi … Islande.

Pour terminer

10 min

Copiez les phrases en complétant avec quand, qu'en ou quant.

1. … les guides partent en montagne, ils consultent toujours la météo.
2. Ce n'est … 1945 que les Françaises ont obtenu le droit de vote.
3. Les Belges croyaient avoir gagné … les Portugais égalisèrent.
4. Le kangourou ne vit … Australie et le panda … Chine.
5. Le dessin est ma matière préférée ; … à la poterie, j'y consacre beaucoup de temps.
6. On ne pollue pas l'atmosphère … on marche.
7. Il n'y a … Italie qu'on peut déguster de bonnes pizzas.
8. … Jérôme rangera sa chambre, il jettera ses vieux jouets.
9. Bien … difficulté, la navigatrice maintient le cap.
10. Le football est le sport préféré des garçons ; … aux filles, ce serait plutôt le rugby.

Expression écrite

6 *Dans un paragraphe de six lignes, vous présentez vos amis et leurs différentes activités, au collège ou à l'extérieur.* Vous emploierez au moins une fois les mots quand, qu'en et quant.

7 *Rédigez un paragraphe d'une dizaine de lignes dans lequel vous évoquerez la préparation d'un voyage de fin d'année par trois filles de la classe.* Vous emploierez au moins une fois quand et quant.

61 Des homonymes

Pour débuter

Trouvez les mots qui pourraient remplacer les mots en bleu.

1. Ce champion a terminé la course avec plusieurs longueurs d'avance.

   a) maître
   b) mettre
   c) mètres

2. Ces arbres perdent leurs aiguilles.

   a) pins
   b) pain
   c) peint

3. Dimanche prochain, c'est la Fête des mamans.

   a) mers
   b) maire
   c) mères

4. La gazelle fait un bond fantastique pour échapper à la lionne.

   a) saut
   b) seaux
   c) sots

5. La caissière vérifie ses factures.

   a) comte
   b) conte
   c) comptes

À retenir

• Les **homonymes** sont **des mots qui se prononcent de la même manière** : ils sont homophones. Le plus souvent, ils s'écrivent différemment.
Quel est le poids de cet objet ?
Le petit pois, c'est un excellent légume.

• Les **homonymes** peuvent être de natures grammaticales différentes.

nom :	*L'infirmière fait une prise de sang au malade.*
préposition :	*Il ne faut jamais rouler sans boucler sa ceinture.*
déterminant numéral :	*Cette usine produit plus de cent modèles de chemises.*
verbe conjugué :	*Ce bouquet de fleurs sent bon.*

• Les **homonymes** n'ont **jamais le même sens**.

• Lorsque des homonymes se prononcent et s'écrivent de la même manière, on dit qu'ils sont **homographes**.
Il peut s'agir de :
- deux noms de genres différents
  le tour de France — *la tour du château*
- d'un nom et d'un verbe
  la voie de chemin de fer — *Il faut que je te voie.*

Astuce

Pour trouver la bonne orthographe, on peut examiner le **sens** de la phrase ou consulter un dictionnaire.

Jordan boit un verre d'eau.	➔ un récipient
La poule avale un ver de terre.	➔ un petit animal mollusque
Tu te diriges vers la sortie.	➔ en direction de la sortie
Le vert symbolise l'espérance.	➔ la couleur

Attention

• La présence d'un **accent** permet parfois de distinguer certains mots homophones.
la pâte à tarte — *la patte du chien*

• Des mots de la même famille (qui ont des sens voisins) peuvent faciliter la recherche de l'orthographe correcte.

avoir faim	➔ souffrir de la **famine** (on entend le « **a** » dans **famine**)
attendre la fin	➔ cela va bientôt **finir** (on entend le « **i** » dans **finir**)

Exercices

Pour tous ces exercices, vous pouvez utiliser un dictionnaire.

1 *Copiez les phrases en complétant avec les mots qui conviennent.* *Difficulté* ■□□

serre - sert - serres - cerf

1. La biche est la femelle du … .
2. Le mécanicien … les boulons avec une clé à molette.
3. Pour rédiger ses rapports, la principale se … d'un traitement de texte.
4. Les salades sont cultivées sous des … bien exposées.

vin - vingt - vint - vain

1. Le … est une boisson alcoolisée.
2. Caroline verse … litres d'essence dans son réservoir.
3. Tu attends en … ton ami Robert ; il ne viendra pas.
4. L'actrice … à la rencontre des journalistes.

2 *Copiez chaque couple de phrases en complétant avec deux mots homonymes.* *Difficulté* ■■□

1. Tarzan po… un cri pour appeler ses amis les singes.
   Le po… est le plus court des doigts d'une main.
2. Odile savoure une part de fl… .
   Le veau est couché sur le fl… .
3. Le ch… des cigales égaie les pinèdes.
   Les perdrix se sont cachées dans un ch… de blé.
4. Le cow-boy retire la se… de son cheval.
   Le se… est extrait de l'eau de mer.
5. Le pu… de pétrole est relié à un oléoduc.
   Le coiffeur me fait un shampooing, pu… il me coupe les cheveux.

3 *Copiez chaque phrase en la complétant avec un homonyme du mot en bleu.* *Difficulté* ■■□

1. prit — Le … de cet appareil photo est peu élevé.
2. traque — Le … a paralysé ce comédien.
3. trop — Quelle est l'allure la plus rapide ? le … ou le galop ?
4. piton — Le … est un serpent particulièrement redoutable.
5. poil — Tu verses une cuillère d'huile dans la … .
6. père — Tu as acheté une … de gants fourrés.
7. mis — Dans le pain, c'est la … que je préfère.
8. non — Chaque personne possède un … .

4 *Complétez avec un article ou un pronom personnel. Il y a parfois plusieurs réponses possibles.* *Difficulté* ■■■

1. … vends	… vent	… vents	… vend
2. … loup	… loues	… loue	… loups
3. … tire	… tirs	… tirent	… tir
4. … doigt	… dois	… doit	… doigts
5. … vœu	… veux	… veut	… vœux
6. … fil	… file	… fils	… filent
7. … étang	… étends	… étend	… étangs
8. … voix	… voie	… vois	… voient

Pour terminer — 10 min

Copiez chaque phrase en la complétant avec un homonyme du mot en bleu.

1. roux — M. Bornand sort sa … de secours ; il a crevé !
2. ton — La pêche au … exige force et patience.
3. sein — À Briançon, l'air est particulièrement … .
4. sale — La … de sport est comble ; c'est la finale de basket.
5. amande — Surpris en excès de vitesse, ce conducteur paiera une … .
6. hauteur — Connaissez-vous le nom de l'… des aventures de Robinson Crusoé ?
7. hait — Le jardinier taille la … de lauriers.
8. fosse — Léonard interprète cette chanson sans aucune … note.
9. mâle — De vieux costumes sont entassés dans cette … .
10. goutte — Avant de servir le civet, le cuisinier … la sauce.

Expression écrite

Composez cinq phrases dans lesquelles vous emploierez les mots suivants. Vous pourrez varier le temps des verbes.

1. une voix - retentissant - entendre
2. trouver sa voie - un métier - une formation
3. une grotte - résonner - les spéléologues
4. raisonner - un problème de géométrie - mais
5. mes camarades - un rendez-vous - fixer

62 Quelques difficultés : les paronymes, les barbarismes

Pour débuter

Trouvez les mots qui complètent ces phrases.

1. Cette affaire n'est pas claire ; il y a manifestement … sous roche.

   a) angine
   b) aiguille
   c) anguille

2. Venez manger à la maison, ce sera à la bonne … .

   a) flanquette
   b) banquette
   c) franquette

3. M. Rossi a acheté une … d'oreiller assortie à ses draps.

   a) taie
   b) tête
   c) trait

4. Pour fermer son jardin, Mme Colbert plante des … .

   a) arbustes
   b) arbustres
   c) arbrustes

5. Emmanuel … le lustre du salon pour le nettoyer.

   a) décoche
   b) décroche
   c) décorche

À retenir

• Certains mots se ressemblent soit par leur forme, soit par leur prononciation ; mais ils ont des sens différents. Ce sont des **paronymes**.

percevoir les allocations familiales
➔ *allocation* : somme donnée à quelqu'un
prononcer une longue allocution
➔ *allocution* : discours prononcé par une personnalité

Lorsqu'on écrit, il faut chercher le sens et l'orthographe de tous les mots pour lesquels un doute demeure.

• Lorsqu'on emploie un mot pour un autre, ou lorsqu'on déforme légèrement un mot, on commet un **barbarisme***.
Les voyageurs se rendent à l'aréoport de Roissy.
Alors que le terme correct est :
Les voyageurs se rendent à l'aéroport de Roissy.

* En Grèce, les Barbares étaient les étrangers à la cité ; ils parlaient mal le grec.

• Lorsqu'on emploie deux mots qui veulent dire la même chose, on commet un **pléonasme**. Évitons les plus caractéristiques.
On ne dit pas :
monter en haut, mais *monter*
descendre en bas, mais *descendre*
des paroles verbales, mais des *paroles*
prévoir à l'avance, mais *prévoir* (*prévoir* se fait forcément à l'avance !)

Attention

Il existe une erreur désormais fréquente, celle de l'emploi de l'expression « **au jour d'aujourd'hui** ».

Aujourd'hui est la contraction de deux mots : **au jour** et **hui** (qui vient du latin et qui veut dire : « **ce jour-ci** »).

Aujourd'hui veut donc dire : « **Au jour de ce jour-ci** », ce qui constitue déjà un pléonasme.

Si l'on ajoute encore « **au jour d'** » devant ce mot, cela veut dire : « **Au jour du jour de ce jour-ci** » !

Cela fait beaucoup pour un seul jour…

Exercices

Pour tous ces exercices, vous pouvez utiliser un dictionnaire.

1 *Copiez les couples de phrases en les complétant avec deux paronymes.* *Difficulté* ■■□

1. L'éru… du volcan de la Soufrière fut dévastatrice.
Les manifestants ont fait irr… dans la salle du conseil municipal.
2. Je ne sais vraiment pas à quel fait vous faites allu… .
Tous les spectateurs ont été victimes d'une illu… d'optique.
3. M. Charleux est un membre infl… du syndicat de son entreprise.
La Saône est un affl… du Rhône.
4. Ton atti… déplaît à tes camarades ; il faut être moins prétentieux.
Le chalet de la famille Charvoz est situé en alti… .

2 *Copiez ces phrases en supprimant les pléonasmes en bleu.* *Difficulté* ■■□

1. Les piétons marchent à pied sur le trottoir. 2. Ces deux personnes collaborent ensemble à la réalisation d'un film. 3. Les buses volent en l'air à la recherche de petits rongeurs. 4. M. Nardou porte une fausse perruque blonde. 5. Pour se garer, le chauffeur recule en arrière son poids lourd. 6. Irène a fait un mauvais cauchemar ; elle se réveille en sursaut. 7. Les élèves sont rentrés de nouveau en salle de permanence. 8. La troupe du collège se produira incessamment sous peu devant les parents.

3 *Copiez les phrases en les complétant par des paronymes des mots en bleu (dont vous pouvez chercher le sens).* *Difficulté* ■■■

1. affection	En fin de 6e, le principal procède à l'… des élèves.
2. agonir	Faute d'habitants, ce village de montagne va … lentement.
3. amnistie	Ces deux pays étaient en guerre, mais un … a été signé.
4. avènement	La sortie du dernier disque d'Elton John est un … .
5. écharde	En hiver, Henri ne sort jamais sans son … .
6. collusion	Entre ces deux véhicules, la … fut violente, mais sans gravité.
7. embrasser	Une forêt mal débroussaillée peut s'… en quelques minutes.
8. énumère	Ce patron … fort bien ses employés.
9. infecté	En été, le marais de Lavours est … de moustiques.

4 *Copiez ces phrases en écrivant correctement les mots en bleu qui sont des barbarismes.* *Difficulté* ■■■

1. M. Marouby est gardien dans un établissement pénicentier. 2. Pierrot est le héros de cette pantomille. 3. L'entrée d'une église apparaît en filiforme sur ce billet de vingt euros. 4. L'absorbtion de ce médicament est déconseillée aux jeunes enfants. 5. À la suite d'une erreur d'arbitrage, une brève échaffourée a opposé les deux équipes. 6. Tu nous rabats les oreilles avec ton histoire de fantômes. 7. Victime d'un infractus, M. Karlin est hospitalisé. 8. D'un geste tendre, la grand-mère affleure la joue de sa petite fille.

Pour terminer — 10 min

Copiez les phrases en les complétant avec le mot qui convient.

1. Mourad évita la chute d'extrême (justesse - justice).
2. La bûche achève de se (consommer - consumer) dans la cheminée.
3. C'est (une déchirure - un déchirement) que de quitter ce pays.
4. Le lampadaire (éclaircit - éclaire) l'ensemble de la salle de séjour.
5. Je suis la (prescription - proscription) de mon médecin.
6. Méfiez-vous des champignons (venimeux - vénéneux).
7. Cette mauvaise indication t'a (enduit - induit) en erreur.
8. Le canari, (apuré - apeuré), tourne dans sa cage.
9. Le (percepteur - précepteur) collecte les impôts.
10. Dans cette grotte, le moindre bruit (raisonne - résonne).

Expression écrite

Un de vos proches, qui travaille dans un aéroport, vous propose de l'accompagner une journée. Revenu de cette visite, vous racontez ce que vous avez vu.

Vous composerez un paragraphe de huit lignes environ.
Les verbes seront au passé composé.
Vous emploierez deux mots parmi ceux de la liste suivante :
affluence - influence - allusion - illusion - avènement - événement.

Bilan n°9

54. se (s') / ce (c') / ceux 55. ou / où
56. quel(s) / quelle(s) / qu'elle(s) 57. ni - n'y / si - s'y 58. la / là / l'a
59. prêt(s) / près 60. quand / quant / qu'en 61. Des homonymes
62. Quelques difficultés : les paronymes, les barbarismes

Exercices

1 *Complétez les phrases suivantes avec ce, se, ceux, ou, où.*

1. … as-tu rangé … roman ? 2. Dans *L'Œil du loup* de Daniel Pennac, Loup-Bleu … fait prendre par les hommes alors qu'il tente de délivrer sa sœur Paillette. 3. … qui ont capturé Loup-Bleu le vendent au directeur d'un zoo … il fera la connaissance d'Afrique, un jeune garçon qui vient le voir tous les jours. 4. … d'entre vous qui aiment les histoires … il est question d'animaux peuvent aussi lire des fables … des contes. 5. Dans une fable de La Fontaine, une grenouille veut … faire aussi grosse qu'un bœuf.

2 *Complétez les phrases suivantes avec ni, n'y, la, l'a, l'as, là.*

1. … Paul … Sophie n'ont le courage d'apprendre un rôle aussi long ! 2. Théo aime beaucoup la pièce de Molière intitulée *Le Médecin malgré lui* ; il … vue au théâtre et il … recommande à tous ses camarades. 3. Dans le journal du collège, il y a un article sur le club théâtre ; …-tu lu ? 4. C'est …, dans cette salle, que nous jouerons *Le Malade imaginaire*, … dernière des comédies de Molière. 5. J'aimerais bien faire du théâtre, mais je … connais rien.

3 *Complétez les phrases suivantes avec près, prêt(s), quand, qu'en.*

1. … le *Nautilus* descend en plongée, les marins savent que le voyage sera long. 2. « Êtes-vous … à appareiller ? » interroge le Capitaine Nemo. 3. … j'ai lu *Vingt mille lieues sous les mers* de Jules Verne, j'étais bien … de me croire sous la mer, moi aussi. 4. Ce roman d'aventures n'est pas toujours passionnant, … penses-tu ?

4 *Écrivez les phrases suivantes en les corrigeant.*

1. Au jour d'aujourd'hui, notre club compte dix-sept membres actifs. 2. L'avion pour Nice décolle de l'aréoport de Paris Orly. 3. Si nous avions écouté le bulletin météo, nous aurions prévu à l'avance des pulls chauds pour notre excursion. 4. Si tu cherches la documentaliste, monte en haut et tu la trouveras dans la salle 19.

Dictée préparée

Afrique, un jeune berger, est un conteur fabuleux.

Le soir, quand Afrique allumait ses feux, il ne fallait pas attendre longtemps pour que des ombres noires se glissent jusqu'à lui. Ce n'était pas des voleurs. Ce n'était pas des animaux affamés. C'était la foule de ceux – hommes et bêtes – qui venaient écouter les histoires d'Afrique, le petit berger du Roi des Chèvres.

Daniel Pennac, *L'Œil du Loup*, « Arc-en-Poche », Nathan, 1984.

A *Relevez les homophones : se, ce, ceux, puis justifiez leur orthographe.*

B *Donnez un synonyme de quand.*

C *Relevez les verbes conjugués. Vous préciserez leur temps et leur sujet.*

Expression écrite

5 *Écrivez huit phrases dans lesquelles vous emploierez ces couples d'homonymes :*

1. ce / se	2. ceux / se
3. ou / où	4. quel(le) / qu'elle
5. si / s'y	6. la / l'a
7. la / là	8. quand / quant

6 *Présentez un livre que vous avez aimé en essayant de donner envie à vos camarades de le lire.*

Vous emploierez au moins une fois les mots suivants :
ce - se - ou - où - ni - n'y - si - s'y.

7 *Vous souhaitez créer un club dans le cadre du Foyer socio-éducatif de votre collège. Le CPE vous demande de présenter ce projet par écrit.*

Vous rédigerez un paragraphe de huit lignes.
Vous emploierez quatre des mots suivants :
ce - se - ou - où - quand - quant - qu'en.

8 *Écrivez une des histoires imaginées par Afrique, le jeune berger dont parle Daniel Pennac dans le texte de la dictée préparée.*
Il y sera question d'un dromadaire et d'un petit garçon.

Vous composerez un paragraphe d'une dizaine de lignes.
Les verbes seront au passé composé.
Vous emploierez cinq des mots suivants :
ce - ceux - se - quand - qu'en - quant - ni - n'y - la - l'a.

Exploitation du test →

Repérez les numéros des questions sur lesquelles vous avez fait des fautes.

Révisez les leçons correspondantes et assurez-vous que vous avez bien compris en refaisant les exercices de ces leçons :

questions 1, 2, 3, 4
→ leçon 54 → se (s') / ce (c') / ceux

questions 4, 6, 7
→ leçon 55 → ou / où

questions 8, 9
→ leçon 56 → quel(s) / quelle(s) / qu'elle(s)

questions 5, 10
→ leçon 57 → ni - n'y / si - s'y

questions 6, 11, 12, 13, 15
→ leçon 58 → la / là / l'a

questions 14, 15, 16,
→ leçon 59 → prêt(s) / près

questions 17, 18
→ leçon 60 → quand / quant / qu'en

question 19
→ leçon 61 → Des homonymes

question 20
→ leçon 62 → Quelques difficultés

Test

Difficulté ■□□

1 ***Le corbeau de la fable … laisse prendre au piège du renard.***
a. se b. ce c. ceux

2 ***Je ne répèterai pas … que tu m'as raconté.***
a. se b. ce c. ceux

3 ***… fut une belle soirée !***
a. Se b. Ce c. Ceux

4 ***Alexandra ne sait plus … … trouve son stylo vert.***
a. ou / ce b. où / se c. où / ce

5 ***Je ne connais … ton frère … ta sœur.***
a. ni / n'y b. n'y / n'y c. ni / ni

6 ***… est-elle partie ? À … clinique.***
a. Ou / la b. Où / la c. Où / l'a

7 ***Que lui offrir : un bijou … un parfum, un livre … un CD ?***
a. ou / ou b. où / où c. où / ou

8 ***… heure est-il ?***
a. Quel b. Quelle c. Qu'elle

9 ***Je crois … ont entendu ce que nous disions.***
a. quelle b. quelles c. qu'elles

10 ***… tu veux, tu peux demander de l'aide à Charles ; il … connaît en informatique.***
a. Si / s'y b. S'y / si c. Si / si

11 ***Je cherche Myriam ; tu ne … pas vue ?***
a. la b. l'a c. l'as

12 ***Tu achèteras une brioche et tu … mangeras.***
a. la b. l'a c. l'as

13 ***L'infirmière … confirmé : tu dois te reposer.***
a. la b. l'a c. l'as

14 ***Dès que tu seras …, nous commencerons.***
a. près b. prêt c. prêts

15 ***Paul est …-bas, … de la salle 124.***
a. là / prêt b. la / près c. là / près

16 ***Les journaux sont … à être distribués.***
a. prês b. prêts c. prêt

17 ***Je ne peux pas vous dire … le vétérinaire rentrera.***
a. quand b. quant c. qu'en

18 ***Je crois … relisant ton travail, tu progresseras.***
a. quand b. quant c. qu'en

19 ***Demain, j'irai chercher des … , puis je partirai à la pêche.***
a. verts b. vers c. verres

20 ***La découverte de l'Amérique par Christophe Colomb, en 1492, est un … capital.***
a. événement b. avènement c. évanement

Pour aller plus loin

Difficulté ■■■

1 ***… qui ont emprunté un livre au CDI doivent le rapporter avant les vacances.***
a. Se b. Ce c. Ceux

2 ***… je connaissais … qui ont fait ça !***
a. S'y / ce b. Si / ceux c. S'y / ceux

3 ***Il est très étourdi ; il … trompe souvent d'heure.***
a. se b. ce c. ceux

4 ***Plouf ! Plouf ! … ne sera pas toi le chat !***
a. Se b. Ce c. Ceux

5 ***Vos amis, … qu'ils soient, sont mes amis.***
a. quel b. qu'elle c. quels

6 ***Penses-tu … sera d'accord pour jouer ce rôle ?***
a. qu'elle b. quelle c. quel

7 ***Elle part à Lyon ; … dommage !***
a. qu'elle b. quelle c. quel

8 ***… sont ses motivations dans ce projet ?***
a. Quel b. Quelles c. Qu'elles

9 ***… que soit sa décision, nous la respecterons.***
a. Qu'elle b. Quelle c. Quel

10 ***Pierre était si fatigué qu'il était … de s'évanouir.***
a. près b. prêt c. prêts

11 ***… de la moitié des élèves portent des lunettes.***
a. Près b. Prêt c. Prêts

12 ***… j'ai besoin de toi, tu es … à m'aider.***
a. Si / près b. S'y / prêt c. Si / prête

13 ***M. Cordier a obtenu un … de la banque pour acheter son appartement.***
a. près b. prêt c. prêts

14 ***Le crapaud est un batracien ; … au lapin, c'est un rongeur.***
a. quand b. quant c. qu'en

15 ***Toi qui as lu ce roman, … penses-tu ?***
a. quand b. quant c. qu'en

16 ***Ce n'est … posant délicatement la colle que vous pourrez y arriver.***
a. quand b. quant c. qu'en

17 ***L' … du Premier ministre a été retransmise à la télévision.***
a. allocution b. élocution c. allocation

18 ***… à mazout ne chauffe plus la pièce.***
a. Ce poil b. Cette poêle c. Ce poêle

19 ***222 est un nombre … .***
a. pair b. paire c. père

20 ***Le surveillant a fait … dans notre salle.***
a. éruption b. irruption c. interruption

Classes grammaticales

MOTS VARIABLES			
classes	**sous-classes**	**exemples**	**définitions**
noms Ils ont un genre, masculin ou féminin. ➔ Leçons 14, 15, 21, 22, 35	**noms communs** Ils peuvent être **composés**, c'est-à-dire formés de mots unis par un trait d'union.	*un chien, un lit, la course, la faim, le courage… un sapeur-pompier, une basse-cour, des coffres-forts…*	Ils désignent, **en général**, des êtres, des objets, des actions, des états, des qualités, des relations… Ils varient en nombre et peuvent être précédés d'un déterminant.
	noms propres Ils prennent une majuscule.	*Florian, Victor Hugo, la Belgique, Paris, le Louvre, Noël…*	Ils désignent, **en particulier**, des êtres, des lieux, des monuments, des fêtes…
déterminants Ils précèdent le nom et peuvent en indiquer le genre et/ou le nombre. Ils s'accordent avec le nom (sauf pour les adjectifs numéraux cardinaux). ➔ Leçons 17, 18, 19, 30, 31, 32, 56, 58	**articles définis**	*le, la, les, au, aux*	
	articles indéfinis	*un, une, des*	
	articles partitifs	*du, de l', de la*	
	adjectifs possessifs	*mon, ton, son, notre, votre, nos, leur…*	Ils indiquent l'appartenance.
	adjectifs démonstratifs	*ce, cet, cette, ces*	Ils marquent ce qu'on montre.
	adjectifs numéraux cardinaux	*deux euros, dix ans, cinquante mètres…*	Ils indiquent le nombre.
	adjectifs numéraux ordinaux	*le troisième plan la vingtième ligne*	Ils indiquent le rang.
	adjectifs interrogatifs	*quel, quelle, quels…*	Ils indiquent un questionnement.
	adjectifs exclamatifs	*quel plat ! quelle vie !*	Ils traduisent l'étonnement.
pronoms Ils remplacent un nom ou un groupe nominal. ➔ Leçons 1, 18, 19, 21, 22, 54, 56, 58	**pronoms personnels**	**sujets** : *je, tu, il, nous, elles…*	Les pronoms sujets sont utilisés pour les conjugaisons.
		compléments : *me, te, lui, se, leur, moi, eux…*	Ils désignent souvent des personnes ou des objets (3e personne).
	pronoms possessifs	*le mien, la mienne, les miens, le sien, le nôtre, les leurs…*	Ils remplacent un nom précédé d'un déterminant possessif.
	pronoms démonstratifs	*ce, c', celui, celle, ceux, celles, cela, celui-ci…*	Ils remplacent un nom précédé d'un déterminant démonstratif.
	pronoms relatifs	*qui, que, quoi, dont, où, lequel, auquel, duquel…*	Ils remplacent un nom, leur antécédent.
	pronoms interrogatifs	*qui, que, quoi, lequel…*	
	pronoms indéfinis	*chacun, personne, certains, plusieurs, la plupart, tout, quelqu'un…*	Ils désignent des êtres ou des choses sans beaucoup de précision.

MOTS VARIABLES

classes	sous-classes	exemples	définitions
adjectifs qualificatifs Ils s'accordent avec les noms qu'ils caractérisent. ➔ Leçons 16, 20, 23, 51	**participes passés** **participes présents**	*un chaud soleil* *La poire est mûre.* *un animal blessé* *des nageurs débutants*	Ils peuvent être placés avant ou après le nom ; ils sont parfois séparés du nom.
verbes Ils se conjuguent. ➔ Leçons 1 à 13, 21, 22, 24, 25, 28 à 32, 34, 58	**auxiliaires**	*être avoir*	Pour conjuguer les autres verbes aux temps composés.
	1er groupe	*monter, crier…* (sauf *aller*)	infinitif en **-er**
	2e groupe	*finir (finissant)…*	infinitif en **-ir** (**-issant**)
	3e groupe	*prendre, courir, savoir…*	tous les autres verbes

MOTS INVARIABLES

classes	sous-classes	exemples	définitions
adverbes Ils modifient, ils précisent, ils apportent une nuance, à un verbe, à un adjectif, à un autre adverbe. S'ils sont composés de plusieurs mots, ce sont des **locutions adverbiales**. ➔ Leçons 34, 51, 52, 57 à 60	**adverbes de manière**	*comme, vite, bien, lourdement, finement…*	Beaucoup sont formés sur un adjectif féminin.
	adverbes interrogatifs	*combien ? comment ? où ? pourquoi ? quand ?*	Ils introduisent une proposition interrogative directe ou indirecte.
	autres adverbes — **lieu**	*autour, ici, loin, là, près de, derrière, dessus…*	
	autres adverbes — **temps**	*alors, avant, demain, maintenant, aussitôt…*	
	autres adverbes — **quantité**	*assez, beaucoup, très, peu, plus, trop…*	
	autres adverbes — **affirmation**	*d'accord, aussi, certes, volontiers, vraiment…*	
	autres adverbes — **négation**	*non, ne pas, ne guère, ne jamais, aucun…*	
	autres adverbes — **doute**	*peut-être, par hasard…*	
prépositions ➔ Leçons 28, 33, 51		*par, à, sur, avec, dans, chez, au-dessus de, après, parmi, de, depuis…*	Elles introduisent un complément avec lequel elles forment un groupe.
conjonctions ➔ Leçons 29, 51, 55, 57, 60	**de coordination**	*mais, ou, et, donc, or, ni, car*	Elles relient deux mots ou deux propositions de même nature et de même fonction.
	de subordination	*que, quand, lorsque, si, parce que, quoique, dès que, après que, afin que…*	Elles introduisent une proposition subordonnée conjonctive.
interjections Elles n'ont pas de fonction grammaticale précise. ➔ Leçons 35, 51	**onomatopées et autres interjections**	*Boum ! Chut ! Ouf ! Crac ! Paf ! Hue ! Aïe ! Ah ! Courage ! Attention ! Eh bien !*	Elles traduisent un bruit, un cri, des sentiments, des avertissements…

Attention !

Un même mot peut appartenir à plusieurs classes grammaticales.

Il est blessé. ➔ verbe *blesser*
un homme blessé ➔ participe passé employé comme adjectif qualificatif
secourir un blessé ➔ nom commun

Que dis-tu ? ➔ pronom interrogatif
Je pense que tu te trompes. ➔ conjonction de subordination
Voici le livre que tu as commandé. ➔ pronom relatif
Que c'est triste ! ➔ adverbe

Tableaux de conjugaison

ÊTRE

INDICATIF

Présent

je	suis
tu	es
elle	est
nous	sommes
vous	êtes
ils	sont

Passé simple

je	fus
tu	fus
elle	fut
nous	fûmes
vous	fûtes
ils	furent

Imparfait

j'	étais
tu	étais
elle	était
nous	étions
vous	étiez
ils	étaient

Futur simple

je	serai
tu	seras
elle	sera
nous	serons
vous	serez
ils	seront

Passé composé

j'	ai	été
tu	as	été
elle	a	été
nous	avons	été
vous	avez	été
ils	ont	été

Plus-que-parfait

j'	avais	été
tu	avais	été
elle	avait	été
nous	avions	été
vous	aviez	été
ils	avaient	été

SUBJONCTIF

Présent

que	je	sois
que	tu	sois
qu'	elle	soit
que	nous	soyons
que	vous	soyez
qu'	ils	soient

CONDITIONNEL

Présent

je	serais
tu	serais
elle	serait
nous	serions
vous	seriez
ils	seraient

IMPÉRATIF

Présent

sois soyons soyez

PARTICIPE

Présent	Passé
étant	été

AVOIR

INDICATIF

Présent

j'	ai
tu	as
elle	a
nous	avons
vous	avez
ils	ont

Passé simple

j'	eus
tu	eus
elle	eut
nous	eûmes
vous	eûtes
ils	eurent

Imparfait

j'	avais
tu	avais
elle	avait
nous	avions
vous	aviez
ils	avaient

Futur simple

j'	aurai
tu	auras
elle	aura
nous	aurons
vous	aurez
ils	auront

Passé composé

j'	ai	eu
tu	as	eu
elle	a	eu
nous	avons	eu
vous	avez	eu
ils	ont	eu

Plus-que-parfait

j'	avais	eu
tu	avais	eu
elle	avait	eu
nous	avions	eu
vous	aviez	eu
ils	avaient	eu

SUBJONCTIF

Présent

que	j'	aie
que	tu	aies
qu'	elle	ait
que	nous	ayons
que	vous	ayez
qu'	ils	aient

CONDITIONNEL

Présent

j'	aurais
tu	aurais
elle	aurait
nous	aurions
vous	auriez
ils	auraient

IMPÉRATIF

Présent

aie ayons ayez

PARTICIPE

Présent	Passé
ayant	eu, eue

Tableaux de conjugaison

1er groupe — MARCHER

INDICATIF

Présent			Passé simple		
je	march	e	je	march	ai
tu	march	es	tu	march	as
elle	march	e	elle	march	a
nous	march	ons	nous	march	âmes
vous	march	ez	vous	march	âtes
ils	march	ent	ils	march	èrent

Imparfait			Futur simple		
je	march	ais	je	marcher	ai
tu	march	ais	tu	marcher	as
elle	march	ait	elle	marcher	a
nous	march	ions	nous	marcher	ons
vous	march	iez	vous	marcher	ez
ils	march	aient	ils	marcher	ont

Passé composé			Plus-que-parfait		
j'	ai	marché	j'	avais	marché

SUBJONCTIF

Présent

que	je	march	e
que	tu	march	es
qu'	elle	march	e
que	nous	march	ions
que	vous	march	iez
qu'	ils	march	ent

CONDITIONNEL

Présent

je	marcher	ais
tu	marcher	ais
elle	marcher	ait
nous	marcher	ions
vous	marcher	iez
ils	marcher	aient

IMPÉRATIF

Présent

marche marchons marchez

PARTICIPE

Présent	Passé
marchant	marché(e)

2e groupe — FINIR

INDICATIF

Présent			Passé simple		
je	fini	s	je	fini	s
tu	fini	s	tu	fini	s
elle	fini	t	elle	fini	t
nous	fini	ssons	nous	finî	mes
vous	fini	ssez	vous	finî	tes
ils	fini	ssent	ils	fini	rent

Imparfait			Futur simple		
je	finiss	ais	je	finir	ai
tu	finiss	ais	tu	finir	as
elle	finiss	ait	elle	finir	a
nous	finiss	ions	nous	finir	ons
vous	finiss	iez	vous	finir	ez
ils	finiss	aient	ils	finir	ont

Passé composé			Plus-que-parfait		
j'	ai	fini	j'	avais	fini

SUBJONCTIF

Présent

que	je	finiss	e
que	tu	finiss	es
qu'	elle	finiss	e
que	nous	finiss	ions
que	vous	finiss	iez
qu'	ils	finiss	ent

CONDITIONNEL

Présent

je	finir	ais
tu	finir	ais
elle	finir	ait
nous	finir	ions
vous	finir	iez
ils	finir	aient

IMPÉRATIF

Présent

finis finissons finissez

PARTICIPE

Présent	Passé
finissant	fini(e)

Tableaux de conjugaison

ALLER
3e groupe

INDICATIF

Présent
je vai s
tu va s
elle va
nous all ons
vous all ez
ils v ont

Passé simple
j' all ai
tu all as
elle all a
nous all âmes
vous all âtes
ils all èrent

Imparfait
j' all ais
tu all ais
elle all ait
nous all ions
vous all iez
ils all aient

Futur simple
j' ir ai
tu ir as
elle ir a
nous ir ons
vous ir ez
ils ir ont

Passé composé
je suis allé(e)

Plus-que-parfait
j' étais allé(e)

SUBJONCTIF

Présent
que j' aill e
que tu aill es
qu' elle aill e
que nous all ions
que vous all iez
qu' ils aill ent

CONDITIONNEL

Présent
j' ir ais
tu ir ais
elle ir ait
nous ir ions
vous ir iez
ils ir aient

IMPÉRATIF

Présent
va allons allez

PARTICIPE

Présent
allant

Passé
allé(e)

PARTIR
3e groupe

INDICATIF

Présent
je par s
tu par s
elle par t
nous part ons
vous part ez
ils part ent

Passé simple
je part is
tu part is
elle part it
nous part îmes
vous part îtes
ils part irent

Imparfait
je part ais
tu part ais
elle part ait
nous part ions
vous part iez
ils part aient

Futur simple
je partir ai
tu partir as
elle partir a
nous partir ons
vous partir ez
ils partir ont

Passé composé
je suis parti(e)

Plus-que-parfait
j' étais parti(e)

SUBJONCTIF

Présent
que je part e
que tu part es
qu' elle part e
que nous part ions
que vous part iez
qu' ils part ent

CONDITIONNEL

Présent
je partir ais
tu partir ais
elle partir ait
nous partir ions
vous partir iez
ils partir aient

IMPÉRATIF

Présent
pars partons partez

PARTICIPE

Présent
partant

Passé
parti(e)

Tableaux de conjugaison

3e groupe — DIRE

INDICATIF

Présent

je	di	s
tu	di	s
elle	di	t
nous	dis	ons
vous	dit	es
ils	dis	ent

Passé simple

je	d	is
tu	d	is
elle	d	it
nous	d	îmes
vous	d	îtes
ils	d	irent

Imparfait

je	dis	ais
tu	dis	ais
elle	dis	ait
nous	dis	ions
vous	dis	iez
ils	dis	aient

Futur simple

je	dir	ai
tu	dir	as
elle	dir	a
nous	dir	ons
vous	dir	ez
ils	dir	ont

Passé composé

j' ai dit

Plus-que-parfait

j' avais dit

SUBJONCTIF

Présent

que	je	dis	e
que	tu	dis	es
qu'	elle	dis	e
que	nous	dis	ions
que	vous	dis	iez
qu'	ils	dis	ent

CONDITIONNEL

Présent

je	dir	ais
tu	dir	ais
elle	dir	ait
nous	dir	ions
vous	dir	iez
ils	dir	aient

IMPÉRATIF

Présent

dis disons dites

PARTICIPE

Présent	Passé
disant	dit(e)

3e groupe — FAIRE

INDICATIF

Présent

je	fai	s
tu	fai	s
elle	fai	t
nous	fais	ons
vous	fait	es
ils	f	ont

Passé simple

je	f	is
tu	f	is
elle	f	it
nous	f	îmes
vous	f	îtes
ils	f	irent

Imparfait

je	fais	ais
tu	fais	ais
elle	fais	ait
nous	fais	ions
vous	fais	iez
ils	fais	aient

Futur simple

je	fer	ai
tu	fer	as
elle	fer	a
nous	fer	ons
vous	fer	ez
ils	fer	ont

Passé composé

j' ai fait

Plus-que-parfait

j' avais fait

SUBJONCTIF

Présent

que	je	fass	e
que	tu	fass	es
qu'	elle	fass	e
que	nous	fass	ions
que	vous	fass	iez
qu'	ils	fass	ent

CONDITIONNEL

Présent

je	fer	ais
tu	fer	ais
elle	fer	ait
nous	fer	ions
vous	fer	iez
ils	fer	aient

IMPÉRATIF

Présent

fais faisons faites

PARTICIPE

Présent	Passé
faisant	fait(e)

Tableaux de conjugaison

3e groupe — COURIR

INDICATIF

Présent

je	cour	s
tu	cour	s
elle	cour	t
nous	cour	ons
vous	cour	ez
ils	cour	ent

Imparfait

je	cour	ais
tu	cour	ais
elle	cour	ait
nous	cour	ions
vous	cour	iez
ils	cour	aient

Passé composé

j' ai couru

Passé simple

je	cour	us
tu	cour	us
elle	cour	ut
nous	cour	ûmes
vous	cour	ûtes
ils	cour	urent

Futur simple

je	courr	ai
tu	courr	as
elle	courr	a
nous	courr	ons
vous	courr	ez
ils	courr	ont

Plus-que-parfait

j' avais couru

SUBJONCTIF

Présent

que	je	cour	e
que	tu	cour	es
qu'	elle	cour	e
que	nous	cour	ions
que	vous	cour	iez
qu'	ils	cour	ent

CONDITIONNEL

Présent

je	courr	ais
tu	courr	ais
elle	courr	ait
nous	courr	ions
vous	courr	iez
ils	courr	aient

IMPÉRATIF

Présent

cours courons courez

PARTICIPE

Présent courant

Passé couru(e)

3e groupe — VENIR

INDICATIF

Présent

je	vien	s
tu	vien	s
elle	vien	t
nous	ven	ons
vous	ven	ez
ils	vienn	ent

Imparfait

je	ven	ais
tu	ven	ais
elle	ven	ait
nous	ven	ions
vous	ven	iez
ils	ven	aient

Passé composé

je suis venu(e)

Passé simple

je	vin	s
tu	vin	s
elle	vin	t
nous	vîn	mes
vous	vîn	tes
ils	vin	rent

Futur simple

je	viendr	ai
tu	viendr	as
elle	viendr	a
nous	viendr	ons
vous	viendr	ez
ils	viendr	ont

Plus-que-parfait

j' étais venu(e)

SUBJONCTIF

Présent

que	je	vienn	e
que	tu	vienn	es
qu'	elle	vienn	e
que	nous	ven	ions
que	vous	ven	iez
qu'	ils	vienn	ent

CONDITIONNEL

Présent

je	viendr	ais
tu	viendr	ais
elle	viendr	ait
nous	viendr	ions
vous	viendr	iez
ils	viendr	aient

IMPÉRATIF

Présent

viens venons venez

PARTICIPE

Présent venant

Passé venu(e)

Tableaux de conjugaison

DEVOIR

3e groupe

INDICATIF

Présent

je	doi	s
tu	doi	s
elle	doi	t
nous	dev	ons
vous	dev	ez
ils	doiv	ent

Passé simple

je	d	us
tu	d	us
elle	d	ut
nous	d	ûmes
vous	d	ûtes
ils	d	urent

Imparfait

je	dev	ais
tu	dev	ais
elle	dev	ait
nous	dev	ions
vous	dev	iez
ils	dev	aient

Futur simple

je	devr	ai
tu	devr	as
elle	devr	a
nous	devr	ons
vous	devr	ez
ils	devr	ont

Passé composé

j' ai dû

Plus-que-parfait

j' avais dû

SUBJONCTIF

Présent

que	je	doiv	e
que	tu	doiv	es
qu'	elle	doiv	e
que	nous	dev	ions
que	vous	dev	iez
qu'	ils	doiv	ent

CONDITIONNEL

Présent

je	devr	ais
tu	devr	ais
elle	devr	ait
nous	devr	ions
vous	devr	iez
ils	devr	aient

IMPÉRATIF

Présent

dois devons devez

PARTICIPE

Présent	Passé
devant	dû, due

SAVOIR

3e groupe

INDICATIF

Présent

je	sai	s
tu	sai	s
elle	sai	t
nous	sav	ons
vous	sav	ez
ils	sav	ent

Passé simple

je	s	us
tu	s	us
elle	s	ut
nous	s	ûmes
vous	s	ûtes
ils	s	urent

Imparfait

je	sav	ais
tu	sav	ais
elle	sav	ait
nous	sav	ions
vous	sav	iez
ils	sav	aient

Futur simple

je	saur	ai
tu	saur	as
elle	saur	a
nous	saur	ons
vous	saur	ez
ils	saur	ont

Passé composé

j' ai su

Plus-que-parfait

j' avais su

SUBJONCTIF

Présent

que	je	sach	e
que	tu	sach	es
qu'	elle	sach	e
que	nous	sach	ions
que	vous	sach	iez
qu'	ils	sach	ent

CONDITIONNEL

Présent

je	saur	ais
tu	saur	ais
elle	saur	ait
nous	saur	ions
vous	saur	iez
ils	saur	aient

IMPÉRATIF

Présent

sache sachons sachez

PARTICIPE

Présent	Passé
sachant	su(e)

Tableaux de conjugaison

VOULOIR

3e groupe

INDICATIF

Présent

je	veu	x
tu	veu	x
elle	veu	t
nous	voul	ons
vous	voul	ez
ils	veul	ent

Passé simple

je	voul	us
tu	voul	us
elle	voul	ut
nous	voul	ûmes
vous	voul	ûtes
ils	voul	urent

Imparfait

je	voul	ais
tu	voul	ais
elle	voul	ait
nous	voul	ions
vous	voul	iez
ils	voul	aient

Futur simple

je	voudr	ai
tu	voudr	as
elle	voudr	a
nous	voudr	ons
vous	voudr	ez
ils	voudr	ont

Passé composé

j' ai voulu

Plus-que-parfait

j' avais voulu

SUBJONCTIF

Présent

que	je	veuill	e
que	tu	veuill	es
qu'	elle	veuill	e
que	nous	voul	ions
que	vous	voul	iez
qu'	ils	veuill	ent

CONDITIONNEL

Présent

je	voudr	ais
tu	voudr	ais
elle	voudr	ait
nous	voudr	ions
vous	voudr	iez
ils	voudr	aient

IMPÉRATIF

Présent

veuille veuillons veuillez

PARTICIPE

Présent	Passé
voulant	voulu(e)

VOIR

3e groupe

INDICATIF

Présent

je	voi	s
tu	voi	s
elle	voi	t
nous	voy	ons
vous	voy	ez
ils	voi	ent

Passé simple

je	v	is
tu	v	is
elle	v	it
nous	v	îmes
vous	v	îtes
ils	v	irent

Imparfait

je	voy	ais
tu	voy	ais
elle	voy	ait
nous	voy	ions
vous	voy	iez
ils	voy	aient

Futur simple

je	verr	ai
tu	verr	as
elle	verr	a
nous	verr	ons
vous	verr	ez
ils	verr	ont

Passé composé

j' ai vu

Plus-que-parfait

j' avais vu

SUBJONCTIF

Présent

que	je	voi	e
que	tu	voi	es
qu'	elle	voi	e
que	nous	voy	ions
que	vous	voy	iez
qu'	ils	voi	ent

CONDITIONNEL

Présent

je	verr	ais
tu	verr	ais
elle	verr	ait
nous	verr	ions
vous	verr	iez
ils	verr	aient

IMPÉRATIF

Présent

vois voyons voyez

PARTICIPE

Présent	Passé
voyant	vu(e)

3e groupe — PEINDRE

INDICATIF

Présent

je	pein	s
tu	pein	s
elle	pein	t
nous	peign	ons
vous	peign	ez
ils	peign	ent

Passé simple

je	peign	is
tu	peign	is
elle	peign	it
nous	peign	îmes
vous	peign	îtes
ils	peign	irent

Imparfait

je	peign	ais
tu	peign	ais
elle	peign	ait
nous	peign	ions
vous	peign	iez
ils	peign	aient

Futur simple

je	peindr	ai
tu	peindr	as
elle	peindr	a
nous	peindr	ons
vous	peindr	ez
ils	peindr	ont

Passé composé

j' ai peint

Plus-que-parfait

j' avais peint

SUBJONCTIF

Présent

que	je	peign	e
que	tu	peign	es
qu'	elle	peign	e
que	nous	peign	ions
que	vous	peign	iez
qu'	ils	peign	ent

CONDITIONNEL

Présent

je	peindr	ais
tu	peindr	ais
elle	peindr	ait
nous	peindr	ions
vous	peindr	iez
ils	peindr	aient

IMPÉRATIF

Présent

peins peignons peignez

PARTICIPE

Présent	Passé
peignant	peint(e)

3e groupe — CROIRE

INDICATIF

Présent

je	croi	s
tu	croi	s
elle	croi	t
nous	croy	ons
vous	croy	ez
ils	croi	ent

Passé simple

je	cr	us
tu	cr	us
elle	cr	ut
nous	cr	ûmes
vous	cr	ûtes
ils	cr	urent

Imparfait

je	croy	ais
tu	croy	ais
elle	croy	ait
nous	croy	ions
vous	croy	iez
ils	croy	aient

Futur simple

je	croir	ai
tu	croir	as
elle	croir	a
nous	croir	ons
vous	croir	ez
ils	croir	ont

Passé composé

j' ai cru

Plus-que-parfait

j' avais cru

SUBJONCTIF

Présent

que	je	croi	e
que	tu	croi	es
qu'	elle	croi	e
que	nous	croy	ions
que	vous	croy	iez
qu'	ils	croi	ent

CONDITIONNEL

Présent

je	croir	ais
tu	croir	ais
elle	croir	ait
nous	croir	ions
vous	croir	iez
ils	croir	aient

IMPÉRATIF

Présent

crois croyons croyez

PARTICIPE

Présent	Passé
croyant	cru(e)

Verbes irréguliers

CONDUIRE (construire, cuire, détruire, instruire, produire, séduire, traduire)

indicatif

présent
je conduis
nous conduisons
elles conduisent

imparfait
je conduisais
nous conduisions
ils conduisaient

passé simple
je conduisis
elle conduisit
ils conduisirent

futur simple
je conduirai
nous conduirons
ils conduiront

passé composé : il a conduit

plus-que-parfait : ils avaient conduit

présent du conditionnel
je conduirais
elle conduirait
vous conduiriez

présent du subjonctif
que je conduise
qu'il conduise
que nous conduisions

présent de l'impératif
conduis
conduisons
conduisez

participe
présent : conduisant
passé : conduit

CONNAÎTRE (apparaître, comparaître, disparaître, méconnaître, paraître)

indicatif

présent
je connais
elle connaît
ils connaissent

imparfait
je connaissais
nous connaissions
ils connaissaient

passé simple
je connus
il connut
ils connurent

futur simple
je connaîtrai
nous connaîtrons
elles connaîtront

passé composé : il a connu

plus-que-parfait : ils avaient connu

présent du conditionnel
je connaîtrais
il connaîtrait
vous connaîtriez

présent du subjonctif
que je connaisse
qu'elle connaisse
que nous connaissions

présent de l'impératif
connais
connaissons
connaissez

participe
présent : connaissant
passé : connu

ESSUYER (appuyer, employer, ennuyer, essayer, nettoyer, noyer, payer)

indicatif

présent
j'essuie
nous essuyons
ils essuient

imparfait
j'essuyais
nous essuyions
vous essuyiez

passé simple
j'essuyai
elle essuya
ils essuyèrent

futur simple
j'essuierai
nous essuierons
ils essuieront

passé composé : il a essuyé

plus-que-parfait : ils avaient essuyé

présent du conditionnel
j'essuierais
il essuierait
vous essuieriez

présent du subjonctif
que j'essuie
qu'elle essuie
que nous essuyions

présent de l'impératif
essuie
essuyons
essuyez

participe
présent : essuyant
passé : essuyé

Verbes irréguliers

JETER
(appeler, ensorceler, épeler, étinceler, feuilleter, harceler, projeter, rejeter, renouveler)

indicatif

présent
je jette
nous jetons
ils jettent

imparfait
je jetais
nous jetions
elles jetaient

passé simple
je jetai
il jeta
ils jetèrent

futur simple
je jetterai
nous jetterons
ils jetteront

passé composé : il a jeté

plus-que-parfait : ils avaient jeté

présent du conditionnel
je jetterais
elle jetterait
vous jetteriez

présent du subjonctif
que je jette
qu'elle jette
que nous jetions

présent de l'impératif
jette
jetons
jetez

participe
présent : jetant
passé : jeté

ACHETER
(congeler, crocheter, geler, haleter, marteler, modeler, peler, racheter)

indicatif

présent
j'achète
nous achetons
elles achètent

imparfait
j'achetais
nous achetions
ils achetaient

passé simple
j'achetai
elle acheta
ils achetèrent

futur simple
j'achèterai
nous achèterons
ils achèteront

passé composé : il a acheté

plus-que-parfait : ils avaient acheté

présent du conditionnel
j'achèterais
il achèterait
vous achèteriez

présent du subjonctif
que j'achète
que nous achetions
qu'elles achètent

présent de l'impératif
achète
achetons
achetez

participe
présent : achetant
passé : acheté

APERCEVOIR
(concevoir, décevoir, percevoir, recevoir)

indicatif

présent
tu aperçois
nous apercevons
ils aperçoivent

imparfait
tu apercevais
nous apercevions
ils apercevaient

passé simple
j'aperçus
elle aperçut
ils aperçurent

futur simple
j'apercevrai
nous apercevrons
ils apercevront

passé composé : il a aperçu

plus-que-parfait : ils avaient aperçu

présent du conditionnel
j'apercevrais
elle apercevrait
vous apercevriez

présent du subjonctif
que j'aperçoive
qu'il aperçoive
que nous apercevions

présent de l'impératif
aperçois
apercevons
apercevez

participe
présent : apercevant
passé : aperçu

Verbes irréguliers

PRENDRE (apprendre, comprendre, entreprendre, reprendre, se méprendre, surprendre)

indicatif

présent	imparfait	passé simple	futur simple
je prends	je prenais	je pris	je prendrai
nous prenons	nous prenions	elle prit	nous prendrons
elles prennent	ils prenaient	ils prirent	ils prendront

passé composé : il a pris

plus-que-parfait : ils avaient pris

présent du conditionnel	présent du subjonctif	présent de l'impératif	participe
je prendrais	que je prenne	prends	**présent :** prenant
elle prendrait	qu'il prenne	prenons	**passé :** pris
vous prendriez	que nous prenions	prenez	

ASSEOIR (1) (s'asseoir, se rasseoir)

(on utilise indifféremment l'une ou l'autre des deux conjugaisons)

indicatif

présent	imparfait	passé simple	futur simple
j'assieds	j'asseyais	j'assis	j'assiérai
nous asseyons	nous asseyions	elle assit	nous assiérons
elles asseyent	vous asseyiez	ils assirent	ils assiéront

passé composé : il a assis

plus-que-parfait : ils avaient assis

présent du conditionnel	présent du subjonctif	présent de l'impératif	participe
j'assiérais	que j'asseye	assieds	**présent :** asseyant
il assiérait	qu'elle asseye	asseyons	**passé :** assis
vous assiériez	que nous asseyions	asseyez	

ASSEOIR (2) (s'asseoir, se rasseoir)

(on utilise indifféremment l'une ou l'autre des deux conjugaisons)

indicatif

présent	imparfait	passé simple	futur simple
j'assois	j'assoyais	j'assis	j'assoirai
nous assoyons	nous assoyions	elle assit	nous assoirons
elles assoient	vous assoyiez	ils assirent	ils assoiront

passé composé : il a assis

plus-que-parfait : ils avaient assis

présent du conditionnel	présent du subjonctif	présent de l'impératif	participe
j'assoirais	que j'assoie	assois	**présent :** assoyant
elle assoirait	qu'elle assoie	assoyons	**passé :** assis
vous assoiriez	que nous assoyions	assoyez	

Verbes irréguliers

ENVOYER (renvoyer)

indicatif

présent
j'envoie
nous envoyons
elles envoient

imparfait
j'envoyais
nous envoyions
ils envoyaient

passé simple
j'envoyai
elle envoya
ils envoyèrent

futur simple
j'enverrai
nous enverrons
ils enverront

passé composé : il a envoyé

plus-que-parfait : ils avaient envoyé

présent du conditionnel
j'enverrais
il enverrait
vous enverriez

présent du subjonctif
que j'envoie
qu'il envoie
que nous envoyions

présent de l'impératif
envoie
envoyons
envoyez

participe
présent : envoyant
passé : envoyé

LIRE (élire, réélire, relire)

indicatif

présent
il lit
ils lisent

imparfait
il lisait
ils lisaient

passé simple
il lut
ils lurent

futur simple
il lira
elles liront

passé composé : il a lu

plus-que-parfait : il avait lu

présent du conditionnel
il lirait

présent du subjonctif
qu'il lise

présent de l'impératif
lis, lisons, lisez

participe
présent : lisant **passé :** lu

FALLOIR

indicatif

présent
il faut

imparfait
il fallait

passé simple
il fallut

futur simple
il faudra

passé composé : il a fallu

plus-que-parfait : il avait fallu

présent du conditionnel
il faudrait

présent du subjonctif
qu'il faille

participe
passé : fallu

VALOIR

indicatif

présent
je vaux
elle vaut

imparfait
je valais
ils valaient

passé simple
je valus
ils valurent

futur simple
je vaudrai
elles vaudront

passé composé : il a valu

plus-que-parfait : il avait valu

présent du conditionnel
il vaudrait
ils vaudraient

présent du subjonctif
qu'il vaille
que vous valiez

participe
présent : valant
passé : valu

Alphabet Phonétique International

VOYELLES

[a] le marin ; un arbre

[ɑ] le pâté ; le bas

[i] midi ; une image ; une île ; un type

[o] la moto ; beau ; un étau ; le rôle

[ɔ] la colle ; la note

[ə] demain ; revoir

[ø] heureux ; bleu ; un nœud

[œ] peu ; le cœur

[e] école ; le pré ; les ; parler ; le nez ; le pied

[ɛ] tiède ; la laine ; la fête ; neigeux ; la perte ; le volet

[y] la rue ; mûr

[u] fou ; le goût

[ɑ̃] la dent ; ranger ; trembler ; la jambe

[ɛ̃]* le vin ; la main ; peindre ; imprimer ; l'examen ; la faim ; la symphonie

[œ̃]* lundi ; le parfum

[ɔ̃] le monde ; sombre

CONSONNES

[p] partir ; taper

[b] la balle ; la table

[t] tous ; le retour

[d] dur ; aider ; le sud

[k] le cou ; marquer ; skier ; le ticket ; la chorale ; acquitter

[g] la glace ; la vague

[f] fier ; un enfant ; une photo

[v] vite ; devant ; un wagon

[m] la maison ; le permis

[n] le navire ; la farine

[s] le son ; tracer ; passer ; la leçon ; la nation ; la science ; six

[z] le gazon ; zéro ; dixième

[l] la lune ; rouler ; la ville

[ʒ] le jeu ; manger

[ʃ] le cheval ; riche ; un schéma

[ʀ] rire ; un ours

[ɲ] l'agneau ; la montagne

SEMI-VOYELLES / SEMI-CONSONNES

[j] bien ; rayer ; la paille ; la bille ; le rail

[w] roi ; oui

[ɥ] la nuit ; lui

* **Remarque** : Les deux phonèmes [ɛ̃] et [œ̃] tendent à être confondus dans certaines régions.

Imprimé en Espagne par Cayfosa
Dépôt légal: Juin 2009
Edition: 06 12/5383/0

AVOIR

INDICATIF

Présent	Imparfait	Passé composé
j'ai	j'avais	j'ai eu
tu as	tu avais	tu as eu
elle a	elle avait	elle a eu
nous avons	nous avions	nous avons eu
vous avez	vous aviez	vous avez eu
ils ont	ils avaient	ils ont eu

Futur simple	Passé simple	Plus-que-parfait
j'aurai	j'eus	j'avais eu
tu auras	tu eus	tu avais eu
elle aura	elle eut	elle avait eu
nous aurons	nous eûmes	nous avions eu
vous aurez	vous eûtes	vous aviez eu
ils auront	ils eurent	ils avaient eu

SUBJONCTIF	CONDITIONNEL	IMPÉRATIF
Présent	**Présent**	**Présent**
que j'aie	j'aurais	aie
que tu aies	tu aurais	ayons
qu'elle ait	elle aurait	ayez
que nous ayons	nous aurions	
que vous ayez	vous auriez	
qu'ils aient	ils auraient	

PARTICIPE	Présent	Passé
	ayant	eu, eue